博雅法学文库

Boya Legal Series

本书由南京财经大学学术著作出版基金资助

股东代表诉讼中的公司参与

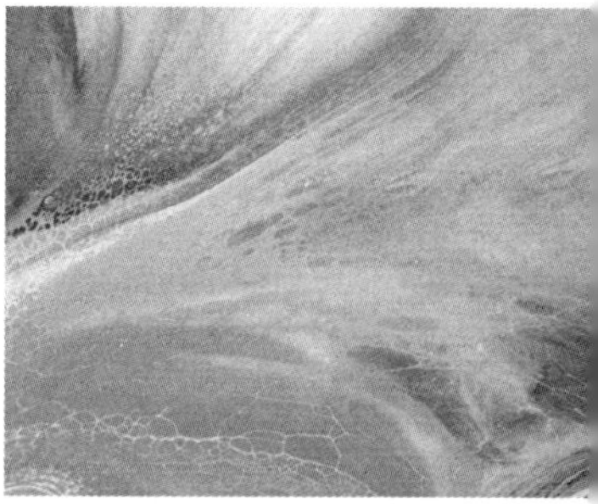

Research of the Corporation's Attending Shareholder Representative Lawsuit

胡宜奎 著

知识产权出版社
全国百佳图书出版单位

图书在版编目（CIP）数据

股东代表诉讼中的公司参与／胡宜奎著．—北京：知识产权出版社，2017.3

（博雅法学文库）

ISBN 978-7-5130-4852-1

Ⅰ.①股… Ⅱ.①胡… Ⅲ.①股份有限公司—股东—诉讼—研究 Ⅳ.①D912.290.4

中国版本图书馆CIP数据核字（2017）第058353号

责任编辑：李燕芬　　**责任出版：**刘译文

特约编辑：张　萌　　**封面设计：**乔智炜

股东代表诉讼中的公司参与

胡宜奎　著

出版发行：知识产权出版社有限责任公司	网　　址：http：//www.ipph.cn
社　　址：北京市海淀区西外太平庄55号	邮　　编：100081
责编电话：010-82000860转8173	责编邮箱：nancylee688@163.com
发行电话：010-82000860转8101/8102	发行传真：010-82000893/82005070/82000270
印　　刷：北京科信印刷有限公司	经　　销：各大网上书店、新华书店及相关专业书店
开　　本：787mm×1092mm　1/16	印　　张：17.5
版　　次：2017年3月第1版	印　　次：2017年3月第1次印刷
字　　数：208千字	定　　价：49.00元

ISBN 978-7-5130-4852-1

目　录

导　论

一、选题的缘起

股东代表诉讼制度是一种特殊的制度安排，兼具代位诉讼和代表诉讼的性质，与普通的民事诉讼存在较大的差异。不同国家或地区对其的表述各不相同，英美法系国家通常称之为派生诉讼，意指其是从公司诉权派生出来的诉讼；日、韩及我国台湾地区通常称之为股东代表诉讼，强调提诉股东是在代表自己及公司其他具有类似地位的股东所进行的诉讼。我国学者对之常见的称谓包括派生诉讼、股东代表诉讼、股东代位诉讼等。其实，无论是哪种称谓，其基本的含义并无本质的差别。考虑到大陆法系国家多用股东代表诉讼的概念，加之国内立法及司法实践中也采此用法，故本书亦称之为股东代表诉讼。股东提起代表诉讼的权利则相应地称为“股东代表诉讼诉权”。[1]

〔1〕 国内亦有学者称之为“股东代表诉讼提起权”，但股东代表诉讼诉权的含义更为丰富，并非仅指提起诉讼的权利，还应包含通过请求法院对相关纠纷进行裁判而获得相应法律地位或效果等程序与实体内容。故此，本书采用“股东代表诉讼诉权”这一概念。参见刘俊海：《股东的代表诉讼提起权比较研究》，载奚晓明主编：《中国民商审判》（第1卷），法律出版社2002年版，第95页。

股东代表诉讼为英美法系衡平法上所创设的制度,被誉为普通法国家的一项天才发明。[1]股东代表诉讼制自其诞生至今已有160多年,并为世界大多数国家或地区所接受。但对这一制度的相关规定与概念内涵,不同时期、不同地区的理解和认定却各有歧义。这主要源自股东代表诉讼是一种特殊的制度设计,股东提起代表诉讼,通常是在公司自己不愿或不能起诉的情形下代位公司提起的,它固然可以弥补公司因受不当控制而无法亲自行使诉权的缺陷,但是,由于公司利益与股东利益有时并不一致,难免有提诉股东的机会主义行为,公司利益反而会因为股东的滥诉遭受损害,并进而影响公司的效率。诚如有学者所言,股东代表诉讼"是对付公司中那些滥权、浪费和盗窃行为和保护股东利益的最后一道防线"。[2]把它视为"最后一道防线",也道出了提起股东代表诉讼乃不得已而为之,即如能通过直接诉讼等其他方式获得救济,就不宜提起该类诉讼。因此,维护股东代表诉讼各相关主体之间的利益平衡,一直是该制度难以回避的问题之一。

在股东代表诉讼中,公司的角色既尴尬又复杂,它既可能是诉讼的最大受益者,也可能成为最大的利益受损者。这突出表现在两个方面:其一,股东是为了公司的利益而起诉,胜诉利益也归其所有,积极追求胜诉结果似乎应是公司及股东共同的追求,有股东代其寻求司法救济,公司在诉讼中的存在似乎就变得可有可无。但是,现实中的提诉股东往往是处于弱势或边缘地位的中小股东,无论是在经济实力,还是在进行诉讼所需要的相关能力,如证据收集能力等方面,通常都难以与被告抗衡。加之股东代表诉讼复杂的程序设计与高额的诉讼

〔1〕 Robert C. Clark, *Corporation Law*, Little, Brown and Company, 1986, p. 639.

〔2〕 胡滨、曹顺明:《股东派生诉讼的合理性基础与制度设计》,载《法学研究》2004年第4期。

成本，如无公司的协助与支持，往往难以达到追究相关过错行为人责任与保护公司利益的目的，股东也将缺乏提诉的激励。故此，需要强化公司在诉讼中的作用，需要为其提供充分参与诉讼的机会以促进胜诉结果的获得，并通过让其对原告股东进行合理的费用补偿来使股东产生提诉的激励。其二，股东滥用诉权可能会对公司的利益带来严重的损害，影响公司的经营效率。判断公司经营行为是否适当或是否符合公司利益的标准本身就极为复杂、专业，股东往往很难准确把握，更不用说股东出于私利去滥诉了。故此，为了在维护公司效率与保护公司及其股东权益之间、在激励股东正常提诉与防止滥诉之间保持基本的平衡，就需要积极发挥公司在诉讼中的作用，使之能够对股东代表诉讼程序的启动与进程、对诉讼的结果施加必要的影响，在股东代表诉讼制度所要实现的各目标之间起到一个调节与平衡的作用。

然而，从我国现行立法来看，虽然现行公司法设立了股东代表诉讼制度，但对公司在诉讼中的地位及作用等并未作出具体规定；在司法实践中，由于相关立法的阙如，不同法院对相关问题的处理较为混乱。为了统一各地法院的做法，最高人民法院做了许多工作，一直积极推动相关司法解释的起草和论证，并于2016年4月推出《最高人民法院关于适用〈中华人民共和国公司法〉若干问题的规定（四）》（征求意见稿），向社会公开征求意见。[1]《公司法司法解释（四）》对股东代表诉讼中公司的诉讼参与问题作出了一定的回应，但仍存在明显的缺陷。主要表现在：一些应该明确的内容仍然缺失，如公司对败诉股东的损害赔偿请求权等；一些规定缺乏法理依据，且不符合我国公司经

---

〔1〕 2016年12月5日，最高人民法院审判委员会审议并原则通过该《征求意见稿》。为了表述方便，本书以下简称《公司法司法解释（四）》。

营与法律实际,如将公司作为(无独立请求权)第三人等。

鉴于公司诉讼参与问题的复杂性及其在股东代表诉讼制度乃至整个公司治理机制中的重要性,本书的研究具有以下重要价值:

第一,通过对公司的诉讼参与问题的系统、深入地研究,有助于厘清公司在股东代表诉讼中的真实存在状态及应发挥的作用。

第二,通过对股东代表诉讼诉权的特征、法理基础及其背后所隐含的经济逻辑的揭示,有助于理顺诉讼中的复杂利益纠葛,促进对股东代表诉讼中各相关主体利益的平衡保护。

第三,以公司的诉讼参与为视角,对股东代表诉讼中的利益平衡机制以及相关的具体制度安排进行探讨,有助于从多角度审视股东代表诉讼相关制度安排的合理性及可行性。

第四,可以为法院在司法实践中审理股东代表诉讼案件时提供理论上的参考。

二、国内外研究现状

(一) 国外研究概述

不同国家或地区基于各自不同的法律传统、制度环境以及股东代表诉讼制度的发展程度,对股东代表诉讼中公司的诉讼参与问题的处理思路也不尽相同。在英国,股东权益保护的其他相关机制较为发达,股东对代表诉讼制度的依赖程度较轻,其股东代表诉讼制度侧重保护的是包括公司效率在内的公司利益,而非少数股股东的权益。美国法传统上则更强调对公司股东权益的保护,但随着股东权益保护的其他相关机制的不断完善以及滥诉现象所带来的负面影响日趋显现,该国的公司立法逐渐加强了对公司及被告董事利益的维护,对股东提诉施加了越来越严格的限制。[1]在大陆法系的日、韩两国,股东代表诉讼制度发展的时间相对较短,主要是根据司法经验的积累以及经济发展的实际需要对其利益平衡机制加以修正与完善,发展的趋势则是逐渐强化对公司利益的保护,减轻被告董事等的法律责任。德国的相关立法原本倾向对公司利益的保护,但近年来亦逐渐改善对股东权益的保障,降低了股东提诉的门槛。[2]从总体上看,两大法系主要国家对该问题的认识日趋接近,即在强化对公司利益保护的同时,兼顾包括提诉股东、被告董事在内其他相关主体之间的利益平衡。比如,美国法中的经营判断规则被德国、日本等大陆法系国家或地区以直接或间接方式引入,日本费用担保制度的设置、公司对原告股东的费用补偿以及法官自由裁量权在股东代表诉讼中的扩张等,皆是这一发展趋势的重要体现。

(二) 国内研究概述

国内学界关于股东代表诉讼制度的研究大体可以分为两个阶段:一是在我国确立股东代表诉讼制度之前,相关研究主要是论证我国是否应引入以及如何引入该制度上。[3]二是在我国2005年《公司法》确

---

〔1〕 参见美国法律研究院:《公司治理原则:分析与建议》(下),楼建波、陈炜恒、朱征夫、李骐译,法律出版社2006年版,第511—794页;A. J. 博伊尔《少数派股东救济措施》,段威、李杨、叶林译,北京大学出版社2006年版,第99—132页;沈四宝编译:《最新美国标准公司法》,法律出版社2006年版,第83—87页;等。

〔2〕 参见[日]佐藤铁男:《股东代表诉讼中的诉讼参加及其形态》,载日本《法学家》1995年第1062号;[日]伊藤真:《辅助参加的利益再考》,载日本《民诉杂志》1995年第41号;周剑龙:《日本公司法制现代化中的股东代表诉讼制度》,载《南京大学学报(哲学·人文科学·社会科学)》2006年第3期;李小宁:《简析德国股份公司法关于股东代表诉讼的最新改革》,载《湖南大学学报(社会科学版)》2009年第3期。

〔3〕 参见吴建斌:《股东代表诉讼制度及其在我国的建立和完善》,载《南京大学学报(哲学·人文科学·社会科学)》2000年第1期;刘俊海:《股份有限公司股东权的保护》,法律出版社2004年版;胡滨、曹顺明:《股东派生诉讼的合理性基础与制度设计》,载《法学研究》2004年第4期;甘培忠:《有限责任公司小股东利益保护的法学思考——从诉讼视角考察》,载《法商研究》2002年第6期。

立股东代表诉讼制度后,国内法学界对该制度的研究主要集中在对现有相关规定的合理性及其具体运用与完善、对尚缺乏规定的相关配套制度的介绍与论证上。〔1〕这些研究,筚路蓝缕,开创并拓展了我国股东代表诉讼制度的发展之路。

就股东代表诉讼中的公司参与问题而言,国内大多数相关成果都是从保护股东权的视角进行探讨,而从公司利益保障的视角进行系统探讨的成果并不多见。只有少数学者给予了较多的关注。〔2〕而与公司的诉讼参与相关的各具体问题之间并非彼此孤立的,甚至该问题本身也必须放在股东代表诉讼制度乃至整个公司治理机制的框架下进行探讨才能真正厘清其本质,才能较好地理顺诉讼中公司内部各相关主体之间的利益纠葛。比如费用担保制度,其虽然可以起到一定的防止滥诉的作用,但在我国的现实条件下,其对股东代表诉讼制度本身的杀伤力也非常巨大。单纯从该制度本身去探讨,很容易得出肯定的结论〔3〕,司法实践中也不乏支持的声音〔4〕。但从公司的诉讼参与视

〔1〕 参见张国平:《股东代表诉讼的规则架构》,载《南京大学法律评论》2010 年秋季卷;朱慈蕴:《股东派生诉讼的前置程序研究——“紧急情况”之外是否存在可豁免情形》,载《政法学刊》2010 年第 3 期;刘凯湘:《股东代表诉讼的司法适用与立法完善——以〈公司法〉第 152 条的解释为中心》,载《中国法学》2008 年第 4 期;王建文:《我国股东代表诉讼制度评判与适用》,载《北方法学》2007 年第 4 期。

〔2〕 参见蔡元庆:《论公司机关在股东代表诉讼中的权限》,载《法学》2005 年第 10 期;蔡元庆:《股东代表诉讼中公司的地位和作用——以美国特别诉讼委员会为中心》,载《中外法学》2006 年第 4 期;蔡元庆:《股东代表诉讼中公司的诉讼参加问题研究》,载《华东政法学院学报》2007 年第 2 期。

〔3〕 参见刘金华:《股东代位诉讼研究》,中国政法大学 2007 年博士学位论文,第 119 页;蔡元庆:《少数股东权与担保提供制度》,载《河南社会科学》2007 年第 1 期;陈碧珍:《股东派生诉讼费用担保的美国法发展及借鉴》,文章来源:http://www.civillaw.com.cn/article/default.asp? id = 36260,登陆时间:2011 - 1 - 30 日;卢政峰:《股东诉讼制度研究》,吉林大学 2010 年博士论文,第 105 页。

〔4〕 参见最高人民法院《关于适用〈中华人民共和国公司法〉若干问题的规定(四)》(2009 年专家论证会征求意见稿)第 53 条第 1 款;最高人民法院 2006 年的《关于适用〈中华人民共和国公司法〉若干问题的规定(二)(征求意见稿)》第 30 条的规定。

角去分析，则会发现我国引入费用担保制度可能是不明智的。该制度的设置将会对我国股东代表诉讼制度的发展带来灾难性的影响，而其所承载的防止滥诉的功能完全可以通过强化公司的作用及其他相关机制的完善来实现。从这个角度来看，国内当前对公司的诉讼参与以及与之密切相关的股东代表诉讼中的利益平衡问题缺乏系统的、多角度的研究，是存在明显不足的，也不利于股东代表诉讼制度的发展。

此外，国内学者多是从公司法或民事诉讼法中的某个单一的视角去进行探讨，而公司的诉讼参与问题本身则是一个公司法与民事诉讼法交叉的问题〔1〕，从其中任何一个单一的视角去探讨，得出的结论都可能失之偏颇。以“股东代表诉讼中公司的诉讼地位”问题为例，民事诉讼法学者多以民事诉讼当事人制度理论为基础来界定公司的诉讼地位，由于其对股东代表诉讼中的复杂利益关系、公司经营行为本身的复杂性以及该制度在整个公司治理机制中的作用等通常缺乏深刻的认识，可能会导致其研究中所得出的结论与我国股东代表诉讼制度发展的现实相脱节，甚至可能会对司法实践产生负面的影响。〔2〕而公司法学者由于对民事诉讼当事人制度及相关程序设置通常研究不多，不太了解现行当事人制度存在的问题及研究的现状，则会影响到研究的深入。〔3〕

---

〔1〕 从理论上讲，股东亦可能代位公司提起行政诉讼，司法实践中已有属于行政诉讼性质的股东代表诉讼被人民法院受理。但受研究旨趣所限，本书仅将属于民事诉讼性质的股东代表诉讼作为研究的对象。

〔2〕 参见段厚省：《股东代表诉讼中公司和其他股东的地位》，载《法学杂志》1998 年第 3 期；汤维建、戈琦：《股东代表诉讼制度的确立和完善》，载《人民法院报》2004 年 3 月 3 日。

〔3〕 参见王茂林：《论我国股东代表诉讼制度的构建》，载《甘肃政法学院学报》2003 年第 5 期；胡滨、曹顺明：《股东派生诉讼的合理性基础与制度设计》，载《法学研究》2004 年第 4 期；王建文：《我国股东代表诉讼制度评判与适用》，载《北方法学》2007 年第 4 期。

在研究方法上，国内涉及该选题的相关研究成果多是运用比较研究、实证研究、历史研究等研究方法，运用法经济学方法进行探讨的成果并不多。[1]而股东代表诉讼制度是一个“经济性”较强的问题，公司的诉讼参与问题也不例外，如其中所涉及的股东代表诉讼诉权、经营判断规则、利益平衡等问题就很难单纯从法理上加以厘清。这就需要借助法经济学的分析方法来揭示其本质，即相关制度安排背后所隐含的经济逻辑。而现有的少量成果也因其研究的主要内容所限，并未从法经济学的角度对相关问题进行深入、集中的探讨。

三、本书的研究思路

本书研究的整体思路是：股东代表诉讼的法理基础、公司参与的程序原理、公司在股东代表诉讼中的的权利和义务、相关主体之间利益平衡机制的构建，贯穿其中的主线则是维护公司效率和保护公司及其小股东利益之间的平衡。围绕这一思路，本书综合运用公司法学、民事诉讼法学及法经济学等学科的相关理论或分析工具，并结合我国股东代表诉讼制度、股东权保护、民事诉讼相关制度以及公司治理机制发展的实际，除导论及结语之外，共分五章展开。

第一章阐释了股东代表诉讼的正当性在于其符合公司法的价值追求，既是基于公司法人格本质的考虑，也是为了应对公司治理中出现的“资本多数决异化”与“内部人控制”问题所采取的必要措施；分析了该制度具有的事前监督与事后救济的功能；梳理了该制度的演变历程及目前的发展趋势；从法经济学的角度，分析了股东享有代表诉

---

〔1〕 现有相关成果主要有：张建伟、何苗：《中国股东代位诉讼制度设计法理探讨与经济分析》，载《华东政法学院学报》2005 年第 3 期；容缨：《美国商业判断规则对我国公司法的启示——以经济分析为重点》，载《政法学刊》2006 年第 4 期；郭富青：《论股东派生诉讼中权利配置与利益平衡》，载《西部法学评论》2010 年第 5 期。

讼诉权的权利基础。该章是对股东代表诉讼基本原理及诉讼构造的阐述和厘清,后文的分析将以此为背景和基础展开。

第二章是对公司参加股东代表诉讼程序原理的阐释。公司参加股东代表诉讼的正当性在于其符合正当程序原理及诉讼效率价值的要求,与股东代表诉讼诉权的性质相一致。公司可以选择是否参加诉讼,但不能辅助被告方,也不享有取代原告股东接收诉讼或重新起诉的权利,并应为公司参加诉讼设置相应的通知程序。通过对国内相关争议的梳理、评述与反思,结合对域外公司地位立法的经验性考察,提出公司原则上应作为共同诉讼参加人,在例外情况下可以选择作为无独立请求权第三人。

在第三章、第四章,笔者利用国内外最新研究资料,结合最高人民法院2016年《征求意见稿》的相关内容及司法实践中的相关典型案例,具体阐释了公司在股东代表诉讼中所应享有的权利和承担的义务。在公司应享有的权利方面,论证了公司应有条件享有阻止诉讼权、对诉讼和解程序及结果的异议权、对"提起诉讼的依据显属虚构"的败诉股东享有损害赔偿请求权、申请再审权以及申请执行权等权利。在公司应承担的义务方面,阐明了公司基于无因管理理论应对胜诉股东因诉讼所产生的合理费用予以补偿,败诉股东如果基于合理的理由而起诉,又没有明显的违背诚信的行为和过错的,也有权从公司处获得费用补偿,但我国不应确立原告股东直接受偿制度;基于法定的诉讼担当,确定判决的既判力及于公司,而诉讼和解协议则不具有既判力;此外,公司还应负有不起诉理由说明、提供证据等义务。

第五章是在前四章研究的基础上,对公司参与下利益平衡机制的构建。首先,应强化公司的地位与作用。这符合公司法的价值追求和股东代表诉讼诉权性质的要求,有助于平衡保护各相关主体之间的利益，并改进股东权保护的其他机制。其次，构建股东提诉的激励与约束机制。再次，合理界定公司董事等管理人员的责任范围。从法经济学的角度来看，经营判断规则能够合理减轻被告董事等公司经营管理人员的责任，有助于节约交易成本，提高资源配置的效率。最后，要有效发挥股东代表诉讼利益平衡机制的作用，还需要合理扩张法官的自由裁量权来加以调节。

第一章　股东代表诉讼制度的理论基础

当前，世界大多数国家或地区都先后设立了股东代表诉讼制度，该制度存在的正当性何在？股东代表诉讼制度是如何发展演变的，其发展趋势是什么？股东代表诉讼诉权是一种什么性质的权利，其法理基础何在？本章试对上述问题进行探究与梳理，亦为本书后续章节的相关探讨提供制度背景和铺垫。

第一节　股东代表诉讼的正当性及其功能

一、股东代表诉讼制度的正当性

（一）符合公司法的价值追求

美国法学家罗斯科·庞德曾言："在法律史的各个经典时期，无论在古代和近代世界里，对价值准则的论证、批判或合乎逻辑的适用，都曾是法学家们的主要活动。”〔1〕法律的价值有哪些尚可商榷，但公平与效率无疑是法律的两个主要价值，但对于两者之间的关系，学界意见不一。罗尔斯的观点是公平优先、兼顾效率。他在《正义论》开篇即指出：“正义是社会制度的首要价值，正像真理是思想体系的首要价值一样。……某些法律和制度，不管它们如何有效率和有条理，只要它们不正义，就必须加以改造或废除。”〔2〕阿瑟·奥肯则认为正义与效率是一对可以调和的矛盾，二者之间存在平衡点。目前，法经济学界的主流观点是效率优先，兼顾公平。

公司法的价值取向应坚持“效率优先，兼顾公平”。〔3〕而促进维护公司效率与保护公司及其股东利益之间的平衡，是公司治理中的永恒主题。基于对公司效率价值的追求，必须坚持公司人格独立，公司利益受到损害后，应当由公司自己去行使损害赔偿请求权以免公司经营管理者动辄得咎而影响公司效率，就不应设立股东代表诉讼制度。但如此一来，势必会纵容董事、监事等经营管理层滥用权利，更加有恃无恐地侵害公司及股东的利益，不仅公司及股东的利益不能得到公平的保护，长远来看，更会对公司效率乃至一个国家的公司制度的竞争力造成根本性的伤害。由于股东行使代表诉讼诉权有严格的条件限制，加之有相关配套制度的跟进，滥诉的问题虽不能完全避免，但也在可控范围，对公司效率不至于有根本性的伤害，何况国家还可以基于现实情况的变化而相应调整股东代表诉讼诉权行使的限制条件。公司法设立股东代表诉讼制度的基本目标，就是要在维护公司效率与保护

〔1〕［美］罗斯科·庞德：《通过法律的社会控制——法律的任务》，沈宗灵译，商务印书馆1984年版，第55页。

〔2〕［美］约翰·罗尔斯：《正义论》，何怀宏、何包钢、廖申白译，中国社会科学出版社1998年版，第3页。

〔3〕胡宜奎：《股东代表诉讼诉权的法理探讨》，载《审判研究》2011年第1期。

公司及股东利益之间保持一个动态的平衡，这符合公司法“效率优先，兼顾公平”的价值追求。

（二）设置股东代表诉讼制度是公司法人格的本质所决定的

“法律调整人与人之间的关系，进入法律的调整范围，必须享有法律上的人格。这意味着法学的逻辑体系的全部范畴，必须由人格概念所直接或间接派生。”[1]公司作为一个赢利性的法人，它是法律为适应经济发展的需要，通过法律技术，确立了公司的独立责任，使公司从股东人格中独立出来，从而成为独立的市场主体和责任主体，具有了法律人格。[2]美国的公司法学家汉密尔顿认为：“公司之所以具有这些法律属性，并不是因为它是一个人造实体，而是由于法律的规定。”[3]公司虽然可以在法律上具有独立的人格，但这种人格主要是来自法律基于现实情况而作的适应性规定，显然不同于有血有肉的自然人。公司法人的特性是主体性与组织性并存。公司作为法律上的民事主体，与自然人一样享有在法律上的独立主体地位；同时，公司又是个组织体，具有对自然人的依赖性。公司法人的这两种属性同时存在，单纯强调其中某一个方面都将有失偏颇。[4]

公司法人格的独立，使它与出资设立公司的股东成为两种不同的法律主体。根据现代民事诉权理论，公司的诉权只能由公司自己行使，股东也只能行使自己享有的诉权。但公司法人相对于自然人，还具有组织性，其意志需要借助董事及其他管理人员组成的机构来实

---

〔1〕 李锡鹤：《民法哲学论稿》，复旦大学出版社2000年版，第23页。

〔2〕 李超玲：《公司法人特性与公司治理困境解决机制研究》，中南大学2008年博士论文，第50页。

〔3〕 [美]罗伯特·W. 汉密尔顿：《公司法概要》，李存捧译，中国社会科学出版社1999年版，第3页。

〔4〕 李超玲：《公司法人特性与公司治理困境解决机制研究》，中南大学2008年博士论文，第52页。

现，对自然人具有一定的依赖性。公司无法如自然人一样为了保障自己的合法利益及时、主动地作出意思表示。这又可能使公司利益遭受相关自然人特别是掌握公司经营管理权的那些人的侵蚀。公司人格独立及作为其基础的股东有限责任制度其实是一柄双刃剑，它既能为奋发进取者提供“保护伞”，也可能会充当巧诈舞弊者的护身符。[1]现实中侵占公司交易机会、非法挪用公司资金等情况屡见不鲜就是明证。尤为严重的是，当这些侵害公司利益的行为涉及那些能够对公司决策施加重要影响的人员时，指望他们主动以公司的名义对涉及自己的过错行为提起诉讼无异于与虎谋皮。这样，公司利益受到的损害就可能难以得到有效的救济，而这反过来又可能进一步激励相关人员滥用权利，为私利而肆意侵害公司及股东的利益。

然而，公司是由股东出资设立的，股东才是对公司利润享有最终剩余索取权的主体。虽然公司利益不同于股东的利益，两者也并非总是一致的，但谁也无法否认两者之间是紧密相连的。在公司管理层怠于行使公司的损害赔偿请求权时，让股东去代位行使原本属于公司的诉权，即让股东享有代表诉讼诉权，虽属不得已，但仍不失为一个明智的选择。同时，股东代表诉讼诉权的存在也有利于股东对董事等管理层的职务行为进行监督，是针对董事等管理层的一种新的制约机制。[2]

（三）股东代表诉讼是对“资本多数决异化”所作出的自然反应

资本多数决是英国法院在1843年的Foss v. Harbottle一案的判例中确立的公司法原则，后来在英美判例法中不断被援引，并逐渐为大

---

〔1〕 蔡立东：《公司人格否认制度的衡平性》，载《吉林师范大学学报（人文社会科学版）》，2004年第1期。

〔2〕 李超玲：《公司法人特性与公司治理困境解决机制研究》，中南大学2008年博士论文，第183页。

陆法系国家公司立法所采纳。资本多数决的确立与发展，对平衡股东间的利益冲突、使公司能够快速有效地形成决策以便及时应对变幻莫测的市场、降低决策的成本，并保护和刺激股东的投资热情具有不可磨灭的贡献。[1]正如任何事物都有其两面性，资本多数决在为公司的发展带来巨大便利的同时，也削弱了少数股股东对公司事务的发言权，进而导致股东（大）会的"空壳化"，客观上为大（控股）股东滥用表决权提供了便利，这就是"资本多数决异化"。[2]现实中，大（控股）股东滥用表决权占用公司资金、非法对外提供担保、实施不公平的关联交易等情况极为常见，严重损害了公司及少数股股东的合法权益，也抑制了中小投资者的投资热情。

尽管资本多数决原则异化可能或已经带来严重危害，但考虑到公司的营利性特征，为维护公司的独立人格和多数人的民主，确保公司利润的最大化，公司立法者仍将"资本多数决"作为贯穿公司立法的主线。[3]但放任大（控股）股东滥用表决权损害公司及中小股东的合法权益，既不公平，也缺乏道德基础。正如哈耶克所言："政府所做的任何事情都应当得到多数同意的原则，未必就规定了多数在道德上有资格为所欲为。任何多数通过制定一些有利于其成员而歧视他人的规则来赋予其成员以特权的做法，便显然是没有道德根据的。"[4]这些话虽然是针对政府而言的，但公司作为由多个平等的投资者共同出资形成的组织，显然也应该适用，这就需要对资本多数决异化所带来的

---

〔1〕 蔡元庆、龚建凤：《资本多数决原则与中小股东利益的协》，载《当代法学》2003年第11期。

〔2〕 宋智慧：《资本多数决——异化及回归》，吉林大学2008年博士论文，第55页。

〔3〕 樊云慧：《英国少数股东权诉讼救济制度研究》（前言），中国法制出版社2005年版，第5页。

〔4〕 哈耶克：《自由秩序原理》（上），邓正来译，生活·读书·新知三联书店1997年版，第130—131页。

问题进行弥补和救济。

为此，各国纷纷采取应对措施，如规定控股股东的诚信义务，实行累积投票制，强化中小股东股权，赋予中小股东代表诉讼诉权等。其中，赋予中小股东代表诉讼诉权，允许其在大（控股）股东恶意利用资本多数决侵害公司利益，进而间接侵害中小股东利益，而公司因受过错行为人控制等原因又怠于行使其诉权的情形下，可以代位公司提起代表诉讼，是各国普遍采用的应对措施。让少数股股东享有代表诉讼诉权，使其获得通过公司外部的司法力量介入来追究侵害公司利益的过错行为人的机会。这样，既可通过惩罚、阻吓和教育促使董事及大（控股）股东勤勉尽责，又可适度矫正中小股东在公司中过于弱势的地位。

（四）解决公司“内部人控制”问题需要借助股东代表诉讼制度

现代公司特别是股份有限公司股份越来越分散，“股东（大）会中心主义”已逐渐为“董事会中心主义”所取代。但进入20世纪以来，“董事会中心主义”却使公司经营者的权力迅速膨胀，出现了经营者支配一切的局面。虽然在世界各国的立法中，董事会居于公司治理的核心地位，但在实践中，董事会往往徒具虚名，纯粹是走走过场而已，非但不能对经营者实行有效的控制，反而受制于经营者，以至于有人认为“董事会已经死了”。[1]“现代企业组织理论认为，因为企业内部人（经营管理层和职工）和外部人（股东）之间存在信息不对称，内部人对企业实际经营情况的了解要比股东多得多，以及因此引起的对内部人监督的困难而使内部人获得了公司的实际控制权。”[2]然而，在大（控股）股东、董事、经理等公司管理层的权力不断膨胀的同时，公司和

---

〔1〕 郭富青：《从股东绝对主权主义到相对主权主义公司治理的困境及出路》，载《法律科学》2003年第4期。

〔2〕 章晓洪：《股东派生诉讼研究》，西南政法大学2006年博士论文，第63页。

少数股股东对他们的监督手段和兴趣却在不断减弱，由此造成严重的“内部人控制”的现象。我国股份公司中的“内部人控制”现象更为突出，在大多数的上市公司中，国有股和法人股持有的股份都在 50% —60% 以上。而且，相当一部分上市公司的前五大股东之间，还存在密切的关联关系，前五大股东之间相互不独立。[1]在这种持股结构下，整个公司都可能操纵在国有股东或大股东手中，从而形成“内部人控制”现象。

“内部人控制”使经营者事实上或法律上掌握了公司的控制权，他们动用所控制的公司资源，以内幕交易、关联交易、虚假信息披露等手段，侵害公司及少数股股东利益的现象并不鲜见。[2]如何解决“内部人控制”所带来的问题，已成为全球范围内公司治理的最具挑战性的课题之一。

有绝对的权力，就会有绝对的腐败，这是由基本的人性决定的。“人在达到德性的完备时是一切动物中最出色的动物；但是如果他一意孤行，目无法律和正义，他就会成为一切禽兽中最恶劣的禽兽”[3]。在“内部人控制”已很普遍的公司治理结构中，除了完善公司内部相关机构的监督职能外，通过股东对公司经营者施以内在的或外在的监督制约也是十分必要的。在众多的监督方式中，司法权力通过诉讼程序介入公司内部治理是使公司保持顺畅运作的一种有效方式。[4]诚如王保树等学者所言：“公司法人治理结构的确定只是一种法律理想状

---

〔1〕 朱慈蕴：《资本多数决原则与控制股东的诚信义务》，载《法学研究》2004 年第 4 期。

〔2〕 徐文芳：《试论少数股东权益的法律保护》，载《证券市场导报》2000 年 12 月 10 号，第 6 版。

〔3〕 [意]托马斯·阿奎那：《阿奎那政治著作选》，马清槐译，商务印书馆 1997 年版，第 115 页。

〔4〕 刘桂清：《公司治理的司法保障——司法介入公司治理的法理分析》，载《现代法学》2005 年第 4 期。

态，它本身存在着一定的先天性缺陷，必须通过制度建设予以弥补，而股东派生诉讼制度便是‘公司监控之利器’”。[1]确立股东代表诉讼诉权，当公司董事、监事、经理等“内部人”侵害公司利益时，如果公司因受“内部人”控制而怠于追究，少数股股东就可以提起代表诉讼。这样，不仅公司利益所受到的损害有机会得到司法的救济，也可通过这种制度的设置警示和威慑公司“内部人”，使之谨慎、勤勉地行使手中的权力。

二、股东代表诉讼的功能

股东代表诉讼制度既有通过事后救济而使受损害的利益得以恢复或补偿的功能，即事后救济（对公司及股东来讲是损害赔偿，对过错行为人来说则是对其过错行为的惩罚）功能，也包含事前监督（阻慑）的功能。前者是指，股东通过提起代表诉讼追究相关过错行为人的损害赔偿责任，使受到不当行为侵害的公司利益得以恢复或补偿。后者是指，股东代表诉讼制度的存在，对可能滥权损害公司利益的董事等管理人员终究是一种威慑，使得其在实施不当行为时有所顾忌，如某学者所言，十次诉讼中即使九次都失败了，但只要有一次成功，对管理层就是一种威慑，使之不敢为所欲为。[2]

股东代表诉讼具有的这两种功能是密切相关的。如果股东代表诉讼被告人所实施的侵害公司利益的过错行为受到追究的几率很高，既能使受到侵害的公司利益能够较好地得到保护，也能收到很好的慑阻效果。如果所有的违法行为都会受到追究，那么愿意去违法的人就会大为减少；反之亦然。但在现实条件下，这显然只是一种理想状态。

〔1〕 王保树、崔勤之：《中国公司法原则》，社会科学文献出版社 1998 年版，第 192 页。
〔2〕 朱伟一：《美国公司法判例解析》，中国法制出版社 2000 年版，第 241 页。

可行的方法则是，为了防止董事等公司管理层为所欲为，必须将其所实施的过错行为受到责任追究的几率控制在合理的范围内，这样既可让受到过错行为侵害的利益得到合理限度内的保护，也可起到一定的事前预防或慑阻的作用。当然，合理范围的界定要受到“成本—收益”规则的制约以及该国或地区特定时期经济政策等因素的影响。

一方面，“成本—收益”规则决定了股东代表诉讼不宜片面追求事后救济（赔偿）功能。如果片面追求事后救济功能，则对提起代表诉讼的股东就不应做过多的限制，也不宜设置前置程序来增加股东起诉的难度，即使代表诉讼的成本高于（甚至是明显高于）其可能获得的收益，也不应阻止诉讼的进行。这显然是不现实的。况且，由于公司与股东的利益既不相同也非完全一致，且不同股东之间的利益也可能不同，有的股东想起诉，而有的股东则反对提起代表诉讼，则股东代表诉讼到底是为了保护谁的利益而设置本身就会成为问题。显然，不宜过度强调股东代表诉讼事后救济的功能。

另一方面，一项制度能否取得预期的成效，与该国或地区的政治、经济、历史和文化条件等制度背景密切相关。股东代表诉讼制度的实际效果也会因不同的具体法律制度、文化传统以及社会意识而有很大的差异。如日本、韩国以及我国的台湾地区的公司立法都较早地规定了股东代表诉讼制度，但实施效果却各不相同，即使是在股东代表诉讼制度源远流长的英国和美国，该制度实施的效果也迥然不同。在股东代表诉讼讼制度产生和发展的相当长的一段时期内，人们似乎更为垂青事前预防的功能，但随着公司丑闻的泛滥和泡沫经济的崩溃，近年来事后救济功能则受到更多的关注。[1]可见，一国经济形势和政策取向等也会影响对公司代表诉讼制度功能的认识和调整。

---

〔1〕 宣伟华：《股东代表诉讼初探》，载《法学》1999年第6期。

第二节　股东代表诉讼诉权的权利基础

美国学者克拉克曾经说过，股东知情权、股东表决权与股东诉权一起被称为股东权的三大重要内容，[1]这里所说的股东诉权当然应包括股东代表诉讼诉权。当前，股东享有代表诉讼诉权已为众多国家或地区的公司立法所确认。虽然我国2005年《公司法》也赋予相关股东提起代表诉讼的权利，但股东代表诉讼诉权属于何种性质的权利？该权利为何只赋予股东？为何要对股东提起代表诉讼设置前置程序的限制？这些问题尚需进一步探讨，以便在司法实践中更好地理解和把握股东代表诉讼制度设立的初衷，更好地发挥该制度的作用。

一、实体权利基础

（一）"股东权说"

我国公司法学者与民诉法学者对股东代表诉讼诉权的实体法基础进行了多方面的法理解读，出现了"债权人代位权说"、"信托受益人权利说（受益权说）"、"监护权说"及"股东权说"等学说。随着公司法理论的日臻完善，前三种学说因其解释力上的不足而日渐式微，"股东权说"似有成为学界通说的趋势。[2]故本书以"股东权说"为重点，探讨学界对股东代表诉讼诉权的实体法基础进行的法理解读及其存在的不足。

---

〔1〕［美］罗伯特·C.克拉克：《公司法则》，胡平、林长远译，工商出版社1999年版，第72页。

〔2〕对该问题的具体论述可参见：江伟、段厚省：《论股东诉权》，载《浙江社会科学》1999年第3期；王利明：《论股份制企业所有权的两重结构》，载《中国法学》1989年第1期；章晓洪：《股东派生诉讼研究》，西南政法大学2006年博士论文，第37—40页；卢政峰：《股东诉讼制度研究》，吉林大学2010年博士论文，第21页。

1. “股东权说”的内容

“股东权说”认为：公司只是在所有权与经营权两权分离的情形下，股东欲承担有限责任，减少投资风险所选用的一种经营形态。公司虽被法律拟制为具有独立人格的法人实体，但出资设立该公司的股东仍是最终的所有人，是对公司经营成果享有最终剩余索取权的市场主体。股东基于出资所失去的所有权并未被彻底消灭，而是转化为以股东权的形式存在，此时，股东基于出资而享有的股东权其实是一种介于受益权和所有权之间的一种权利形态。因此，从理论上来说，对公司利益的侵害，必然同时又是对股东权的侵害，股东基于股东权被侵害的事实而享有对加害者的损害赔偿请求权。这种损害赔偿请求权就是代表诉讼中股东诉权的实体权源。[1]但股东权的内涵非常丰富，根据不同的标准有不同的分类，常见的分类有：按照股东行使权利的目的不同，可分为自益权和共益权；按照权利行使的方式和效果不同，可分为单独股东权和少数股东权；按照股权产生的方式不同，可分为固有权还是创设权。基于股东权的分类，学界在赞成“股东权说”的基础上，又进一步认为股东代表诉讼诉权的实体法基础是股东的共益权、固有权。[2]另有学者基于我国《公司法》的规定，认为该权利在有限责任公司中是单独股东权，在股份有限公司中是少数股东权。[3]

2. “股东权说”存在的不足

相对于“债权人代位权说”等学说，“股东权说”将股东代表诉讼

---

〔1〕 江伟、段厚省：《论股东诉权》，载《浙江社会科学》1999 年第 3 期。笔者从中国知网上收集了多篇包含相关论述的文章，经过梳理后发现，有相当多的学者在介绍“股东权说”的内容时，都以该文表达的观点为基础，故将该文关于“股东权说”的观点作为主要的分析依据。

〔2〕 相关论述参见：江伟、段厚省：《论股东诉权》，载《浙江社会科学》1999 年第 3 期；章晓洪：《股东派生诉讼研究》，西南政法大学 2006 年博士论文，第 41 页。

〔3〕 张国平：《股东代表诉讼的规则架构》，载《南京大学法律评论》2010 年秋季卷。

诉权的实体法基础界定为股东权,虽然更具合理性,但也存在解释力上的不足:

首先,"股东权说"认为损害公司利益的行为同时也损害了股东的利益是缺乏说服力的。股东的个人利益与公司利益虽然密切相关,但毕竟是两个概念,公司作为独立法人,具有自身独立的利益。公司之所以不同于合伙或独资企业,公司董事和管理人员不同于单纯的代理人,是因为存在着独立的公司利益。[1]公司的独立利益是公司本身的利益,是在合乎法律规范的框架内多种利益的结合体。英美国家通过一系列判例确立了公司利益的广泛性,不仅包括股东利益,也包括了雇员、债权人等利益相关者的利益,甚至还包括公司所在社区利益。[2]此外,随着公司社会责任理论的发展,公司已不仅仅是作为股东的一种投资工具而存在,还肩负着其他职责,公司与股东利益的分离越发明显。所以,认为损害公司利益的行为同时也间接损害了股东的利益的说法比较牵强,缺乏说服力。

其次,"股东权说"并未对股东代表诉讼诉权的真正来源及性质作出合理的解释,即为何只有股东才享有该权利。"股东权说"认为股东权是从股东所有权转化而来的,是一种介于所有权与受益权之间的一种权利[3],那么这种权利究竟是一种什么性质的权利呢? 股东以公司作为投资工具,是为了获取投资收益;为了避免获取投资收益的目标落空,股东应享有一定的参与公司经营管理的权利,这种权利的行使既是为了自己,也是为了公司及其他股东的利益。股东代表诉讼诉

〔1〕 Lawrence E. Mitchell, Fairness and Trust in Corporate Law Fairness and Trust in Corporate Law, 43 *Duke Law Journal*(1993), pp. 427 – 491.

〔2〕 李超玲:《公司法人特性与公司治理困境解决机制研究》,中南大学 2008 年博士论文,第 105 页。

〔3〕 江伟、段厚省:《论股东诉权》,载《浙江社会科学》1999 年第 3 期。

权就是一项股东参与公司经营管理的权利，是一种固有的、共益性质的股东权。这可以说是“股东权说”立论的基础。如果该理论成立，股东享有代表诉讼诉权自无问题。但是，公司职工对公司也享有一定的利益（获取工资、代缴各种保险金等），依法同样享有一定的参与公司经营管理的权利，如成为职工监事、工会代表，当公司利益受侵害时，也可能影响到他们的利益，如导致其被拖欠工资、影响各种保险金的缴纳或专项人力资本投资价值的丧失等，为何公司法不赋予公司职工代位公司起诉的权利呢？依据公司利益相关者〔1〕理论，职工与股东一样，都对企业进行了专用性资产投资，也都承担了一定的风险，不同之处只在于股东投入的是物质资本，而职工投入的是人力资本。相对于持股比例较少且能用脚投票的小股东，职工与企业的联系更为紧密，更有关心企业的发展的激励。〔2〕即使仅从方便诉讼的角度考虑，其实公司职工很多时候要比股东更了解公司的经营状况，获取相关证据资料的途径也更多。公司法为何不将股东代表诉讼诉权赋予公司职工呢？

最后，“股东权说”不能合理解释为何股东代表诉讼诉权的行使要经过前置程序。依据“股东权说”，股东代表诉讼诉权是股东享有的一种固有权、共益权，但是，股东既然享有这种权利，在该权利受到侵害后，股东为什么不能直接去起诉，而只能在公司怠于或拒绝起诉时才能行使该权利，并且还要受到诸多的限制？实际上，由于前置程序的存在，股东代表诉讼诉权在性质上只是作为公司不能或不愿行使其诉权时的一种替代与补救，很难说该权利是股东基于投资人身份而享有

---

〔1〕 利益相关者是指，能够影响企业或受企业决策和行为影响的个人与团体。参见颜运秋：《公司利益相关者派生诉讼的理论逻辑与制度构建》，载《法商研究》2005 年第 6 期。

〔2〕 颜运秋：《公司利益相关者派生诉讼的理论逻辑与制度构建》，载《法商研究》2005 年第 6 期。

的股东权的一部分,更没有理由说其是股东所享有的一种固有的权利。

（二）股东代表诉讼诉权的法经济学分析

如上所述,即使是几乎成为通说的“股东权说”也难以合理解释股东代表诉讼诉权的真实来源,以及为何对股东行使该权利设置前置程序限制等问题,即并未真正揭示该权利的本质。事实上,股东代表诉讼诉权制度设置背后有着深刻的经济逻辑。本书试以公司契约〔1〕理论为基础,从法经济学〔2〕的角度来揭示该权利的本质。

1. 股东代表诉讼诉权的权利来源

(1)公司契约理论下股东权的来源。公司契约理论溯源于古罗马法,发展于近代英美法系,通行于现代两大法系,是以经济学中的公司合同理论为基础构建起来的,是法经济学解释公司法律制度的基本理论之一。根据公司契约理论的观点,对公司最好的理解是将其视为一组“契约的联结’——一个在公司众多参与者之间的相互关联的契约网络。公司中的所有关系都是契约性的,不论构成这些关系的契约是明示的还是默示的。Jonathan Macey 就说:“一旦我们认为公司不是一个实体而是一系列契约的结合,这个组织(公司)就解体成——投资者、经理、债权人、职员、供应商——他们通过协议在他们之间达成均

---

〔1〕 公司契约概念最初是由阿尔钦与德姆塞茨在其 1972 年联袂发表的《生产、信息成本和经济组织》一文中提出的,但对公司契约理论进行完整描述的任务则是在 1976 年迈克尔·杰森和威廉·梅克林的著作《公司理论:管理层行为、代理成本和所有权结构》中才完成。目前,公司契约理论已成为美国公司法学界与法经济学界关于公司的主流理论,美国 Eisenberg 教授甚至称之为“统治着公司法的法经济学文献”。参见 Melvin A. Eisenberg, The Conception that the Corporation is a Nexus of Contracts, and the Dual Nature of the Firm, 24 *Journal of Corporation Law*(1999), p. 819.

〔2〕 法经济学又称法律的经济分析、法和经济学、法律经济学,是指用经济学的方法和理论研究法律和法律制度的形成、结构、过程、效果、效率及未来发展等。参见唐保银:《公司法的经济分析》,吉林大学 2008 年博士论文,第 3 页。

衡。这也就是说任何公司参与者，即使是股东也不能把他自己当成是公司的所有者。”[1]“公司契约理论者进一步认为，不但股东，而且其他所有的利益相关者都可以被视作公司的投资者”[2]。

根据公司契约理论，股东并不是公司的所有者，其对公司享有的也仅仅是契约权利，股东与公司内外部相关人员之间存在的关系也只是契约关系，他们的权利、义务和责任是由他们之间所缔结的契约所确定的。作为公司契约众多参与者之一的股东所享有的股东权，实质上是公司契约对权利在公司众多参与者之间进行分配的结果。公司契约对权利进行分配的总的指导思想是减少代理成本，使交易成本最小化和使每个公司参与者的利益最大化。股东权的来源具有深刻的经济根源，这是公司所有权安排的集中体现。而公司所有权的安排是公司参与者之间在契约自由的前提下长期博弈的均衡结果。[3]

（2）公司管理层对公司契约义务的违反是股东享有代表诉讼诉权的权利基础。将公司界定为一种契约，不仅能够为公司处理内部问题提供理论基础，还能够为公司的发展和经济的繁荣提供动力。[4]然而，公司契约理论是建立在信息完全对称的条件下、各个契约主体平等的基础上的，但现实中由于受交易成本的存在、人的有限理性、“资本多数决原则的异化”以及“内部人控制”等条件的制约，公司契约机制在实践中存在失灵的问题。此时，公司法就有了存在的价值，主要表现在：作为公司契约的模本、补充公司契约的漏洞、追求非效率目标

---

〔1〕 Sharon Hannes, The Role and Limits of Legal Regulation of Conflicts of Interest (part Ⅱ): Ariticle: Images of Organizations and Interfirm Externalities: Acommenton Prof. Rubin, *Theoretical Inquiries in Law*, July, 2005. 转引自刘迎霜：《公司契约理论对公司法的解读》，载《当代法学》2009 年第 1 期。

〔2〕 侯东德：《股东权的契约解释》，西南政法大学 2008 年博士学位论文，第 16 页。

〔3〕 侯东德：《股东权的契约解释》，西南政法大学 2008 年博士学位论文，第 39 页。

〔4〕 张民安：《公司契约理论研究》，载《现代法学》2003 年第 2 期。

等三方面的功能。[1]虽然公司契约理论在实践中存在失灵的可能，需要公司法进行修正和补充，但股东及其他公司参与人之间依然是一种契约关系。

现代公司(尤其是股份有限公司)已普遍采取所有权与控制权相分离的模式，这对股东来说却是一把双刃剑。“股东对他的股票本身拥有排他性的控制权，但是，作为有限责任的一个条件，股东放弃了对公司财产的控制权，并把这种权利让渡给了别人，也就是管理层。这的确是公司组织给予出资人的好处之一，它使股东可以把其资金委托给那些拥有股东自己所没有的专长和时间的人加以使用。但是它也是公司组织给出资人带来的弊端之一。”[2]由于掌握公司控制权的管理者的利益经常有别于股东的利益，作为具有“经济人”理性的管理者，“出于对个人利益追求的激励，常常会出于私利的追求而背离其为股东利益最大化服务的管理宗旨。在公司经营中，即使管理者本身拥有大量的公司股票，但他们为了中饱私囊也可能会选择牺牲公司利益，而不是去为公司创造利润。”[3]此时，公司管理层其实已经违反了其应该对公司和股东等公司参与人承担的契约义务[4]，公司及股东等公司参与人就可以对侵害行为提起诉讼。正如布莱恩·R. 柴芬斯所说：“既然公司组织章程和简章具有合同的地位，则可认为股东在任

---

〔1〕 罗培新:《公司法的合同路径与公司法规则的正当性》，载《法学研究》2004 年第 2 期。

〔2〕 [美]罗伯特·孟克斯、尼尔·米诺:《监督监督人:21 世纪的公司治理》，杨介棒译，中国人民大学出版社 2006 年版，第 99 页。

〔3〕 侯东德:《股东权的契约解释》，西南政法大学 2008 年博士学位论文，第 27 页。

〔4〕 这里的契约义务可以是在公司契约中事先约定的，也可以是没有事先在公司契约中约定的。如公司管理层违反的是前者，股东可以提起直接诉讼；如是后者，股东可以提起代表诉讼。

何有违约行为发生的时候都有权起诉来追究违反公司章程的行为。"[1]当然,股东的这种诉权不仅限于管理层对公司章程或简章等这些明示契约的违反,还包含对其他默示契约以及公司法强制性规定的违反。可以说,股东的起诉权,包括代表诉讼提起权都源于公司契约的安排。

但随之而来的问题是,为什么公司法只将股东代表诉讼诉权配置给股东[2]而不配置给公司参与人中的其他人,诸如债权人呢?另一方面,各国公司法为何要为股东行使代表诉讼提起权设置一个前置程序,即只能在公司怠于或拒绝起诉的情况下才能行使呢?

2. 股东代表诉讼诉权的价值考量

(1)需要对处于弱势地位的中小股东的权利进行一定的倾斜性保护。根据公司契约理论,股东作为理性的"经济人",其投资公司的主要目标是为了实现其投资利益的最大化。但现代公司股权越来越分散,而这种股权的分散反过来又促成了控制权的强势,反观中小股东,则越来越多地失去对公司经营管理事务的发言权。"在公司制度中,产业财富的'所有者'仅仅剩下象征性的所有权,而权力、责任以及实物——这些东西过去一直是所有权不可或缺的部分——则正在让渡给一个手中握有控制权的独立的集团。""所有者在企业中的地位,已降低为仅在企业中拥有一系列合法的、实际的利益,而我们称之为控制者的集团,则居于对企业拥有法律和实际权力的地位。"[3]中小股

---

〔1〕 [加]布莱恩·R. 柴芬斯:《公司法:理论、结构和运作》,林华伟等译,法律出版社2001年版,第489页。

〔2〕 基于董事对股东的信托义务,美国判例法及纽约州的成文法赋予董事提起代表诉讼的资格,但不意味着董事能够享有股东代表诉讼诉权。参见张国平:《股东代表诉讼的规则架构》,载《南京大学法律评论》2010年秋季卷,第173—174页。

〔3〕 [美]阿道夫·A. 伯利、加德纳·C. 米恩斯:《现代公司与私有财产》,甘华鸣、罗锐韧、蔡如海译,商务印书馆2005年版,第78、131页。

东的这种弱势地位，使得他们在与强势的掌握公司控制权的管理层的谈判中越来越多地失去讨价还价的能力，他们的权利极易受到公司管理层的侵害。公司法在进行权利配置上，需要对事实上不平等的弱者进行倾斜，以矫正利益的失衡。

(2)相对于其他公司参与人，中小股东的权利更易受到侵害。公司利益如果受到侵害，有时也会间接损害债权人、公司员工等其他公司参与人的利益，如公司管理层的违规经营可能会导致公司偿债能力下降，影响到公司的债权人债权的实现。但相对于股东，这些公司参与人有其他更多也更有力的途径寻求救济，如直接提起诉讼或仲裁等，而对于股东来讲，如果相关的过错行为侵害的是公司的利益而不是直接侵害股东的权利，股东并不能直接去起诉。更为重要的是，股东所享有的剩余索取权处在公司收益分配序列上最后的位置，其权利也是最后受到保护的。剩余索取权是指“对企业收入在扣除所有企业中协议的固定的契约支付(如原材料成本、固定工资、利息等)的余额(利润)的要求权”。[1]现代公司理论在给股东提供有限责任这个“保护伞”的同时，也使得其失去了对其投入公司的资产的控制权，公司经营利润只有在支付了公司契约中所有的固定契约支付(如公司债务、公司员工的工资、公司税负等)之后有剩余时，股东的投资才能有所回报；如果公司经营不善，股东不仅得不到利润，甚至连其出资都收不回来。相对于债权人、公司债券持有人等其他公司参与人，股东更容易因经理等管理层滥用职权和不履行义务而受损害。[2]例如，公司的债权人是固定资产求偿权人，可以通过债务合同及担保条款等保护自己的利益，无须赋予其股东代表诉讼诉权。所以，提起代表诉讼的权利

---

〔1〕 王国顺等：《企业理论：契约理论》，中国经济出版社2006年版，第185页。

〔2〕 [美]理查德·A.波斯纳：《法律的经济分析》(下)，蒋兆康译，中国大百科全书出版社1997年版，第535页。

更应赋予股东。

(3)股东的剩余索取权属于变动回报权[1],无法通过公司契约事先约定,需要有一定的权利来保证其剩余索取权的实现。根据不完全契约理论,并不是所有事项都能在公司契约中进行事先约定。常见的情形如,由于某些事项本身具有很强的不确定性,难以事先通过契约去约定;或者虽能约定,但由于获取相关信息的成本过高而导致缔约成本过大,以至于对之进行事先约定是缺乏效率的。股东的剩余索取权就属此类,正如弗兰克·伊斯特布鲁克和丹尼尔·费希尔所言,"股权投资者提出的求偿权的性质——它是一种剩余索取权而非那种明确的工资、利息之类的固定回报权"。[2]由于市场形势变幻莫测,且竞争激烈,股东投资于公司其实是一项风险很大的举动。股东能否获得利润以及获得多大的利润,显然具有很大的不确定性,也就无法事先在公司契约中约定,股东也就不能直接通过公司契约来保护自己的剩余索取权,就需要有一定的权利来保证其剩余索取权的实现,这个保证就是剩余控制权。剩余控制权,是指在出现公司初始契约没有约定的事项时,股东对初始契约进行修正的权利。[3]

3. 前置程序的限制

当前,世界各国的公司法普遍都在赋予股东代表诉讼诉权的同时,又规定了一个前置程序。为何要设这个前置程序?下面将从法经济学的角度,结合公司契约理论,来分析该规则背后的经济逻辑。

---

〔1〕 变动回报权,是指只有在固定回报支付之后才能根据公司剩余利润的多少进行分配的权利;固定回报则是可以在契约中进行明确约定的,针对固定回报的请求权,可以叫作契约收益权。参见侯东德:《股东权的契约解释》,西南政法大学 2008 年博士学位论文,第 36 页。

〔2〕 [美]弗兰克·伊斯特布鲁克、丹尼尔·费希尔:《公司法的经济结构》,张建伟、罗培新译,北京大学出版社 2005 年版,第 28 页。

〔3〕 侯东德:《股东权的契约解释》,西南政法大学 2008 年博士学位论文,第 38 页。

法经济学将法律规则体系类比为市场价格体系，认为法律规则下各法律主体的行为选择与市场条件下经济人的行为选择具有相同的性质。在法律规则体系下行为人的行为反应就类似于市场中参与者的反应，都是根据既定的“价格体系”进行成本—收益分析。[1]根据公司契约理论，各公司参与人也是在既定的“价格体系”下根据自己的“成本—收益”来进行协商、谈判，通过达成公司契约来对公司内部的权利义务的分配进行约定。但是，由于公司契约在实践中存在失灵的问题，公司内部的权利义务分配有时还需要借助公司法来强行配置。公司契约论者认为，公司法其实就是由政府提供的公司契约模本，它浓缩了人类在不间断地试错和纠错的过程中积累的成果，考虑了绝大多数公司参与者都将面临的问题，并将其认为“最优的”解决方案条款化。作为一种公共产品，该契约模本是由政府部门制定而不是来自契约的任一方的设计，这不仅有利于平衡各方利益，使契约本身获得正当性，还可以借助国家强制力将其中的那些强制性规范统一推行。[2]“如果把公司法看成是一种影响未来行为的激励系统，通过公司法律规则的制定把权利（权力）赋予能使公司和社会产生最大收益的人，或把损失分配给能以最小的成本承担这种损失风险的人，从而可以提高效率并规范人们的行为”[3]。

诉权的配置也应遵循同样的经济逻辑。一般来讲，只有在诉权的使用能够通过司法救济改进当事人的福利，维护社会秩序，其成本与收益相匹配，即符合效率原则时，诉权才会被赋予。[4]从某种程度上来讲，股东的代表诉讼诉权并不是一种完整的诉权，公司法在将该权

---

〔1〕 魏建：《理性选择理论与法经济学的发展》，载《中国社会科学》2002 年第 1 期。

〔2〕 刘迎霜：《公司契约理论对公司法的解读》，载《当代法学》2009 年第 1 期。

〔3〕 唐宝银：《公司法的经济分析》，吉林大学 2008 年博士论文，第 37 页。

〔4〕 徐昕：《诉权的经济分析》，载《云南法学》2007 年第 4 期。

利配置给股东的同时，又设置了一个前置程序，也是出于效率的考虑。

(1)遵循将权利赋予最珍视该权利的人这一规则。[1]公司利益受到损害后，无论是由公司还是股东提起诉讼，都会产生很高的交易成本，包括因诉讼可能对公司造成的机会成本的损失。此时，公司法会出于效率的考虑将权利配置给最珍视该权利的人。

第一，公司是具有自身独立利益的“经济人”，一般会对自身的利益更加珍惜。公司之所以不同于合伙或独资企业，公司董事和管理人员不同于单纯的代理人，是因为存在着独立的公司利益。[2]法经济学中的“经济人”理论同样适用于公司。法经济学中的“经济人”理论的核心内涵是：假定人们对法律是熟知的，对自己在某种法律关系中享有的权利和应承担的义务一清二楚，会通盘考虑适用法律行为所引致的法律后果，并作出恰当的有利于实现自己利益的行为选择。[3]因此，只有那些符合法律主体的理性选择，能使其成本最小而收益最大的公司法律规则，才会被人们自觉地遵守；反之，人们则会力图摆脱和规避之。公司作为法律意义上的人，也具有“经济人”属性，它清楚知道自己在法律关系中所享有的权利和应承担的义务，它也会理性地对自己的行为作出“成本—收益”分析，然后作出反应。当公司的利益受到董事等管理层侵害后，公司也会从自身的利益出发，根据现行法律体系所提供的“价格机制”约束条件下进行“成本—收益”分析，去选择是否起诉。除非公司因为受到不当控制，无法正常表达其意志和采

---

〔1〕 如果市场交易的成本过高而抑制交易，那么权利应赋予那些最珍视它们的人。(法经济学界称之为“波斯纳定理”)参见[美]理查德·A. 波斯纳：《法律的经济分析》(上)，蒋兆康译，中国大百科全书出版社 1997 年版，第 15 页。

〔2〕 Lawrence E. Mitchell, Fairness and Trust in Corporate Law Fairness and Trust in Corporate Law, 43 *Duke Law Journal*(1993), pp. 425 - 491.

〔3〕 冯玉军：《法经济学范式的知识基础研究》，载《中国人民大学学报》2005 年第 4 期。

取相应的行动。除了一些非常情形，未经前置程序，很难合理判断公司是否会因受到董事等管理人员的不当控制而无法作出理性的决策，至少，从形式上来看是这样。

第二，股东一般并不比公司更珍视受损害的公司利益。一方面，基于有限责任制度的保护和广泛存在的分散投资的现实，小股东承受公司经营风险的能力已得到较大的提高，这反过来又导致了他们对其在公司中投资权益的漠视。股东也是经济活动中的“理性人”，也会在既有“价格机制”约束条件下根据自己的“成本—收益”来决定其行动。由于单个股东（中小股东）所占份额有限，从公司可能获得的收益也相对不多，而获得公司经营状况的信息又要花费较大的成本，加之“搭便车”现象的普遍存在，股东往往缺乏关注公司经营状况的激励。由于存在股份自由交易市场，股东可以选择随时出售手中的股票而退出资本市场，即用脚投票。这种退出机制的存在，更加重了股东对公司利益的漠不关心。另一方面，现代公司经营需要的专业经营技能和获取相关经营信息的能力越来越高，股东即使有心珍视他们在公司中的投资权益，恐怕也有心无力。所以，股东并非会比公司更懂得珍惜公司的利益，当公司利益受到损害后，从促进权利配置的效率的角度来看，应把寻求救济的权利首先配置给公司。只有在公司漠视自己的权利，或因受“内部人控制”而无法正常表达意志的情况下，由股东代位公司提起股东代表诉讼才是必要的。这只是一种次优选择，是不得已而为之。

（2）有利于降低交易成本。〔1〕经济人仅拥有有限的理性，而“法律

---

〔1〕 交易成本概念内涵丰富，广义上的交易成本常被比喻为经济世界中的“摩擦力”，是指全部社会经济制度的运行费用。法经济学意义上的交易成本，通常是指在一个缺乏法律调整的（权利）混沌社会中，每个社会主体彼此间交易或发生法律关系时可能支付的一系列成本变量。参见冯玉军：《法律的交易成本分析》，载《法制与社会发展》2001 年第 6 期。

市场”也不是完全的竞争市场,这直接导致了法律市场的供求交易存在着巨大的成本。[1]当公司的利益遭受侵害,无论是由公司直接起诉还是由股东提起代表诉讼,都会产生交易成本(诉讼成本),设置前置程序无疑又要增加额外的成本,但为什么还要设置该程序呢?

第一,设置前置程序,可以减少或阻止一些不必要的诉讼,从而降低交易成本。现实中,少数股东有时会为了谋取某种策略上的优势而不是在审判中获得救济而起诉[2],在自己获得不合理利益的同时,由公司及其他股东承担了相关的成本,这时就会出现“外部性”现象[3]。解决这种“外部性”现象,需要公司法律在制度设置上进行激励。“激励的目的是把个体行为的外部性内部化,通过规则的强制,迫使产生外部性的个体将社会成本和社会收益转化为私人成本和私人收益,使得行为主体对自己的行为承担完全责任,从而通过个体的最优选择实现社会最优。”[4]设置前置程序就是公司法律所安排的一种激励,当然它是一种负激励。通过前置程序的制度安排,一方面增加了股东提起诉讼的难度,使其提诉成本增加;另一方面,由于有了前置程序把关,会过滤掉相当一部分不正当的诉讼,股东通过滥诉获得不合理利益的机会被降低。前置程序这种负激励,会让那些希望通过滥用诉讼而获得不当利益的股东知难而退,至少会有所顾忌,并能通过个案的处理对其他股东产生示范效应,从而阻却那些不必要的诉讼。当然,这种制度安排也可能导致一些原本应当得到救济而因前置程序的设

---

〔1〕 罗培新等:《公司法的法律经济学研究》,北京大学出版社2008年版,第47页。

〔2〕 [加]布莱恩·R.柴芬斯:《公司法:理论、结构和运作》,林华伟、魏旻译,法律出版社2001年版,第493页。

〔3〕 当一个人选择某种行动时,不仅涉及个人的成本与收益,而且可能给自己以外的其他人施加成本或带来收益,称为“外部性”。

〔4〕 柯华庆:《法律经济学的思维方式》,载黄少安主编:《制度经济学研究》(第9辑),经济科学出版社2005年版,第43页。

置未能得到救济的情况出现,此时也会产生交易成本(错误成本)。但是,由于对正当的诉讼,因前置程序而增加的费用,公司法会通过配置给提诉股东胜诉赔偿请求权加以补偿,并不会对股东提起正当的股东代表诉讼造成太大的影响,即因前置程序而可能导致一些应当获得救济而最终未能获得救济所产生的交易成本并不像想象的那么大。所以,相对于因处理大量不必要的股东代表诉讼所产生的交易成本而言,因前置程序本身所产生的成本以及因之所造成的错误成本要少得多。

第二,前置程序可以给公司提供发现和纠正错误的机会,而由公司自己起诉要比由股东提起股东代表诉讼成本要低。

前置程序要求股东先向公司提出起诉请求,如果公司也认为应当起诉,可以由公司自己提起诉讼。一方面,诉讼所涉及的主要证据资料通常都掌握在公司手中,即使需要收集相关资料,公司也比股东拥有更多的途径和能力去获得诉讼所需要的证据,公司受到损害的利益获得赔偿的可能性要大得多。相对于侵害公司利益的、通常有较强的专业经营技能和获取信息能力的董事等管理层来讲,股东无疑在各方面都处于弱势,胜算并不大。由公司直接起诉既可省去一些中间环节,也更有可能减少由于诉讼而给公司造成的机会成本的损失,从而节约了交易成本。对于股东来讲,如果能够通过成本更低的途径去实现对权利的救济,当然也就不必再去提起成本甚高的股东代表诉讼了。

二、程序权利基础

根据传统的当事人适格[1]理论,只有自己的合法权益受到违法

---

〔1〕 当事人适格,是指在具体争议的诉讼中,能够作为当事人进行起讼或被诉,并获得本案判决的诉讼法上的权能或地位,这种权能或地位在学理上称作“诉讼实施权”。参见[日]中村英郎:《新民事诉讼法讲义》,陈刚、林剑锋、郭美松译,《法律出版社》2001 年版,第 54 页。

行为侵害的人，才能成为适格当事人，方具备起诉的资格，这种标准被称为"直接利害关系原则"。我国现行民事诉讼法就是以该原则作为判断当事人是否适格的标准，我国《民事诉讼法》第 119 条明确规定，"原告是与本案有直接利害关系的公民、法人和其他组织"。而在股东代表诉讼中，受到损害的是公司的利益，股东并不是直接利害关系人，为何股东可以提起代表诉讼？传统的当事人适格理论显然无法解释这一问题，现行立法也未明确这种当事人适格扩张背后的程序法基础。但当事人适格理论在当代有了新的发展，出现了程序当事人、诉讼信托、诉讼担当、诉的利益及诉讼监护人等理论。笔者认为，大陆法系发达国家普遍确立的诉讼担当理论能够较好地解释股东为何能够成为代表诉讼中的适格当事人。

（一）当事人适格理论的新发展

1. 程序当事人理论

该理论突破了从实体法角度考虑当事人适格的传统，把诉讼当事人从实体法的依附地位中摆脱出来，使之成为独立的程序当事人，并在此基础上认为，"民事诉讼中，无论是保护自己权利的人，还是保护他人权利的人，只要以自己的名义进行诉讼，引起民事诉讼程序发生、变更或消灭，都是民事诉讼的当事人"[1]。由此可知，判断某一个人是否属于诉讼当事人，只需看实际上进行诉讼的人是谁，是否拥有"诉讼实施权"，而无须从实体上考察他与诉讼标的之间的关系，即当事人可以不是与诉讼标的有直接利害关系的人。对于程序当事人来说，如果其与诉讼标的不具有直接的利害关系，则判决只对其发生程序法上的效力，而不发生实体法上的效力。

---

〔1〕 肖建华：《寻求独立的诉讼主体地位—当事人概念的再认识》，载《现代法学》2000 年第 2 期。

2. 诉讼信托理论

信托是源于英美法上的制度，大陆法系借用信托这一概念将其描述成一种当事人诉讼形式。“所谓诉讼信托，是指法律规定某一公益团体对某些权益有诉的利益，该公益团体专门为此项公益权利受侵害或可能受到侵害时提起诉讼，而组成该公益团体的成员可以直接引用判决对有关的侵权人主张利益。”[1]诉讼信托，实际上就是通过法律明确规定把诉讼实施权授予相关的团体。“诉讼信托最大的特点是，当事人不仅享有法律规定的实体权利，而且享有为实体权利提起诉讼的权利，并且诉讼信托的实体利益是一种公共利益，诉讼权利由法律规定的团体如消费者协会、环境保护协会等组织来行使。”[2]

3. 诉讼担当理论

诉讼担当理论主要存在于大陆法系国家的民事诉讼中，用以扩张适格当事人的范围，以促进关联纠纷的一并解决。诉讼担当，是指实体法上的权利主体或法律关系以外的第三人，以自己的名义，为了他人的利益或代表他人的利益，以正当当事人的地位提起诉讼主张一项他人享有的权利或他人法律关系所发生的争议，法院判决的效力及于原来的权利主体。[3]诉讼担当包括法定的诉讼担当和任意的诉讼担当两种，前者是基于法律的直接规定，如侵权致人死亡的，死亡公民的继承人有诉讼实施权；后者则是权利主体通过自己的意思表示，赋予他人诉讼实施权。任意的诉讼担当又可以分为法律规定的任意诉讼担当和扩大适用的任意诉讼担当两种，前者是指依法律规定，对某些特定类型的诉讼可以由实体的利害关系人授权他人实施诉讼，也就是

---

〔1〕 肖建华：《民事诉讼当事人研究》，中国政法大学出版社2002年版，第145页。

〔2〕 同上书，第145页。

〔3〕 王甲乙：《当事人适格之扩张与界限》，载《法学丛刊》1995年第1期。

法律明确允许一定类型案件可以由他人进行诉讼担当[1]，如我国的代表人诉讼、日本的选定当事人诉讼等群体诉讼形式。后者是指实体权利人通过自己的意思表示，将某项诉讼实施权授予第三人，该第三人成为适格的当事人，而该实体权利人则失去诉讼实施权。此时，原告之所以适格，是基于意定的纠纷管理权。

4. 诉的利益理论

西谚云："无利益即无诉权"。这是指，"无论提起确认之诉还是提起给付或形成之诉，作为处于争议状态中而寻求审判救济的权利必须有保护的必要"[2]，而这种"保护的必要"就是我们所说的诉的利益。诉的利益理论核心观点为：对于成文法中的前提和类推，必须通过考察其中所包含的利益来发现，而不仅仅通过考虑法律的文字概念和逻辑推理来发现。即诉的利益的存在并不以起诉者享有法律预先设计的权利为前提。当事人所主张的"诉的利益"能否得到法院裁判的承认并获得判决的效力，有赖于法院审理过程中双方的事实举证和抗辩，有赖于法院对双方所代表的社会群体利益的冲突和再分配问题进行权衡。从理论上来讲，即使当事人对请求法院承认或保护的权利没有管理权或处分权，但只要具有诉的利益，仍然可被认为是适格当事人。但在衡量的标准上，大陆法系的诉的利益以制定法为确定标准；英美法系的诉的利益是通过法官自由裁量决定的。[3]

5. 诉讼监护人理论

该理论是由美国判例提出的，与前述的诉讼担当理论颇为相似。"诉讼监护人理论将原告股东视为公司的诉讼上的监护人，公司由于受到加害人的控制而处于意志不自由状态，已不是完全意义上的诉讼

---

〔1〕 肖建华：《民事诉讼当事人研究》，中国政法大学出版社 2002 年版，第 123 页。

〔2〕 颜运秋：《公益诉讼法律制度研究》，法律出版社 2008 年版，第 256 页。

〔3〕 廖永安：《论诉的利益》，载《法学家》2005 年第 6 期。

行为能力人，难以行使自己的请求权，故由股东作为诉讼上的监护人来代行其请求权。”[1]

（二）股东代表诉讼诉权的程序权利基础

在上述理论中，只有诉讼担当理论能够成为股东享有代表诉讼诉权的程序法基础，理由在于：

第一，其他理论均不符合股东代表诉讼诉权的特征。程序当事人实际上只是对那些没有直接利害关系却能成为适格当事人的各种情形的一种统称，包括基于诉讼担当、诉讼信托等理论而获得诉讼实施权的当事人。基于程序当事人理论，股东成为股东代表诉讼的适格当事人当然没有问题。但该理论过于笼统，缺乏实质内容，并没有太多的说服力。诉的利益理论实际上是判断当事人是否享有诉权的实体法基础，而大陆法系法官判断当事人是否具有诉的利益的主要标准就是实体法的规定。诉讼信托理论主要是适用于公益团体为了保护相关类型的公共利益的，而股东代表诉讼是基于公司的利益受到侵害而提起的，并非是为了保护公共利益，况且，股东也非公益团体。诉讼监护人理论将股东看作是公司的监护人，实际上等于否定了股东享有提起股东代表诉讼的权利，因为诉讼法中的监护人本身并非当事人，也不享有相应的诉权。

第二，诉讼担当理论能够合理解释股东缘何能够成为代表诉讼中的适格当事人。首先，股东代表诉讼针对的是损害公司利益的行为，股东利益虽然与公司利益存在诸多的联系，但毕竟是两个不同的利益，股东顶多也只是与涉及公司利益的争议具有间接利害关系。可以说，股东只是对争议具有间接利益关系的第三人。其次，股东是以自己的名义，向法院主张的是他人（公司）所享有的实体权利，也是为了

---

〔1〕 江伟、段厚省：《论股东诉权》，载《浙江社会科学》1999年第3期。

维护公司的利益而提起诉讼。最后，股东代表诉讼的裁判结果归于公司，而不是股东。股东代表诉讼诉权的这些特点与诉讼担当基本吻合。由于我国现行公司法已对股东的这项权利作出了明确的规定，所以股东代表诉讼诉权的程序法基础应是法定的诉讼担当。日本著名民诉法学者兼子一也认为，股东代表诉讼诉权的性质为第三人诉讼担当。[1]此外，由于具体提讼的股东所行使的诉权，其他未起诉的股东也同样享有，而一旦法院对提诉股东的起诉作出了处理，对其他股东也同样产生既判力，这其实相当于提诉股东也同时代表其他股东行使了诉权。此时，提诉股东之所以可以行使其他股东的诉权，实际上是基于诉讼担当。

第三节　股东代表诉讼制度的演进及其发展趋势

一、股东代表诉讼制度的演进

股东代表诉讼起源于英美法系，后逐渐影响到大陆法系，现已成为一种普遍性的公司制度。下文将对英美法系的英国、美国以及大陆法系的日本、德国的股东代表诉讼制度的演进进行梳理，以期理清该制度发展的脉络。

（一）英美法系国家股东代表诉讼的演变

1. 英国股东代表诉讼的演变

讨论英国股东代表诉讼绕不开1843年“Foss V. Harbottle”一案中确立的“Foss规则”，该规则主要包括“正当原告”原则和“多数决”原

---

〔1〕［日］兼子一、竹下守夫：《民事诉讼法》，白绿铉译，法律出版社1995年版，第54页。

则。前者是指当行为人实施了侵害公司利益的行为时，公司自身或以法律指定的代表人的名义起诉；后者是指公司在决定是否对侵害公司利益的行为人提起诉讼时，应根据公司的多数股东的意志来确定，如果公司的多数股东决定不提起诉讼，少数股东不能代公司去起诉。"Foss 规则"既是公司法人性质及其独立人格在司法领域的背书，也奠定了多数决原则在公司法中的原则性地位。该规则并不是鼓励小股东去诉讼，恰恰是否定股东有代公司起诉的权利，这也反映了英国传统判例法中坚持的对商业事务不应进行司法干预的原则。

由于"Foss 规则"否定了少数股东在任何情况下的代表诉讼提起权，对小股东是极为不利的，可能会导致"多数人的暴政"，乃至损害公司的根本利益。为保护少数股东的权益，改进公司治理的机制，英国普通法又通过判例的方式发展出"Foss 规则"的例外规则，即允许少数股东在例外的情况下对某些特殊事项以原告的身份提起诉讼。这些例外一般包括：不法行为或越权行为例外、股东的个人性权利受侵害例外、欺诈小股东例外、"特别多数"例外。[1]当然，上述例外中其实有的内容并不能算是股东提起代表诉讼的例外，如"股东个人性权利受侵害"例外的情形。即使在上述例外情形下，股东在提起代表诉讼时，还必须证明公司有权寻求救济、公司管理者不会以公司的名义起诉这两项事实。

"Foss 规则"及其例外规则是英国少数股东诉讼的基础，从某种程度上来说，英国 160 多年来有关少数股东诉讼的判例都是对其的适用、解释和发展。[2]总体来看，"Foss 规则"及其例外规则对小股东提

---

〔1〕 李小宁：《公司法视角下的股东代表诉讼——对英国、美国、德国和中国的比较研究》，法律出版社 2009 年版，第 25 页。

〔2〕 樊云慧：《英国少数股东权诉讼救济制度研究》，中国法制出版社 2005 年版，第 11 页。

起代表诉讼的权利进行了严格的限制,"Foss 规则"例外也仅是将小股东可以提起代表诉讼的不当行为限于不能为简单多数股东所批准的范围。近 30 年来的一系列对"Foss 规则"及其例外规则进行了重要发展的判例,明显体现出英国判例法对股东提起代表诉讼限制越来越严的趋势。[1]可以说,英国法传统上更倾向于优先保护公司效率,而不是保护中小股东的利益,即便是 2006 年的英国《公司法》也没有改变这种偏好。

2. 美国股东代表诉讼的演变

美国早在 1817 年的 Attorney General v. Utica Ins. co 一案中就出现股东代表诉讼的萌芽,当时英国的"Foss v. Harbottle"一案还没有判决。其后,在 1832 年的 Robinson v. Smith 一案中,纽约衡平法院认为,虽然对损害公司利益的行为应以公司的名义提起诉讼,但不应仅仅因为这种形式上的要求而使损害得不到救济,故支持原告股东代表公司提起诉讼。原告股东的这种权利在之后的联邦最高法院 1855 年 Dodge v. Woolsey 一案中得到了支持,在该案中,股东代表诉讼被认为实际上是两个诉讼的合并:一个是公司针对过错行为的诉讼,另一个是原告和其他股东针对公司的衡平法诉讼;如果公司不当拒绝对董事等不当行为人提起诉讼,单个股东享有行使公司诉权的衡平法权利。[2]在深受英国"Foss 规则"影响的 Hawes v. City of Oakland 一案中,联邦最高法院 Miller 法官确立了对股东提起代表诉讼的实体和程序限制,该案所确立的相关实体和程序限制被 1881 年的《衡平规则》第 94

---

〔1〕 李小宁:《公司法视角下的股东代表诉讼——对英国、美国、德国和中国的比较研究》,法律出版社 2009 年版,第 33 页。

〔2〕 Dodge v. Woolsey 18 How (59 U. S.) 331,341 - 344(1855). 转引自李小宁:《公司法视角下的股东代表诉讼——对英国、美国、德国和中国的比较研究》,法律出版社 2009 年版,第 91 页。

条所采纳，该条成为《联邦民事诉讼规则》第 23.1 条关于股东代表诉讼规定的前身。至此，美国的股东代表诉讼制度才真正初步形成。

由于美国股东代表诉讼是相对独立发展起来的，不像英国法那样深受“多数决”原则及不干预商业事务等原则的影响，其最初对股东代表诉讼或多或少是采取了比较放任的态度。虽然在 Hawes v. City of Oakland 一案中对之设定了实体及程序上的限制，但之后较长时间内，美国大多数州的法院都对股东提起代表诉讼的限制条件进行宽松的处理，这直接导致 20 世纪初股东代表诉讼的泛滥。为了解决滥诉现象，纽约等多个州先后出台了有关费用担保的法规，并采取了相关的一些改进代表诉讼程序的措施。但这些措施并没有能够很好地发挥作用，小股东滥诉现象反而更加严重，对公司经营效率的提高产生了很大的负面影响，这又导致抑制小股东滥诉的特别诉讼委员会制度得以产生和发展。可以说，美国对小股东提起代表诉讼的限制呈现出愈来愈严的趋势。

进入 21 世纪以来，美国诸如安然、四通等公司的财务丑闻案不断，这促成了 2002 年《萨班斯—奥克斯利法案》的出台。从该法案的内容来看，其一方面加强了对公司管理的事先约束机制，如加强董事及高管人员的责任、强化独立董事的作用、加强审计人员的独立性和对公司会计的监管等，以减少董事等损害公司的情况发生；另一方面，延长了相关案件的诉讼时效、强化相关信息的披露要求等，这些措施又增加了小股东提起代表诉讼的机会。

（二）大陆法系国家股东代表诉讼的演变

股东代表诉讼产生以后，其影响力不断扩大，为越来越多的两大法系国家所借鉴，从而成为小股东的一项重要权利，也成为现代公司法所规定的一种重要制度。[1]经过千呼万唤,我国2005年《公司法》第152条(现第151条)终于通过成文法的方式确立了股东代表诉讼制度。下文主要以日本、德国为例,来梳理两国股东代表诉讼的发展脉络。

1. 日本股东代表诉讼制度的演变

日本在其1948年的《证券交易法》中开始引入股东代表诉讼制度,1950年又参照美国法在其《商法典》中导入了该制度,但在1950—1992年,日本仅有31例股东代表诉讼案例。[2]1993年修改商法时,将股东代表诉讼案件的诉讼费用收取标准由原来的按财产案件收取改为按非财产案件收取,从而大幅降低了原告股东的诉讼成本,强化对股东权的保护,并就股东代表诉讼的相关程序进行了详细规定。[3]代表诉讼案件也随之大幅度增加,并引起广泛的关注。紧接着,股东代表诉讼被滥用的问题也浮出了水面,人们的担心开始增加。为此,2001年年底日本对其《商法典》第267、268条与股东代表诉讼相关的规定进行了修改,如将监事的决定是否起诉的考虑期由30天改为60天、公司可不经全体股东的同意和被追究责任的董事达成和解、公司在一定条件下可以辅助被告参加诉讼,等等。2005年,日本将原《商法典》中的公司法方面的内容独立出来,制定了专门的《公司法》,但就股东代表诉讼方面的规定来看,新制定的《公司法》与原《商法典》中的内容并无太大的修改。近年来的修改则倾向设立“多重代表诉讼”。[4]

---

〔1〕 张民安:《派生诉讼研究》,载《法制与社会发展》1998年第6期。

〔2〕 李明辉:《公司治理模式的趋同化与持久性研究》,载《经济评论》2007年第4期。

〔3〕 钱卫清:《公司诉讼——司法救济方式》(第2版),人民法院出版社2006年版,第111—113页。

〔4〕 2012年8月1日法务省法制审议会公司法制部会完成了《关于修改公司法制的纲要》,其重点之一就是增加规范母子公司关系的“多重代表诉讼”。2013年11月29日,向国会提交了“公司法修订法案”中也包括创建“多重代表诉讼制度”的相关内容。2014年日本《公司法》全面修改时,在第847条第3款正式规定了多重代表诉讼制度。

总体来看，原告股东提起代表诉讼的难度增加了，而公司在代表诉讼中的地位得到了加强。

2. 德国股东代表诉讼的演进

在德国，英美法意义上的股东代表诉讼制度的法律规定首次出现在2005年的《股份公司法》中，此前，德国法坚持只能由公司来行使自己的损害赔偿请求权。虽然1998年《股份公司法》第147条赋予小股东在一定条件下可以强迫公司提起诉讼，但小股东不能以自己的名义去起诉，并且由于限制条件近乎苛刻，并且小股东有承担费用的风险，实践中鲜有适用，效果有限。在公司治理模式上，传统德国法更重视在公司治理结构上的二元制制衡安排，而非如英美法国家那样重视责任规则；在价值取向上，更倾向于维护公司经营效率，而轻视小股东权利的保护，并且由于害怕股东滥讼，对股东诉讼也比较消极。[1]

2000—2003年，德国股市大幅下滑，众多公司相继破产，德国资本市场的国际地位和投资者信心受到重挫。德国公司法对股东不友好及对董事缺少司法约束的问题暴露无遗，司法实践中监事基于自身利益的考虑，极少起诉董事。降低股东提起代表诉讼的门槛和风险，提高中小股东利用代表诉讼制度的积极性就成为现实的需要，2005年出台的德国股份公司法对股东代表诉讼制度的修改就是在此背景下出台的。该法对股东代表诉讼的修改具有一个明显的特点：一方面是加强对小股东利益的保护、促进小股东提起代表诉讼，如小股东可以自己的名义起诉、起诉的持股比例大幅降低、重新设计诉讼费用承担以减轻股东诉讼风险等；另一方面，该法为了防止小股东滥诉，影响公司

〔1〕 李小宁：《公司法视角下的股东代表诉讼——对英国、美国、德国和中国的比较研究》，法律出版社2009年版，第210—211页。

经营效率，对小股东提诉又进行了较多的限制：如该法第148条对小股东提起代表诉讼的限制，第93条引进的商业判断原则以及起诉许可程序的限制。可以说，代表诉讼改革的真正目的是通过改革力图在提高公司效率、保护董事和保护公司和股东利益的问题上寻求平衡。[1]

二、股东代表诉讼制度的发展趋势

从上述对英、美、德、日四国股东代表诉讼的发展演变的梳理中，我们不难看出一些规律性的东西：

1. 总体上来讲，各国对股东代表诉讼的限制趋向严格，但会随着该国经济形势及公司立法政策的变化而产生波动

如前所述，英国由于受资本多数决及司法对商业活动不干预等原则根深蒂固的影响，其代表诉讼总体上是非常严格的，股东代表诉讼在英国公司治理中作用并不突出。美国原本长期对小股东提起代表诉讼持宽容态度，但20世纪中期以来，为了抑制日益严重的小股东的滥诉现象，也规定了费用担保等限制措施，增加了小股东提起代表诉讼的难度。德国则一直缺乏对股东代表诉讼制度的重视，21世纪最初几年经济形势的变化，迫使其加强了对小股东权益的保护，但2005年修改后的股份公司法，对小股东提起代表诉讼的限制仍然相当严格。日本的情况也类似，20世纪90年代初之前40多年里股东代表诉讼几乎无人问津，1993年减少了限制之后，在其泡沫经济破灭的背景下，又出现了滥诉现象，这又促成了2001年之后对代表诉讼加强限制。

---

〔1〕 李小宁：《简析德国股份公司法关于股东代表诉讼的最新改革》，载《湖南大学学报（社会科学版）》2009年第3期。

2. 股东代表诉讼的重要目标之一就是在维护公司效率和保护公司及小股东利益之间保持平衡

如前所述，英国法总体上是不利于股东提起代表诉讼的，在两者之间更倾向于保护前者，德国的情况也类似，在程度上恐怕更甚英国。美国则没有特别明显的倾向，对股东代表诉讼采取既鼓励又控制的态度，更注重在两者之间寻求平衡。特拉华州公司法采取的是同时支持股东和管理人员的、维护公司内部利益平衡的态度，而特拉华州最高法院也是这样。[1]日本股东代表诉讼并没有像英国、德国那样明显地倾向维护公司的效率，但也未能像美国那样较好地保持维护公司效率与保护公司及小股东利益之间的平衡，股东代表诉讼在日本所发挥的作用远没有其在美国那样大。但无论哪一个国家，都不可能仅仅考虑维护公司效率或保护公司及小股东利益中的一个，即使会有倾向，也是有限度的。

3. 不宜过度夸大股东代表诉讼制度在保护公司股东利益方面的作用

无论是在维护公司效率，还是在保护公司及小股东利益方面都是如此。当今世界性公司法现代化呈现出两大法系趋同与融合的趋势，英美法系的一元体制成为其他国家效仿的蓝本。以英、美为代表的市场控制模式和以德、日为代表的内部控制模式显现出一定程度的趋同。[2]德国、日本等国的公司法改革都在强化公司的内外监管，同时在经营决策、投资、融资和对经营者内部责任的追究等领域尽量扩大公司自治的空间。美、英等国则越来越重视内部控制机制的作用，尤其是逐渐强化外部董事的监控权，这与内部控制模式在实质上具有某

〔1〕 李小宁：《公司法视角下的股东代表诉讼——对英国、美国、德国和中国的比较研究》，法律出版社2009年版，第193页。

〔2〕 李明辉：《公司治理模式的趋同化与持久性研究》，载《经济评论》2007年第4期。

种程度的一致性。维护公司效率需要借鉴不同公司治理模式的优点，完善公司治理的内外部监督机制，不能对股东代表诉讼所能发挥的监督制约作用寄予过大的期望。同样，股东代表诉讼也只是保护小股东利益的众多方式之一，是最后的救济途径，故在完善代表诉讼的同时，也应改进和完善其他保护途径。

第二章　公司参加股东代表诉讼的程序

当前，不仅英美法系的英、美等国的公司立法强制公司以形式被告的身份参加诉讼，而且大陆法系的德国、日本、韩国及我国台湾地区的公司法也不约而同地允许公司以一定的方式参加到股东代表诉讼中来。虽然不同国家或地区在对公司参加诉讼的身份、方式等方面的要求上存在较大的差异，但在允许公司参加诉讼这一点上却是一致的。反观我国，无论是现行的《公司法》，还是《民事诉讼法》都没有对公司参加股东代表诉讼作出规定。而在司法实践中，法院通常的做法是允许公司以(无独立请求权)第三人的身份参加诉讼，最高人民法院《公司法司法解释(四)》亦采此观点。目前，我国学界也多认为公司可以参加股东代表诉讼[1]，但对于公司为何可以参加诉讼、应以何种

---

〔1〕 较具代表性的有：胡滨、曹顺明：《股东派生诉讼的合理性基础与制度设计》，载《法学研究》2004 第4期；段厚省：《股东代表诉讼中公司和其他股东的地位》，载《法学杂志》1998年第3期；蔡元庆：《股东代表诉讼中公司的诉讼参加问题研究》，载《华东政法学院学报》2007年第2期。

方式或地位参加、参加的对象是否应包括被告等问题，却缺乏深入的探讨。笔者将结合我国股东代表诉讼制度发展的实际，从法理上对上述相关问题展开探讨，以促进相关问题的进一步厘清。

第一节　公司参加股东代表诉讼的正当性

一、正当程序原理

正当程序概念最早来源于英国法，后在美国得到了确立和发展。正当程序的核心含义是：权利受到损害的当事人有权得到审理，为了他们可能享有该项权利，他们必须得到合理的通知、得到参加审理的机会、能提出自己的主张和进行辩论。〔1〕正当程序原理要求诉讼程序必须是公正的程序，一般认为，正当程序具有限制或防止恣意、促进实体正义的实现、使诉讼结果正当化等功能。此外，还有学者指出，正当程序还具有更重要的意义，即"它有助于使那些受法庭裁判结果直接影响的人真正拥有独立的诉讼主体地位，它们的人格尊严即其内在价值得到承认和尊重"〔2〕。虽然对于正当程序的标准存在争议，但程序参与原则却是其中不可缺少的一项内容。程序参与原则的基本要求是：当事人自主地参与诉讼；当事人必须拥有影响诉讼过程和裁判结果的充分的参与机会。〔3〕有实证研究表明："一个人在对自己利益有着影响的判决制作之前，如果不能向法庭提出自己的主张和证据，不能与其他各方及法官展开有意义的辩论、证明和说服等，就会产生强

〔1〕 相庆梅：《民事诉权论》，中国政法大学 2006 年博士论文，第 51—52 页。
〔2〕 陈瑞华：《刑事审判原理论》，北京大学出版社 1997 年版，第 73 页。
〔3〕 江伟：《民事诉讼法学》，复旦大学出版社 2002 年版，第 43 页。

烈的不正义感。”[1]

依据正当程序原理，诉讼程序的进行以及判决结果必然会对一方的权利产生影响时，该方应相应地享有影响诉讼程序进行及结果的权利，即参与诉讼程序和对诉讼标的进行主张和抗辩的权利。[2]股东代表诉讼的诉讼标的是被告董事等的违法行为给公司带来的损失，所以公司才是该类诉讼的实体利益与诉权的真正享有者，是诉讼结果的归属者，且股东代表诉讼的裁判对其产生既判力。公司作为一个独立的法人，其具有自身独立的利益，这种利益既不是公司内自然人中某一个利益主体的利益，也不是各个利益团体利益的简单加总，而是在合乎法律规范的框架内多种利益的结合体。[3]公司为了维护自己的实体权利，当然应该有权对股东提起的代表诉讼的正当性进行质疑，对原告的适格性以及提起诉讼的合理性进行抗辩，有权对原告股东与被告恶意串通损害公司自身利益的行为予以牵制或阻止。这些权利的实现，离不开相应的程序保障，公司有权以某种身份参加股东代表诉讼其实也是正当程序原理的基本要求。

二、诉讼的效率价值

“当人们的思维不仅仅局限于个案诉讼中谁胜谁负，而进一步思考在诉讼中付出了多少而又得到了什么，当社会不再完全无视解决冲突的物质代价时，不难统一的认识是：投入产出——诉讼无法回避的规则”[4]。当诉讼制度的安排需要考虑成本的付出时，效率也就成为

---

〔1〕 M. D. Bayles, Principles for Legal Procedure, 5 *Law and Philosophy*, Deidel, Publishing Company, 1986, pp. 32 - 57.

〔2〕 乔欣等：《公司纠纷的司法救济》，法律出版社 2007 年版，第 77 页。

〔3〕 李超玲：《公司法人特性与公司治理困境解决机制研究》，中南大学 2008 年博士论文，第 106 页。

〔4〕 顾培东：《社会冲突与诉讼机制》（修正版），法律出版社 2004 年版，第 82 页。

诉讼追求的价值目标之一。在诉讼中，查明案件事实是法律适用的基础，而事实认定实行的是证据裁判主义，如何便捷地收集到证明案件事实所需要的证据，既是诉讼各方关注的问题，也是诉讼程序设置中不可忽视的问题。因为不仅证据收集本身涉及成本的投入，而且会影响到案件审理的周期及裁判的质量。“一般来讲，在案件中具有客观强势的一方当事人能够以较低成本获取有利于他的证据，而他方当事人获取有利证据的成本将相对较高。”〔1〕

公司参加股东代表诉讼有助于查明案件事实，降低诉讼成本是因为：其一，在股东代表诉讼中，公司通常持有与诉讼相关的证据资料，而这些证据对法院查明案件事实并作出公正的裁判往往具有重要的意义。由于股东提起代表诉讼多发生在公司因受非正常因素影响而无法自由表达意志的情况下，股东向公司收集相关证据往往会有较大的难度，加之提诉股东一般并不拥有相应的专业经营技能，对于需要收集哪些证据资料以及如何收集，也未必能作出比较专业性的判断，这就使得股东在证据收集方面耗费过多的时间和成本，影响对案件的及时、公正审理。允许公司参加诉讼，赋予其一定的独立诉讼地位，可减少证据收集及提交的中间环节，对公司及时主动向法院提交其所掌握的证据资料提供一定的激励，尤其在公司也认为应当起诉而因某些原因而不便或不愿起诉时。其二，如果诉讼中需要收集那些并未掌握在公司手中的证据，允许公司参加诉讼，借助公司的力量，收集到相关证据的可能性就大为增加。因为诉讼所涉及的过错行为发生在公司与被告人之间，公司收集相关证据相对而言要比并未直接接触争议事实的股东要容易得多。此外，与公司相比，提诉股东的实力有限；即使

---

〔1〕［美］理查德·A. 波斯纳：《证据法的经济分析》，徐昕译，中国法制出版社 2001年版，第64页。

是与股东代表诉讼的被告相比，原告股东也通常处于弱势。所以，允许公司参加诉讼辅助提诉股东进行诉讼，无疑可以平衡双方当事人的力量对比，增加收集到所需证据的几率，从而有利于案件的公正裁判，减少诉讼的错误成本。[1]并且，通过增加对董事等管理层过错行为的责任的准确追究，又可在一定程度上增强股东代表诉讼的事前监督（阻慑）功能，减少类似行为发生的可能。

三、符合股东代表诉讼诉权的性质

公司法赋予股东以代表诉讼诉权，是基于该国或地区公司治理实践及经济政策的需要，是对因公司法人格特性、资本多数决原则异化及“内部人控制”等情形所造成的公司治理结构失衡从而导致公司经营效率低下、投资者投资热情减退以及国家经济秩序混乱等后果的回应。股东代表诉讼制度为股东提供一种寻求司法救济的渠道，既是为了改善股东因对公司经营事务缺乏发言权而导致其投资利益被肆意侵害的处境，也是为了改善公司治理结构、维护公司的效率，激发本国或地区投资者的投资热情，增强本国公司的竞争力，改善本国或地区的投资环境。从这个角度来看，股东代表诉讼诉权其实是法律赋予少数股东参与及影响公司经营事务的一种“监督权”。

由于股东代表诉讼是股东为了保护公司利益而提起的诉讼，这种制度安排难免会面临下列问题：其一，公司法人格决定了公司具有自身独立的利益，这种利益与股东的利益并不总是一致的，并且这种不一致还会随着公司自身社会功能的多元化而扩大，两者利益的不一

---

〔1〕 错误成本，是指由于存在认定事实错误的可能，由此将会导致法院作出“错误的判决”，这中间所产生的交易成本。错误成本和避免错误的成本构成了诉讼的社会成本。参见理查德·A. 波斯纳：《证据法的经济分析》，徐昕译，中国法制出版社2001年版，第44页。

致，可能会激励股东在行使代表诉讼诉权时采取机会主义[1]行为。允许公司参加股东代表诉讼，让其在诉讼中拥有独立的诉讼地位，享有一定的权利和承担相应的义务，既可以在两者利益一致时，协助股东获得胜诉裁判，也可在两者利益不一致时，对诉讼的进程和结果进行监督与制约，并能提出有利于公司自身的证据资料或请求，防止股东恶意诉讼或与他人恶意串通，损害公司的利益。其二，股东提起代表诉讼的主要目标是为了保护公司的利益，保护自身利益只是间接的目标，但当两种目标发生冲突时，该如何取舍？从股东代表诉讼制度设立的宗旨来看，应该优先考虑保护公司利益。当出现股东基于自身投资利益受损而对董事等管理层的过错行为（如一般的违反注意义务的行为）提起诉讼，而诉讼并不符合公司利益时，允许公司参加诉讼则有利于及早终结这类不必要的诉讼，减少公司利益损失的扩大，以更好地维护公司的效率。

第二节　公司的参加方式

一、公司参加股东代表诉讼的模式

（一）域外公司参加诉讼方式的经验性考察

相关国家虽都允许公司参加股东代表诉讼，但在其参加的方式上却存在较大的差异。典型的做法有两种：一种是强制公司参加诉讼，其代表是美、英等英美法系国家；另一种是公司可以自愿参加，但股东

[1] 按照威廉姆森的定义，机会主义假设是指人们追求自身利益的动机强烈而又复杂，往往借助于不正当手段随机应变、投机取巧以谋取个人利益的行为倾向。[美]威廉姆森：《交易费用经济学讲座》，载《经济工作者学习资料》（第50期），1987年内部发行，第13页。转引自冯玉军：《法经济学范式的知识基础研究》，载《中国人民大学学报》2005年第4期。

代表诉讼提起后必须要对公司进行告知，比较典型的主要有日本、韩国等大陆法系国家。

在美国，公司是股东代表诉讼中“不可或缺的一方当事人，没有它，诉讼将无法进行下去”[1]。公司在诉讼中被列为形式被告(a Nominal Party Defendant)，必须参加诉讼。因为股东代表诉讼，在美国被看作是一种诉的合并，法院要求原告股东在起诉时就必须把公司列为被告，诉讼一开始就强制公司参加到其拒绝提起的代表诉讼中。与之类似，英国1998《民事诉讼规则》第19条也规定应将公司列为被告，强制公司参加代表诉讼。国内有学者将之解读为一种技术性处理程序，目的在于将法院判决的效力扩及公司，这种解释有一定道理但并不充分。首先，在英美法系诉讼标的制度下，公司即使不参加代表诉讼，依然要受法院裁判的约束。与大陆法系通常以涉及的法律关系作为诉讼标的不同，英美法系则是以整个纠纷的事实本身作为诉讼标的。据此，不仅与该纠纷事实相关的所有请求都应在同一诉讼中提出，而且与作为诉讼标的的争议事实相关的主体，也应参加诉讼，依一定的程序通知后，相关主体即使不参加诉讼，法院裁判也会对其产生既判力，其请求将不得再以同一事实另行起诉。这也决定了美国的诉讼合并制度比大陆法系更为自由和宽泛，体现了通过一个诉讼程序解决尽量多的纠纷的诉讼立法理想。由此不难看出，根据英美法系的诉讼标的理论，在股东代表诉讼中即使公司不参加诉讼，法院裁判依然对其产生既判力。显然，强制公司参加代表诉讼并不仅仅是为了将判决的效力及于公司。其次，依据《美国联邦民诉规则》第19条第1款第(2)项规定：“该人提出与诉讼标的有关利益的主张，并且如果缺

---

〔1〕 罗伯特·W.汉米尔顿：《公司法概要》，李存捧译，中国社会科学出版社1999年版，第346页。

少他，对诉讼的解决就会出现如下情况：(a)实际上会削弱或妨害他保护其利益的能力……如果他没有被合并，法院应命令该人被追加为当事人。该人应作为原告合并，但如拒绝作为原告，可以将他作为被告予以追加。”〔1〕据此规定不难看出，美国将公司作为诉讼当事人其实是为了防范原被告合谋损害公司利益，公司不参加诉讼可能会削弱或妨害公司保护其利益的能力。在大陆法系的日本，强制公司参加代表诉讼也具有一定的影响。日本学者佐藤铁男就主张应强制公司参加诉讼，其理由主要有两方面。一是由于股东代表诉讼与公司的利益息息相关，其判决结果对公司产生直接的效力，要求公司参加诉讼，对确保公司经营的合法性、妥当性有积极的意义；相反，如果允许公司可以自由地选择不参加诉讼，可能会给公司及全体股东造成损失。二是强制公司参加诉讼，可以充分利用公司提供的资料和信息，有利于查明案件事实，防止原告和被告恶意串通损害公司和其他股东利益，使案件的审理工作变得更充实。〔2〕但这两个理由并不能说明强制公司参加代表诉讼的必要性。

大陆法系的日本、韩国的公司立法，则把参加诉讼作为公司的权利来对待，并规定了相应的告知程序。告知程序一般会产生两个效果：一是参加效力及于被告知人；二是使被告知人获得参诉机会。根据日本2005年《公司法》第849条第1款的规定，公司可以参加到有关责任追究之诉中，但使诉讼程序不当迟延或对法院造成过重的实务负担的除外。〔3〕2014年修改后的日本《公司法》第849条第1款沿用

〔1〕《美国联邦民诉规则、证据规则》，白绿铉、卞建林译，中国法制出版社2000年版，第40—41页。

〔2〕［日］佐藤铁男：《股东代表诉讼中的诉讼参加及其形态》，载日本《法学家》1995年第1062号，第21页。

〔3〕《日本公司法典》，吴建斌、刘惠明、李涛译，中国法制出版社2006年版，第444页。

了原有的规定。与之类似,韩国《商法典》第 404 条第 1 款规定“公司可以参加前条第 3 款及第 4 款中的诉讼(股东代表诉讼)”[1]。可见,日本、韩国的立法并没有强制公司参加代表诉讼,而是允许公司自己选择是否参加。法院既不会主动强制公司参加代表诉讼,也不会无原则地批准其参加申请。根据日本《民事诉讼法》第 115 条第 2 款的规定:“对于为了他人的利益而担当原告或被告的确定判决,对于该他人也有效力。”因而,即使公司不参加诉讼,判决效力也当然及于公司。日、韩等国虽然没有强制公司参加代表诉讼,但基于诉讼担当理论,公司不参加诉讼并不会影响法院判决对其产生法律效力。

从表面上看,强制公司参加和允许公司自愿参加对公司权利的影响差别巨大,其实不然。英美国家立法虽然强制规定公司以被告身份参加诉讼,但其并非真正的被告,不需要真正承担被告的义务,即使公司在诉讼中消极不作为,也不会因自己的缺席、消极抗辩而导致败诉。此外,公司还可行使若干相当于原告的权利,如取代原告股东提起直接诉讼等。大陆法系的日、韩等国允许公司选择不参加诉讼,似乎不利于保护公司的利益,但其相关规定却能保证公司享有知情权、介入权以及异议权,在原告股东与对方恶意串通的情形下还可申请再审。总之,两大法系在有效保护公司利益这一点上并没有多大的分歧,只是由于各自的制度环境和法律传统等的不同,才作出不同选择。

(二) 我国公司参加股东代表诉讼的模式选择

我国现行立法未对公司参加股东代表诉讼的方式作出规定,最高人民法院《公司法司法解释(四)》第 30 条第 2 款则规定:“人民法院受理股东依据公司法第一百五十一条第二款、第三款的规定提起诉讼的案件后,应当通知公司作为第三人参加诉讼。”这一表述比较模糊,

---

[1] 《韩国商法》,吴日焕译,中国政法大学出版社 1999 年版,第 90 页。

从字面意思来看，只是要求必须通知公司，至于公司是否必须参加诉讼则不明确。但根据现行民诉立法，法院通知无独立请求权第三人参加诉讼的，如果其不愿参加到他人之间的诉讼中来，法院不应强制其参加。由于我国民事诉讼法规定的有独立请求权第三人只能是以起诉的方式参加诉讼，故该条中的第三人应是专指无独立请求权第三人，这也符合司法实践中的做法。故依《公司法司法解释（四）》的规定，公司是可以选择是否参加诉讼的，司法实践中的情况亦是如此。[1]

笔者亦认为，公司应否参加代表诉讼，应尊重公司自己的选择，法律不应规定公司必须参加到代表诉讼中来。理由是：

首先，允许公司选择是否参加诉讼并不违背股东代表诉讼制度设立的初衷。代表诉讼的制度设计本意就是为了维护公司的利益，如果原告股东符合法定的提诉资格，就应推定其是可以充分代表并维护公司利益的，除非公司有相反的证据推翻之。如果公司认为原告股东的起诉是不正当的，其当然可以选择参加诉讼；反之，如果公司并不反对该代表诉讼的提起，强制公司参加诉讼就没有必要。不过，毕竟判决的结果要由公司来承担，因而即使公司决定不参加诉讼，法院和原告股东也应该及时将诉讼的进展情况通知公司。此外，民事诉讼法上的强制参加制度，其目的是为了扩张判决的效力，而股东代表诉讼的裁判结果是归于公司的，无论公司是否参加都具有法律效力，所以强制公司参加诉讼缺乏足够的理论根据。

其次，公司有权自主选择是否参加股东代表诉讼，是其程序选择权的具体落实。民事诉讼的一个重要特征就是尊重当事人的意思自

[1] 例如，“沈晓云与崔晓宏损害公司利益责任纠纷”案，公司即被列为第三人参加诉讼，参见最高人民法院（2015）民申字第1149号民事裁定书；而“周会斌与郑广廉损害公司利益责任纠纷”案，公司则未参加诉讼，参见甘肃省高级人民法院（2014）甘民二终字第149号民事判决书。

治，当事人[1]应享有程序选择权。程序选择权，是指当事人在法律规定的范围内，自主选择纠纷解决方式以及在诉讼过程中选择有关程序或与程序相关事项的权利。该权利是立法充分尊重当事人意思自由，对当事人进行程序关怀的体现。[2]民事程序法中对程序选择权的承认是来源于处分权主义与程序处分权的法理，这有益于强化程序主体权。这项程序选择权的法理应当成为立法者制定程序法以及法官解释现行法律、运作程序制度的前导。[3]程序选择权的效果具有两面性，它在使当事人有权根据自己需要选择有利于自己的程序或避免使用无益的程序的同时，当事人也可能会因自己所选的程序在程序保障方面的欠缺而导致案件事实认定的准确性降低，从而导致其裁判利益的损失。但程序选择权的精髓恰恰在于让当事人自己在发现案件真实与促进程序二者之间进行权衡，根据自己的实际需要作出选择并自己承担因该选择所产生的后果。[4]既然公司已经以其行为表示不对侵害行为提起诉讼，如果法律规定公司必须参加到已经开始的股东代表诉讼中来，显然违背了公司的真实意思，既干涉了公司的程序选择权，也是对公司内部经营判断权的干涉。并且，这样强拉公司进入诉讼的行为也一定程度上否定了股东代表诉讼本来的意义。[5]

最后，认为强制公司参加股东代表诉讼可以有效防止原被告恶意串通损害公司利益的观点，并不成立。因为股东提起的代表诉讼并不必然会产生恶意串通行为；况且，如果公司发现原被告双方有

---

〔1〕 这里的当事人应指广义的当事人，除了包含狭义当事人之外，还包括第三人。

〔2〕 左卫民、谢鸿飞：《论民事程序选择权》，载《法律科学》1998年第6期。

〔3〕 邱联恭：《程序选择权论》，载《民事程序法之理论与实务丛书》（第2卷），第35页。转引自杨明宇：《邱联恭先生之〈程序选择权论〉一书要介》，文章来源：http://www.civillaw.com.cn/article/default.asp? id=11528，登陆时间：2010－3－20。

〔4〕 邱联恭：《程序选择权之法理》，载《民事诉讼法研讨》（四），台湾三民书局1993年版，第580页。

〔5〕 张忠野：《公司治理的法理学研究》，吉林大学2004年博士论文，第247页。

恶意串通迹象的，它还可以选择参加到诉讼中来，并可通过介入诉讼和解或法院调解程序、提起再审等方式来防止或纠正这类不当行为。

二、参加的对象

在英美法系中，公司是作为形式被告参加股东代表诉讼的，它在诉讼中辅助被告当无问题。但在大陆法系，这个问题就复杂得多。日本在2001年修改《商法典》之前，学界对公司可否以支援被告为目的而对被告进行辅助参加产生较大的争议，存在“支持说”和“反对说”两种截然对立的观点。“支持说”的主要理由有：其一，公司辅助被告参加代表诉讼也具有诉的利益；其二，公司辅助被告可以牵制和监督不当的代表诉讼，防止原告股东与被告恶意串通损害公司的利益；其三，从股东代表诉讼的性质看，公司辅助被告参加诉讼并不存在理论上的障碍。[1]反对说”的主要理由则是：其一，公司辅助被告参加股东代表诉讼并不具备《日本民事诉讼法》第42条规定的诉讼参加利益这一要件；其二，允许公司辅助被告，则可能会导致在原告股东胜诉时，法院将要判决被告向被告的辅助人（公司）支付损害赔偿金的后果，而这不仅在逻辑上自相矛盾，而且违背了股东代表诉讼制度的宗旨。[2]其三，由于有权决定公司是否参加诉讼的董事会或监事会通常与被告董事或监事之间具有千丝万缕的联系，将会导致其在决定何时可以辅助被告参加诉讼时很难做出独立、公正的判断，即使有相应的限制条件也不能保证其正当性。[3]允许公司辅助被告，将对原告股

---

〔1〕 蔡元庆：《股东代表诉讼中公司的诉讼参加问题研究》，载《华东政法学院学报》2007年第2期。

〔2〕 蔡元庆：《董事的经营责任研究》，法律出版社2006年版，第236页。

〔3〕 同上书，第238页。

东极为不利。日本在2001年《商法典》修改前，“反对说”占据主流地位。

吊诡的是，在日本公司立法中，支持公司可以辅助被告的观点却最终占了上风。2001年修改后的日本《商法典》就规定了公司辅助参加被告应诉制度，并相继对公司辅助参加被告的内部程序作出了规定，如，公司若想对被告进行辅助参加必须经过全体监事的同意（日本《商法典》第268条第8款、第266条第9款）；日本2005年《公司法》第849条第2款则规定，股份有限公司为辅助董事（审计委员除外）等参加有关责任追究之诉中时，须按照以下所列公司的不同，取得该各项规定的人的同意：设置监事会的，为监事（监事为2人以上的，为各监事）；设置委员会公司，为审计委员会。[1]可见，日本公司立法实际上已经有条件地允许公司辅助被告参加股东代表诉讼。2014年修改后的《日本公司法》虽然去掉了该款的规定，但并未明确禁止辅助被告。[2]

笔者认为，如果公司认为原告股东的起诉适当的，自然不应去支持涉嫌损害公司利益的被告，即使公司认为原告股东的起诉不当，也不宜允许公司辅助被告。除了上述的反对理由外，还包括：其一，如果公司认为原告股东提诉不当，可以通过行使阻止股东提起代表诉讼的权利加以牵制，以减少原告股东的滥诉，没有必要允许其辅助被告。何况，由于公司机构组成人员与被告之间往往存在千丝万缕的联系，相关机构或人员也很难对何时应辅助被告作出客观公正的判断。基于我国目前的公司治理结构的现状，更不宜允许公司辅助被告。其二，我国当前对小股东权利保护相当不到位，股东代表诉讼也起步不

---

〔1〕 吴建斌等译：《日本公司法典》，中国法制出版社2006年版，第444页。

〔2〕 王作全译：《新订日本公司法典》，北京大学出版社2016年版，第365—367页。

久,现在的问题不是可能被滥用,而是不够活跃。原本提诉股东就极为弱势,举证能力也存在诸多不足,不宜再设置过多的障碍。在公司治理机制远未完善,公司受到不当控制的情形非常普遍的现实条件下,如果允许公司辅助被告参加诉讼,无疑将对股东提诉的积极性产生极大的抑制作用,不利于我国股东代表诉讼制度的发展。当然,不排除我国以后可以根据经济形势和公司治理结构调整的需要,对之做适当的调整。

三、公司取代原告股东地位的限制

对此问题,国外的做法差异较大。根据美国法律研究院(American Law Institute, 以下简称 ALI)《公司治理原则:分析与建议》(本书以下简称《公司治理原则》)第 7.05(a)(5)的规定,董事会或委员会在股东代表诉讼中可以依公司的权利接收或提起诉讼。但是这种权利不是绝对的,如果法院发现在诉讼中控制或代表公司的人不能"公正和充分地代表"其他股东,法院就可以拒绝公司接收或提起诉讼的请求。并且,即使公司取代了原告股东的地位,原告股东仍然有权保持其诉讼参与人的地位。[1]由于美国法院在股东代表诉讼中具有较大的平衡作用,这种做法一般不至于被公司机构滥用来变相限制或剥夺原告股东提起代表诉讼的权利。并且,即使公司接收了原告股东提起的代表诉讼,由于原告股东及其他股东仍然是诉讼参与人,还可以对后续的代表诉讼施加影响和监督,对小股东利益的保护不会造成太大的影响。

在德国的公司立法中,作为真正的权利所有人的公司,在任何时

---

〔1〕 美国法律研究院:《公司治理原则:分析与建议》(下),楼建波等译,法律出版社 2006 年版,第 638—642 页。

候都有权自己行使赔偿请求权。如果公司自己起讼,股东的起诉许可申请或代表诉讼就丧失了诉的利益,原告股东就要撤回申请或起诉,否则,法院就应驳回。公司可以选择重新提起诉讼,或是在承认股东代表诉讼已进行的诉讼进程的情况下,取代原告股东的诉讼地位,但这两种情况下,法院都应邀请申请股东或原告股东参加诉讼。[1]这种无条件地允许公司事后取代提诉股东进行诉讼的规定,可能会对德国股东代表诉讼制度带来很大的负面影响。原本不想起诉的董事或监事会出于剥夺股东代表诉讼诉权的目的,而主动提起或进行不求胜算的诉讼,这样,股东代表诉讼制度可能就会成为一种仅仅是强迫相关公司机构起诉的制度。而在日本,公司可以以共同诉讼人的身份参加诉讼,并可以当事人的身份与被告进行诉讼和解,但不能取代原告股东接收诉讼。

我国公司法虽尚未对此作出规定,但 2016 年《公司法司法解释(四)》第 33 条已明确规定了公司可以替代原告股东接收诉讼,但须征得股东的同意,司法实践中在此之前更是已经付诸实施。[2]

但笔者认为,我国不宜允许公司取代原告接收或提起新的诉讼。理由是:

第一,股东代表诉讼诉权体现的是股东参与和监督公司经营的权利,股东代表诉讼制度的设置在一定程度上是为了平衡股东相对于公司经营者所处的过于弱势的地位。如果允许公司取代股东接收或提起诉讼,则股东代表诉讼诉权的监督效果就将大打折扣。在前置程序

---

〔1〕 殷盛:《德国股东派生诉讼制度改革介绍——兼与中国大陆股东派生诉讼制度相比较》,文章来源:http://www.civillaw.com.cn/Article/default.asp? id = 34187,访问时间:2010 - 1 - 28。

〔2〕 参见江苏省高级人民法院(2014)苏审二商申字第 0224 号“王存棉与上海绿地建设工程有限公司与公司有关的纠纷”民事裁定书。

中，公司已经怠于或拒绝起诉，公司这样做既可能是真的觉得没有必要起诉，也可能是由于受“内部人控制”或相关机构或人员碍于情面或其他顾虑而无法真实表达意志和采取行动。如果公司不起诉是基于前一种原因，公司干涉股东代表诉讼似乎还具有一定的合理性（是否有必要尚可商榷）；如果公司不起诉是基于后一种原因，允许公司取代股东接收或提起诉讼，则难免会激励相关人员采取机会主义行为，无法正常表达意志的公司可能会通过提起不求胜算的诉讼的方式来变相剥夺股东的代表诉讼诉权，这显然不符合法律赋予股东代表诉讼诉权的初衷。

第二，没有必要允许公司取代股东接收或提起诉讼。虽然，股东代表诉讼诉权存在滥用的可能，但可以通过该途径以外的其他方式来减少或避免股东的滥诉。如果认同股东提起代表诉讼，公司可以选择参加诉讼辅助原告追究相关过错行为人的法律责任，没有必要去取代提诉股东，毕竟股东提起代表诉讼的直接目的是为了保护公司的利益。

第三，或许有人会提出，允许公司取代股东接收或提起诉讼并不是无条件的，需要征得提诉股东的同意。理想状态下，公司征得提诉股东同意后，可以直接取得原告地位，股东代表诉讼也变成了直接诉讼，且已实施的诉讼行为有效，这样可以简化诉讼程序，提高诉讼效率。但基于我国当前公司治理机制尚不理想，内部人控制问题仍较突出，更可能出现的结果不外乎两种，要么提诉股东坚决不同意公司接收诉讼，造成僵局，人为增加诉讼的成本；要么就是提诉股东被“收买”，诱发机会主义行为。即使施加一些其他限制条件，恐怕也很容易被规避，难以保证实施的效果。

第三节　公司的参加程序

一、通知程序

由于英、美两国是强制要求公司从股东代表诉讼一开始就参加到诉讼中来，对通知其参加诉讼的程序与通知一般当事人的程序并无不同，即没有专门的通知公司参加诉讼的程序。而大陆法系国家，如日本、韩国，因公司是自愿选择是否参加诉讼的，故其立法都设置了专门的通知程序。如《日本公司法》第849条第4款规定：股东提起责任追究等之诉的，须立即向股份有限公司进行诉讼告知[1]；《韩国商法典》第404条第2款规定：提起前条第3款及第4款之诉的股东，在提起诉讼之后，应立即将此事告知公司。从上述规定来看，日本、韩国都要求提诉股东在起诉后要及时将诉讼的情况通知公司。通知程序的设置主要有两方面的考虑：其一，告知公司起诉的事实，让公司有机会选择是否参加诉讼；其二，可以使程序透明化，以方便公司关注和监督诉讼的进行。而我国公司法没有对公司参加股东代表诉讼的程序作出规定，《公司法司法解释（四）》第30条第2款则规定："人民法院受理股东代表诉讼案件后，应通知公司以第三人身份参加诉讼。"从该款的规定来看，通知公司参加诉讼的主体应指法院，且没有要求通知其他具有与原告股东相同身份的股东。

不难看出，《公司法司法解释（四）》是将法院作为通知的主体，而日、韩立法则规定由提诉股东负责通知公司。在通知主体方面的差异，其实也反映出我国民事诉讼中根深蒂固的职权主义色彩。笔者认

---

〔1〕 王作全译：《新订日本公司法典》，北京大学出版社2016年版，第366页。

为，由原告股东通知公司较为适当。理由是：其一，无论是在前置程序中公司机构拒绝起诉后所提起的诉讼还是因紧急情况未经前置程序而直接起诉，原告股东行使的都是原本属于公司的诉权，无论是基于其与公司之间的代位性，还是与其他股东之间的代表性，都体现的是原告股东与公司及其他股东之间的内部关系，理应由原告股东通知，司法权没有介入的必要。只需要强制要求原告股东必须通知到即可。其二，由法院负责通知公司带有较强的强制性，既增加了法院的负担，又有干预公司是否参加代表诉讼的选择权的嫌疑。其三，通知公司及其他股东应结合在一起考虑。如果由法院向公司通知，则理应也向其他股东进行通知，这样法院的成本就会过高，也会造成诉讼程序过于复杂。而由原告股东进行通知，体现了当事人的主体性，限制法院的职权过大，也可减少法院的成本。

二、享有决定权的主体

英、美两国是强制公司参加股东代表诉讼，不存在由谁决定公司是否参加的问题。而在大陆法系，韩国《商法典》并未规定哪一机构有权作出公司参加诉讼与否的决定。日本2005年《公司法》第849条第2款却对此问题做了规定。如果是股份有限公司，公司决定参加股东针对审计委员以外的董事、执行官、清算人及曾为各该人的人提起的诉讼的，需要根据该股份公司的不同情况，取得相关人员的同意：设置委员会的公司，由审计委员决定；设置监事的公司，为监事（监事为两人以上的，需各监事一致同意）。〔1〕依其规定，在日本，公司有权决定是否参加股东代表诉讼的主体是监事或审计委员，无须经过股东大会决议通过，当然这主要是针对辅助被告的情形。公司决定辅助原告参

〔1〕 吴建斌等译：《日本公司法典》，中国法制出版社2006年版，第444页。

加诉讼时，该由何人或机构决定却并未规定，但从日本对公司辅助被告参加诉讼应比辅助原告施加更严格的限制的立法思路来看，如果公司决定辅助原告参加诉讼，在批准人员或机构方面的限制应该更少，直接由监事（会）或审计委员会按正常的决策程序和标准要求即可，显然也无须通过股东大会决议批准。这种安排，既与监事（会）或审计委员在公司中承担的角色相一致，也不至于让决定程序过于复杂，导致决策成本过高。

我国现行立法及最高人民法院《公司法司法解释（四）》对此问题均未涉及。由于我国目前尚未引进委员会制，在现有公司治理机制下，如果是针对董事、经理等高管人员提起的股东代表诉讼，由监事会或不设监事会的有限责任公司的监事决定是否参加诉讼；如果是针对监事提起的代表诉讼，则由董事会或不设董事会的有限责任公司的执行董事作出决定。前已论及，我国目前不宜允许公司辅助被告参加诉讼，故董、监事会按正常的表决规则和程序即可作出参加与否的决定，而无须全体董事或监事一致同意，更无须召开股东（大）会形成是否参加股东代表诉讼的决议。一方面，那样做程序烦琐，耗时太长，决策成本高昂；另一方面，公司并非必须参加诉讼，由于其他相关制度的配套，即使不参加诉讼也并非就会遭受不利益。所以，在决定是否参加代表诉讼的问题上不宜设置太复杂的程序。

三、参加诉讼的公司机构及人员

日本 2005 年《公司法》第 386 条、第 408 条分别对设置监事的公司与设置审计委员会的公司参加股东代表诉讼的机构做了规定，前者由监事代表公司参加诉讼（限于被告为公司董事时），后者则由审计委员参加（限于被告为执行官或公司董事时）。可见，上述规定是把代表公司参加股东代表诉讼的权利赋予不同类型的股份公司中承担监督职能的机构或人员。现行《公司法》对公司参加诉讼的问题尚未作出规定，相关规定远未细化与明确，但这并不意味着在司法实践中该问题就不会出现。在“沈晓云与崔晓宏损害公司利益责任纠纷”一案中，双方对作为被告的执行董事是否能够同时代表作为该案第三人的苏州工业园区诺亚科技有限公司参加诉讼产生分歧。虽然最高人民法院对此持肯定态度[1]，但如何保证参加人员的独立性？基于司法实践的需要，可规定董事会或者监事会参加诉讼的，应由董事长或者监事会主席或者其授权的董事、监事代表董、监事会行使诉讼权利，并进一步对代表公司参加诉讼人员的独立性进行细化与明确，以保证其在参加诉讼中能够公正地从公司的利益出发来行事。

第四节　公司的诉讼地位

公司在股东代表诉讼中应处于何种诉讼地位？这是一个让公司法学界与诉讼法学界共同关心的理论难题。不仅英美法系和大陆法系的相关规定大相径庭，即便是在大陆法系的日本国内，对该问题也存在很大的分歧。我国现行《公司法》对“公司在股东代表诉讼中的诉讼地位”（以下简称公司地位）却缺乏相关规定，根据我国现行民诉法所规定的当事人制度也很难对之作出合理的解释。

立法的缺失给法院审理股东代表诉讼案件带来了一定的困难。为了避免这种“混乱”，最高人民法院曾多次试图把公司明确列为（无

〔1〕 参见最高人民法院（2015）民申字第1149号“沈晓云与崔晓宏损害公司利益责任纠纷”民事裁定书。

独立请求权)第三人[1],《公司法司法解释(四)》亦持此观点。但这种规定既不符合现行当事人制度的相关规定,也不利于合理发挥公司在股东代表诉讼中的作用。理论界的争议更大,各种观点莫衷一是,难以形成“通说”。笔者以股东代表诉讼诉权理论为基础,结合民事诉讼当事人理论,对国内学界的相关观点进行梳理、评析与反思,对美、英、日等国的相关规定进行分析与评述,在此基础上提出一家之言。

一、学理评判

(一) 梳理

公司地位这一问题受到国内公司法学界与诉讼法学界共同关注,出现了多种不同的观点,概括起来主要有:

(1)公司为(形式)被告。这一学说直接借鉴了美国的做法,主张将公司列为名义上的被告,但要区别于真正的被告,即公司原则上必须保持中立,不能积极地支配诉讼。[2]理由是,股东代位公司提起代表诉讼,是因为公司自己怠于或拒绝起诉,诉讼虽然名义上针对的是侵害公司利益的过错行为人,但实际上是针对公司的。

---

〔1〕 例如,2003年《公司法》修改前,最高人民法院拟订的《关于审理公司纠纷案件若干问题的规定(一)》(征求意见稿)第46条中规定:“股东提起代表诉讼后,人民法院应当通知公司作为第三人参加诉讼。”2006年最高人民法院《关于适用〈中华人民共和国公司法〉若干问题的规定(二)》(征求意见稿)第29条第2款中规定:“人民法院审理股东代表诉讼案件,应当将公司列为第三人。”最高人民法院《关于适用〈中华人民共和国公司法〉若干问题的规定(四)》(2009年专家论证会征求意见稿)仍然延续这一思路,其中第50条第1款规定:“人民法院受理股东代表诉讼案件后,应通知公司以第三人身份参加诉讼。被告反诉的,应列公司为反诉被告,但公司的诉讼权利由原告股东行使。”2016年《最高人民法院关于适用〈中华人民共和国公司法〉若干问题的规定(四)》(征求意见稿)第30条第2款。

〔2〕 参见王天鸿:《对一起股东代表诉讼案的法律思考》,载《判解研究》2000年第4辑。

(2)公司应与股东一起作为共同原告或将公司追加为原告。[1]该观点认为股东与公司利益在根本上是相一致的，公司没有起诉主要是因为其因受诸多因素的干扰而不能自由表达意志的缘故。

(3)公司为有独立请求权的第三人。该观点认为，股东提起代表诉讼所行使的诉权原本是属于公司的，公司才是享有实质诉权的主体，故其应作为有独立请求权的第三人参加诉讼。[2]

(4)公司为无独立请求权的第三人。该观点认为，股东是基于保护公司利益的目的而提起代表诉讼的，诉讼的结果也是归于公司的，故公司对股东代表诉讼的处理结果具有法律上的利害关系，符合无独立请求权第三人的条件，应在原告一方参加诉讼。[3]这种观点在司法实践中得到强有力的支持。

(5)公司是特别诉讼参加人。该观点认为，公司在股东代表诉讼中，应根据该诉讼的具体情形来确定其处于何种诉讼地位，公司在诉讼中的身份并不是单一的，在不同情况下可能会有多重身份。它在特定情形下可能是原告，也可能是被告、无独立请求权第三人，甚至可能是证人。[4]

(6)公司在股东代表诉讼中处于类似日本法中的“辅助参加人”

---

〔1〕 参见钱玉林:《论股东代表诉讼中公司的地位》，载《清华法学》2011 年第 2 期；段厚省:《股东代表诉讼中公司和其他股东的地位》，载《法学杂志》1998 年第 3 期；李宁顺:《股东代表诉讼当事人制度研究》，载《求索》2006 年第 6 期；杨路:《股东代表诉讼问题研究》，载《人民司法》2003 年第 4 期。

〔2〕 参见沈秋明:《有关股东代表诉讼范围及诉讼当事人确立的探讨》，载顾功耘主编:《中国商法评论》(创刊号)，中信出版社 2006 年版，第 52 页。

〔3〕 参见王茂林:《论我国股东代表诉讼制度的构建》，载《甘肃政法学院学报》2003 年第 5 期；王建文:《我国股东代表诉讼制度评判与适用》，载《北方法学》2007 年第 4 期；张明远:《股东代表诉讼法律制度研究》，载杨立新主编:《民商法前沿》(第 1、2 辑)，吉林人民出版社 2002 年版，第 269 页；胡滨、曹顺明:《股东派生诉讼的合理性基础与制度设计》，载《法学研究》2004 年第 4 期。

〔4〕 参见汤维建、戈琦:《股东代表诉讼制度的确立和完善》，载《人民法院报》2004 年 3 月 3 日；傅冰:《股东派生诉讼中公司的法律地位新论》，载《法制与社会》2007 年第 4 期。

那样的地位。可借鉴日本的做法，引进日本的“辅助参加人”制度。

其他观点不再一一列举。

（二）评述

在我国现行民事诉讼当事人制度框架下，上述观点在解释力上都存在一定的问题。股东代表诉讼中的公司既不符合被告、原告（共同）的条件，也不符合第三人的特征，而特殊的诉讼参加人与引入日本“辅助参加人制度”的观点，在突破现有的当事人制度设置的同时，既未对其理论基础进行阐述，也因过于原则而缺乏可操作性。

首先，股东代表诉讼中的公司既不能作为实质被告，也不宜作为形式被告。因为股东是代表公司提起的诉讼，诉讼的结果要由公司来承担。如果公司作为被告，则原告胜诉后的裁判利益又归于被告，这就在公司的程序法地位与实体法地位之间发生了根本性的冲突，无法自圆其说。同时，我国很难接受或移植英美法系“形式被告”的理念和做法，因为英美法系国家允许诉讼当事人名实之分共于一身，与其衡平法的灵活性相一致，有其特定的法律文化背景，大陆法系国家则缺乏这样的法律文化基础。在我国的股东代表诉讼中，公司不应被作为名义被告来对待，这不符合大多数人的习惯。

其次，股东代表诉讼中的公司不应作为共同原告。因为代表诉讼中，无论是公司起诉还是股东起诉，涉及的争议是同一个，也就是说诉讼标的只有一个。显然公司难以成为原告或被告任何一方的普通共同诉讼人，因为普通共同诉讼中诉讼标的必须是复数。股东代表诉讼在诉讼标的同一性方面虽然符合必要共同诉讼的要求，但作为原告股东的必要共同诉讼人，这实际上意味着公司具有原告身份。但是，原告必须是提起诉讼或可以追加诉讼请求的人，而公司的诉讼实施权在被股东代位行使后，公司并不能再提起诉讼，也不能追加诉讼请求。故不符合现行民诉法关于共同诉讼人制度的规定。

再次，股东代表诉讼中的公司不符合第三人的条件。其一，股东代表诉讼中的公司不是有独立请求权的第三人。如果从实体法上看，公司对案件具有独立的请求权，因为股东行使的请求权本身就是公司所享有的，只是根据制度的设计由股东在一定条件下代位行使而已。但是，依我国现行民诉法的规定，有独立请求权第三人只能以起诉的方式参加诉讼，并以本诉中的原告、被告作为共同被告。而股东代表诉讼中，公司并未提起新的诉讼，而且裁判作出后，公司要受判决既判力的约束，也不能再提起独立的诉讼。因此，从这个角度看，公司也不应该是有独立请求权的第三人。其二，股东代表诉讼中的公司也不符合现有无独立请求权第三人制度的适用条件。一方面，依现行规定，无独立请求权第三人如选择不参加诉讼，则法院裁判对其不具有法律效力，而公司无论参加诉讼与否，都要受法院裁判结果的约束；另一方面，无独立请求权第三人与涉诉诉讼标的本身并无直接的利害关系，而公司却与股东代表诉讼中的诉讼标的具有直接的利害关系。显然，股东代表诉讼中的公司与无独立请求权第三人的条件也相去甚远。

最后，特殊的诉讼参加人观点，看到了股东代表诉讼的复杂性及公司可能在诉讼中承担的多重角色，依据公司所承担的不同角色来确定公司的不同身份，具有一定的合理性。但缺陷也同样明显，在我国现行的当事人制度框架下，让同一主体在不同情形下享有不同的诉讼地位既缺乏根据，作者也未提供理论上的支撑。

认为股东代表诉讼中的公司应处于类似日本“辅助参加人”地位的观点有一定的合理性。但存在的问题是：其一，囿于我国现有的当事人制度框架，“辅助参加人”显然不在其中，如何引进？其二，公司可以作为原告的共同诉讼人的理由何在？其三，日本民诉法中的辅助参加人包括一般的辅助参加人和共同诉讼辅助参加人两种，该观点并未明确我国应借鉴哪一种。

（三）反思

学界上述关于公司地位的观点在解释力上存在不足的原因在于：

1. 我国现有民事诉讼当事人制度设置本身存在着很多的不足，以之作为公司地位的判断标准难免失当

目前的当事人制度设置存在诸多的问题，民诉法学界基本达成“共识”的就有：(1)僵化的当事人适格制度。现行民诉法几乎[1]将“与本案具有直接的利害关系”作为唯一的判断当事人是否适格的标准，导致适格当事人的范围过窄，难以有效适应解决现实中复杂多样的纠纷的需要；(2)共同诉讼人制度过于笼统，没有固有的必要共同诉讼人与类似必要共同诉讼人的划分，不仅导致立法与司法实践相脱节，也导致其解释力上存在明显的不足；(3)无独立请求权第三人制度设置逻辑混乱，不符合基本的诉讼原理。类似问题，不一而足。限于本书研究的重心所在，笔者仅以无独立请求权第三人制度为例来探讨我国现行当事人制度设置本身存在的不足。

有学者对我国现行无独立请求权第三人制度存在的内在矛盾进行了“总结”，包括：其一，无独立请求权与判决承担实体义务相冲突；其二，无“诉”而被诉，不符合诉的基本原理；其三，无当事人的地位及权利与承担当事人的义务相矛盾；其四，该制度导致诉讼经济与公正司法之间的冲突。[2]造成这些冲突的主要原因在于，我国民诉立法没有基于无独立请求权第三人参加诉讼的方式、享有的诉讼权利和承担的诉讼义务以及法院裁判对其具有的约束力的不同而分别赋予其不同的诉讼地位。有学者主张，应将无独立请求权第三人分为辅助参加

---

〔1〕 除了少数几类法定的诉讼担当、代表人诉讼及公益诉讼之外。

〔2〕 肖建华：《民事诉讼当事人研究》，中国政法大学出版社 2002 年版，第 302—310 页。

人和准独立请求权第三人两类，当案外的第三人进入诉讼之时，就应该在两者之间作出选择。如选择前者，则既无实体权利，也不承担实体义务；如选择后者，则可以提出权利主张，但也可能被法院判决承担实体义务。[1]对无独立请求权第三人制度的这种跟进，可以较好地解决现行无独立请求权第三人制度所存在的缺陷，增强其在解决复杂纠纷时的适应性，也更具有理论上的解释力。由于现行无独立请求权第三人制度本身就互相矛盾，逻辑混乱，以之为依据来判断公司地位难免会出问题。

2. 不能单纯从程序法上去考察公司的地位

股东代表诉讼并非单纯的程序法问题，它还是公司法上的一个基本制度安排，具有牵一发而动全身的作用，绝非程序法所能单独承载。确定公司地位时不仅要考虑程序法上的当事人制度安排，还要顾及我国的法律制度环境、公司治理结构的状况、经济形势的变化以及国家经济政策的取向等复杂因素。由于该制度本身的特殊性及复杂性，很难完全套用程序法上的哪一当事人（广义上的当事人）类型。所以，单纯以程序法上的当事人制度安排为出发点来分析公司地位，难以对之作出合理的解释，以之为基础来确定公司在股东代表诉讼中的单一身份，有时并不利于纠纷的解决，违背股东代表诉讼制度的本意。限于本书的研究旨趣，笔者仅以在我国司法实践部门占主导地位的将公司视为无独立请求权第三人的做法为例展开分析。

依现行无独立请求权第三人制度的规定，无独立请求权的第三人在诉讼中必须依附于主当事人一方，不能实施与被辅助当事人相抵触的诉讼行为，公司作为无独立请求权第三人参加诉讼的效果将难以保

---

〔1〕 参见章武生：《我国无独立请求权第三人制度的改革与完善》，载《法学研究》2006年第3期；肖建华：《民事诉讼当事人研究》，中国政法大学出版社2002年版，第316页。

证。如果原告股东撤诉，公司将不具备继续诉讼的资格；如果股东的起诉并不符合公司利益，公司也将难以及时阻止不必要的代表诉讼。更有甚者，如果原、被告恶意串通，通过私下和解等方式损害公司及股东的利益，作为无独立请求权第三人的公司则很难采取救济措施，公司参加诉讼也就失去了意义。即使是依改进后的无独立请求权第三人制度来分析，公司如果选择以"辅助参加人"的身份辅助一方当事人参加股东代表诉讼，但以该身份参加诉讼时，法院不能判决其承担实体义务，这显然不符合股东代表诉讼的裁判结果归于公司这一制度安排。如果公司选择以准独立请求权第三人的身份参加诉讼，则公司实际上已经获得了当事人的地位，虽然可以被法院判决承担实体义务，但其也有权提起独立的权利请求。这与股东代表诉讼的实际不符，在实践中也是有害的。因为，如果公司获得了当事人地位，可以提出独立的权利请求，则原告股东的地位就会变得无足轻重，通过诉讼寻求救济以及监督董事、监事等高管人员，使之谨慎、勤勉地履行职务的目的就可能落空，当公司由于受"内部人控制"无法自由表达意志时更会如此。可以说，司法实践中将公司作为无独立请求权第三人对待，虽然可以起到减少法律适用不统一的作用，但并不具有法理上的说服力，也不能有效发挥公司在股东代表诉讼中应有的作用。

综上所述，要合理界定与解释公司地位，一方面应根据现实需要，在现行民事诉讼当事人制度框架下，对之进行改进与完善，如增设相关的当事人类型；另一方面，要改变单纯从程序法视角进行分析的做法，要把公司地位问题放在我国公司治理现状、股东代表诉讼制度设置的目标及其实施的法律环境的大背景下来综合分析，这样，才有可能对其进行更为合理的定位与解释。为此，借鉴域外先进的立法资源及经验，就成为不得已而为之的一种选择。

二、域外公司地位立法考察

（一）英美公司地位的立法逻辑

在英美法判例法中确立的原则认为，由于可以作为真正原告的公司，因诸种原因不愿起诉，没有亲自追究被告的责任，被视为已经作出了拒绝成为原告的决定，公司不应作为具体诉讼中的原告，而是作为形式被告。笔者以美、英两国为例，来探究这种制度安排背后所遵循的逻辑。

在美国，公司是股东代表诉讼中的形式被告，并且是诉讼中“不可或缺的一方当事人”，没有它，诉讼就不能进行。[1]不仅诉讼的结果与其有关，且在诉讼进行中公司也有义务说明侵权的事实，提供相关的证据，并表达出它对诉讼的态度，但不能进行实质性的抗辩。美国把公司作为形式被告，有其历史的根源，也有诉讼程序技术上的考虑，更有保护公司利益的意图。

首先，从历史上讲，代表诉讼曾被认为是将两个相关联的诉讼整合在一个诉讼程序中。即以公司为被告对其提起衡平法上的诉讼，请求法院强制命令公司，对侵害其法定权利的第三人，提起损害赔偿或其他救济形式的诉讼。虽然现在法院已不再将代表诉讼视为两个相关联的诉讼，而是一个单独的诉讼，但历史上这种所谓将两个诉讼程序合二为一的理念，仍是在诉讼中将公司列为形式被告的原因之一。

其次，从程序技术来看，将公司作为形式被告可起到如下效果：让法院判决的效力及于公司符合正当程序的要求，如果不让公司参加代表诉讼，按正当程序原理是不能让公司承担判决的后果的。同时，将

---

〔1〕［美］罗伯特·W. 汉米尔顿：《公司法概要》，李存捧译，中国社会科学出版社1999年版，第346页。

公司列为被告，也是联邦法院获得管辖权的要求。

再次，依据《美国联邦民诉规则》第19条第1款第(2)项规定："该人提出与诉讼标的有关利益的主张，并且如果缺少他，对诉讼的解决就会出现如下情况：(a)实际上会削弱或妨害他保护其利益的能力……如果他没有被合并，法院应命令该人被追加为当事人。该人应作为原告合并，但如拒绝作为原告，可以将他作为被告予以追加……"[1]由此可见，美国法将公司作为形式被告其实也是为了防范原被告合谋，更好地保护公司利益，因为公司不参加诉讼可能会削弱或妨害公司保护其利益的能力。由于在维护公司效率与保护公司及股东利益这两者之间，美国法传统上更倾向对后者的保护，以避免不公正。加之美国有着更为发达的律师制度及胜诉取酬收费方式的普遍运用，股东代表诉讼在美国已成为保护公司及股东利益、管制公司经营的最重要的方式之一。虽然近30年来，其发挥的作用因股东提诉条件上的各种限制而有所降低，但相对于英国乃至世界上大多数国家来讲，美国股东代表诉讼制度在公司治理中所发挥的作用仍是其他国家无法企及的。所以，美国法上将公司列为形式被告，强制其参加诉讼，更多的是出于保护公司及股东利益的考虑，以防止原告股东与被告之间恶意串通，通过股东代表诉讼来损害公司及其他股东的利益。并且，在胜诉取酬的律师收费制度下，原告亦有更大的激励在律师的鼓动下提起不必要的诉讼来谋取私利，强制公司以形式被告的身份参加代表诉讼也具有很强的现实针对性。

最后，在英美法上，公司不当地拒绝了股东的诉讼申请，被认为是对其信托义务的违反，所以公司必须成为诉讼中的被告。

---

〔1〕 白绿铉等译：《美国联邦民诉规则、证据规则》，中国法制出版社2000年版，第40—41页。

在英国的股东代表诉讼中,也是将公司视为形式上的被告。该国1994年的《民事诉讼规则》明确规定,在股东代表诉讼中,应将公司列为(形式)被告。这是为了让公司能承受法院判决结果,受其约束,并从不法行为人处获得赔偿。相对于美国,英国将公司列为股东代表诉讼中的形式被告,更多的是出于诉讼程序技术上的考虑。由于英国传统上更倾向对公司效率的保护,对股东提起代表诉讼施加了严格的限制,加之公司立法及判例中为保护小股东权益提供了其他替代途径,如不公平损害救济、股东个人权利的行使等,使得股东不太依赖通过提起代表诉讼的方式来保护其权益,导致英国股东代表诉讼制度在公司治理中的作用相当微弱。[1]鉴于此,本节后文仅选择更有代表性的美国作为与他国进行比较及评析的对象。

(二) 日本公司法的改革经验

《日本商法典》第268条第2款规定:原告股东在提起代表诉讼之后,公司或其他股东可以参加诉讼。[2]另据日本《民事诉讼法》第201条第2项之规定,代表诉讼判决的效力当然及于公司。关于此种参加的性质,日本学界存在三种观点:第一种观点认为此种参加属于从参加;第二种观点认为此种参加属共同诉讼的当事人参加,即独立当事人参加(日本《民事诉讼法》第47条);第三种观点认为此种参加属共同诉讼的辅助参加。[3]对此问题,韩国也有类似的立法和学术上的争议,但多数意见是认为公司属原告方的共同诉讼参加人。[4]

---

〔1〕 李小宁:《公司法视角下的股东代表诉讼——对英国、美国、德国和中国的比较研究》,法律出版社2009年版,第35—37页。

〔2〕 吴建斌:《日本公司法规范》,法律出版社2003年版,第112页。

〔3〕 柯菊:《股份有限公司股东之代表诉讼》,载林咏荣主编:《商事法论文选辑》(上),台湾五南图书出版社1984年版。

〔4〕 参见《韩国商法》,吴日焕译,中国政法大学出版社1999年版,第90页;李宁顺:《股东代表诉讼当事人制度研究》,载《求索》2006年第6期。

《日本公司法》第 849 条第 1 款则规定，股东等或股份公司等，可作为共同诉讼人，或为辅助一方当事人，参加到相关责任追究等之诉中。[1]根据该条规定，公司在股东代表诉讼中既可成为原告股东的共同诉讼参加人，也可成为原、被告双方中任何一方的辅助参加人。[2]该规定实际上是赋予股东代表诉讼中的公司在不同情况下可以具有不同的诉讼地位，在具体诉讼中究竟以何种身份参加诉讼则通常由公司自己选择。这一规定相对于之前的《商法典》来讲，不仅更为明确，也使公司在股东代表诉讼中的地位得到加强，有利于辅助原告股东获得胜诉结果与防止滥诉。

（三）比较及评析

美、日两国在对待公司地位问题上存在较大差异，主要表现在：其一，在美国，公司被列为名义上的被告，目的是将判决的效力扩及公司，满足程序正当性的要求；而在日本，原告基于法定诉讼担当理论成为适格的当事人，无论公司参诉与否，其诉讼的效力均及于公司。其二，美国是强制的当事人合并，由法院追列公司为形式被告，从而使联邦法院获得管辖权；而日本则是公司自己决定是否参加诉讼，而且参加诉讼的身份可以根据实际情况由公司自己选择。其三，美国和日本的民事诉讼当事人制度设计和理念也存在很大的差异，如日本存在共同诉讼参加人制度，而美国却没有；在判断当事人是否适格的标准上

---

〔1〕 王作全译：《新订日本公司法典》，北京大学出版社 2016 年版，第 365 页。

〔2〕 日本民诉法所规定的诉讼参加包括独立当事人参加（类似于我国的有独立请求权第三人参加，但比其范围更广，程序设置更合理）与辅助参加。后者又包括两类：一类是一般辅助参加（类似于我国无独立请求权第三人）；另一类是共同诉讼辅助参加（具有共同诉讼性质的参加）。有日本学者直接把前者称为辅助参加，称后者为共同诉讼参加。本书出于表述方便，也采后一种说法。参见［日］新堂幸司：《新民事诉讼法》，林剑锋译，法律出版社 2008 年版，第 572—573 页；［日］高桥宏志：《重点讲义民事诉讼法》，张卫平、许可译，法律出版社 2007 年版，第 310 页；［日］中村英郎：《新民事诉讼法讲义》，陈刚等译，法律出版社 2001 年版，第 89、95 页。

也不相同。上述差异显示了两国关于公司在股东代表诉讼中的地位的安排似乎迥然不同。

然而,差异并非想象的那么大,美、日两国的不同做法只是对该国法律传统、制度环境及公司治理状况的不同反映而已。由于美国具有积极保护公司与股东权益及正当程序理念的悠久传统,一方面,其公司立法强制公司参加诉讼,对小股东提起代表诉讼持相对宽容的态度,以保护公司及股东的权益;另一方面,又通过排除公司拥有实质被告的一些重要权利、经营判断规则的广泛适用、法院在股东代表诉讼中职能的强化等措施来减少或防止股东代表诉讼被滥用。并且,美国也在根据现实经济形势及经济政策的变化,不断调整相关的制度安排,如针对滥诉现象出台诉讼费用担保制度,以在维护公司效率与保护公司及股东利益两者之间维持必要的平衡。而在日本,股东代表诉讼制度所发挥的现实作用并不像其在美国那样大,公司及股东利益的保护并不过多依赖股东代表诉讼途径来解决,加之20世纪90年代以来股东滥诉问题的浮现,加强与诉讼具有直接利害关系的公司的地位和作用并不奇怪。此外,日本2005年《公司法》也在方便股东提诉方面做了一些完善,如取消股东持股数量上的要求、扩大股东代表诉讼被告的范围等,以达到维护公司效率与保护公司及股东利益之间的适度平衡。

由于股东代表诉讼制度所具有的特殊性和复杂性,确定公司地位并不能像一般民事诉讼那样单纯从程序法的角度去判断。虽然一个国家或地区程序法中的当事人制度设置会影响到其对公司地位的认识与定位,但这并非最主要的、至少不是唯一要考虑的因素。股东代表诉讼诉权的性质、该国或地区法律传统、制度环境、经济形势及政策取向等因素都会对判断公司地位具有直接或间接的影响。我们在研究和确定公司地位时,也不应对之视而不见。

三、我国公司在股东代表诉讼中的地位

如前所述，我国现有的民事诉讼当事人类型难以合理解释公司地位问题，需要借鉴域外先进的立法资源。而从上述对美、日等国相关规定的比较分析我们则不难看出，在确定公司地位时，无法脱离各自国家的法律传统、公司治理的实际以及股东代表诉讼制度实施的法律制度环境等因素的影响，需要考虑路径依赖问题。由于我国无论是在法律传统、公司治理机制设计方面，还是在程序制度设置、律师制度的发达程度以及法官审理股东代表诉讼的实际经验和能力等方面都与美、英两国相差甚远，借鉴其"形式被告"的做法不仅难度极大，也难免会造成南橘北枳的效果。并且，美、英两国将公司列为股东代表诉讼中的"形式被告"，多少是出于其程序技术方面的考虑，而我国则不存在类似问题。大陆法系的日本、韩国以及我国台湾地区也没有吸收这种做法。事实上，就连英国人也觉得，在为公司利益而提起的股东代表诉讼中，将公司作为被告的确很容易令人误解。基于这些考虑，我国将股东代表诉讼中的公司像美、英两国那样定位为"形式被告"确非明智之举。

相较于美、英两国，我国与日本的情况则有更多的相似之处，既同属大陆法系，具有类似的实体法和程序法环境，在公司治理机制方面也有更多的共同点，借鉴日本的做法相对而言应是一个不坏的选择。但是，由于我国在公司治理水平、法律完善程度方面都相对落后于日本，在经济发展中所要面对的现实问题及经济政策取向也不一致，故在借鉴日本关于公司地位相关规定的同时，还需要结合我国实际进行甄别取舍，在我国现有的当事人制度框架下对相关制度进行改进。比如，根据日本现行《公司法》第 849 条第 1 款的规定，公司既可选择以辅助参加人的身份辅助原告股东，也可以选择辅助股东代表诉讼中的

被告一方。而日本之所以如此规定，是基于其特殊的经济与制度上的背景，是为了加强公司的地位和适度减轻董事的责任，从而促进公司经营效率的提高，以恢复日本企业在全球范围内的竞争力。而我国的股东代表诉讼制度则刚起步不久，中小投资者权利保护渠道狭窄且不太通畅，公司治理结构远未完善，在此背景下，显然不宜过度加强公司的地位，影响股东代表诉讼制度功能的发挥。所以，在定位我国公司地位时显然不宜盲目照搬。基于上述考虑，笔者认为：我国股东代表诉讼中的公司原则上应定位为原告方的共同诉讼参加人，例外时可作为无独立请求权第三人，即公司在收到法院或原告股东关于诉讼已被提起的通知后，如果选择参加诉讼，则一律作为原告方的共同诉讼参加人；如果公司最初选择不参加诉讼，而是在诉讼进行中申请参加诉讼，经法院批准参加的，可以选择以共同诉讼参加人或无独立请求权第三人的身份参加到股东代表诉讼中来。分述如下：

（一）公司原则上应作为共同诉讼参加人

1. 我国民事诉讼法吸纳共同诉讼参加人制度并不存在明显的障碍

日本、德国的民事诉讼法都规定有共同诉讼参加人制度。〔1〕2002年之前的韩国民事诉讼法虽没有对该制度的规定，但在学说或判例中已开始承认这种诉讼形态，到2002年民事诉讼法修改时，也明确规定了该种参加类型。〔2〕这是一种特殊的诉讼参加形态，其既不同于主参加人〔3〕，也不同于一般的辅助参加人。当判决效力在约束双方当事

---

〔1〕 参见德国《民事诉讼法》第69条，载谢怀栻译：《德意志联邦共和国民事诉讼法》，中国法制出版社2001年版，第14页；《日本民事诉讼法》第52条第1款，载白绿铉编译：《日本新民事诉讼法》，中国法制出版社2000年版，第47页。

〔2〕 [韩]孙汉琦：《韩国民事诉讼法导论》，陈刚译，中国法制出版社2010年版，第389页。

〔3〕 这是一种诉的合并类型，指案外第三人以当事人的身份参加到他人的诉讼中，法院将多个诉合并审理，以将多个有关联的案件在同一诉讼程序中加以解决。主参加人相当于前文述及的准独立请求权第三人。

人的同时亦及于对方当事人和第三人之间时，该第三人的辅助参加称为共同诉讼参加。此种制度，不同于“旨在保护承受判决效力之参加人利益”的一般辅助参加，而是一项“赋予准（类似）必要共同诉讼人之诉讼实施权能”之必要而获得认可的制度。[1]由于此种参加人要受法院裁判的约束，与辅助参加人相比，从保护其利益的要求出发，其对主当事人的依附性降低，独立性增强，处于必要共同诉讼当事人与一般辅助参加人之间的地位，处于近似于必要共同诉讼人的地位。通过共同诉讼参加，参加人可以对试图侵害自己利益的本诉讼之进行加以牵制。此外，共同诉讼参加人也不同于类似的必要共同诉讼人。诉讼标的同一但不必共同参加诉讼的，各当事人可以选择一起起诉或由权利人选择一并被诉，此时，各当事人属于类似必要共同诉讼的共同诉讼人。如部分起诉或部分被起诉，其他要受裁判既判力约束的人可以选择加入本诉，此时其属于共同诉讼参加人，不可以提出独立的诉讼请求或撤诉，但可以实施一些不同于主当事人的诉讼行为。共同诉讼参加人不是真正意义上的当事人，一方面作为辅助参加人而保有其从属性当事人的身份，另一方面又强化了其独立性，要求进一步认可其接近必要共同诉讼人的地位。[2]日本公司法之所以规定公司在股东代表诉讼中可以作为共同诉讼参加人，是因为原告股东行使的诉权原本属于公司，公司选择参加到代表诉讼中来，并没有增加新的诉讼，诉讼标的仍然只有一个。此外，公司作为共同诉讼参加人，享有较大的独立性，可以减少不正当的股东代表诉讼对公司利益可能造成的损害。

遗憾的是，我国现行当事人制度框架中尚无共同诉讼参加人这一

---

〔1〕［日］新堂幸司：《新民事诉讼法》，林剑锋译，法律出版社2008年版，第572页。

〔2〕章武生：《我国无独立请求权第三人的改革与完善》，载《法学研究》2006年第3期。

类型。但是,由于我国现行民诉制度框架设计、程序理念及制度环境等方面与大陆法系的日、德等国并无根本性的不同,当前立法没有吸纳共同诉讼参加人制度主要是限于立法当时(1991 年)的立法水平和现实需要,并非是因为我国现行民诉法的框架体系内不能容纳该制度。如同当前许多已在民诉学界乃至司法实务界达成广泛共识的固有必要共同诉讼与类似必要共同诉讼的划分、辅助参加人(无当事人地位)与准独立请求权第三人的划分等合理做法也没有在当前的民诉法中体现出来一样。将公司作为共同诉讼参加人不会对我国现有当事人理论及制度体系造成太大的冲击,相反,即使没有股东代表诉讼制度的现实需要,从完善民事诉讼法当事人制度本身的角度来看,也应该吸收共同诉讼参加人制度。公司作为共同诉讼参加人参加股东代表诉讼在大陆法系的日本、韩国及我国台湾地区等地都有深厚的基础和制度实践。可以说,在我国现行的民诉当事人理论框架下增加共同诉讼参加人制度,不仅有丰富的域外经验可资借鉴,也不会对现有的当事人理论造成系统性的冲击,只需要在正在进行的民诉法的修改中增加相关的规定即可。

2. 将公司作为原告方的共同诉讼参加人基本符合股东代表诉讼的特点

第一,公司以共同诉讼参加人的身份参加诉讼,并没有导致诉的增加,也能合理解释为何法院的裁判对公司具有法律效力。股东代表诉讼是股东为了公司的利益而代位公司提起的诉讼,诉讼标的是公司受到损害的权利,公司为了自己的利益参加到诉讼中来,并没有增加新的诉,诉讼标的并没有发生变化。此外,共同诉讼参加人制度的主要特征就是判决可以在参加人与对方当事人之间产生既判力,而按照股东代表诉讼制度的安排,法院判决对公司是具有约束力的,法院针对公司受到损害的权利所作出裁判利益归于公司也实属当然。

第二，将公司作为共同诉讼参加人符合我国股东代表诉讼制度设置的初衷。共同诉讼参加人不具有当事人身份，不得实施诉的变更、撤诉、放弃或承认诉讼请求等实质的当事人才有权实施的行为。由于股东提诉前一般要经过前置程序，股东只有在公司怠于或拒绝亲自起诉的前提下才可提起代表诉讼，此时公司已不再享有诉权，不能再成为当事人。如果允许公司具有当事人的地位，可以直接撤诉、变更或提出新的诉讼请求，乃至直接与对方当事人达成调（和）解，则股东代表诉讼制度就将降格为股东迫使公司起诉的工具；由于公司经常因“内部人控制”等原因而处于无法自由表达意志的状态，公司与被告之间串通变相剥夺股东起诉的权利就难以避免。如此一来，通过股东代表诉讼保护公司及股东利益，减少或防止董事、监事、高管人员等滥用权力损害公司利益的目标就将无法实现，这将违背我国设立股东代表诉讼制度的初衷。将公司作为共同诉讼参加人，使之不具有当事人身份，既可减少或避免上述问题，也避免了将之作为原告或被告对待所带来的理论上的争议。

第三，将公司作为共同诉讼参加人，可合理解释公司是否必须参加诉讼及其参加诉讼的程序问题。根据共同诉讼参加人制度的安排，共同诉讼人本质上并非真正的当事人，其是否参加诉讼是由其自主选择的，法院不能强制其参加，但法院或当事人应将诉讼的情况对其告知，并设有相应的告知程序。共同诉讼参加人制度的这些特点对我国股东代表诉讼制度是非常有针对性的。依我国司法实践中普遍将公司视为无独立请求权第三人来看，公司法在规定股东代表诉讼制度时的立法本意应该是并不强制要求公司参加诉讼，但并未规定相应的告知程序。到《公司法司法解释（四）》第30条第2款才对告知程序有所提及，但其中的法理基础则不得而知。将公司作为共同诉讼参加人，则公司有权选择是否参加诉讼，法院或提诉股东要将起诉的情况告知公司等问题就迎刃而解。

3. 将公司作为共同诉讼参加人，有利于促进维护公司效率与保护公司及股东利益两者之间的平衡

首先，将公司作为共同诉讼参加人，有助于保护公司及股东的利益。其一，可减少公司因无法自由表达意志而对诉讼进行不当干预。共同诉讼参加人不是真正的当事人，不具有真正的当事人地位，也不能享有专属于当事人的权利。将公司作为共同诉讼参加人，即使公司因受“内部人控制”等因素的影响，不愿协助原告股东去追究董事、监事、高管人员等的损害赔偿责任，也不至于通过撤诉、变更诉讼请求或暗中与被告和解等方式来对诉讼进行不当干扰。因此，可以减少因公司不当干预而对股东代表诉讼保护公司及股东利益方面产生的不利影响。因前文对此已有阐释，这里不再赘述。其二，将公司作为共同诉讼参加人，公司就获得更多的程序参与权，当原告股东与被告恶意串通通过和解等方式损害公司及其他股东利益时，公司有更多的机会与能力对之进行牵制。这原本就是共同诉讼参加人制度的一项重要功能。其三，将公司作为共同诉讼参加人，其在诉讼中也将承担比无独立请求权第三人更多的义务，如提供相关证据资料、分担特定情况下的证明责任、承担正当代表诉讼的诉讼费用等。这既可降低原告股东起诉的风险，激励其提起正当的代表诉讼，又可更多地协助原告股东获得对公司及股东有利的裁判结果，使得公司及股东利益得到更有效的保护。

其次，将公司作为共同诉讼参加人有利于减少或避免不必要的诉讼，促进公司效率的提高。具有共同诉讼参加人身份的公司在参加股东代表诉讼后，可以享有比无独立请求权第三人更多的权利，有权实施与原告股东不一致的行为。在原告股东基于公司利益以外的原因而恶意提起代表诉讼或股东虽无恶意但继续诉讼明显不符合公司利

益时，公司享有向法院申请及时终结诉讼的权利，以避免那些不必要的诉讼，既节省了诉讼的成本，也可使董事等公司管理人员及时摆脱诉讼的困扰，专心于公司的经营管理事务，以提高公司效率。此外，公司享有较为广泛、独立于原告股东的权利，对股东来说也具有一种警示作用，使之在提起不必要或不正当的股东代表诉讼之前有所顾虑，从而慎重提诉；对公司经营管理者来讲，则可减轻动辄得咎的顾虑，在进行经营管理决策时不至于因畏首畏尾而丧失商机。

（二）例外时将公司作为无独立请求权第三人

参加诉讼与否是公司自主选择的事情，以何种身份参加也应给公司一定的选择余地。这既是考虑到股东代表诉讼本身的复杂性，也是国家应承担的应为满足不同诉讼主体的不同需要而为之提供程序选择机会的义务使然。现实中的股东代表诉讼复杂多样，公司出于自己的利益考虑在不同情况下会作出不同的选择。单一的身份往往不能满足公司在不同诉讼中的不同需要。

如果公司最初在接到诉讼告知后决定不参加诉讼，而在诉讼中又因故申请参加诉讼的，经法院审查批准，公司可以选择以无独立请求权第三人的身份参加诉讼。此时，由于缺乏相应的程序保障，即使存在原被告恶意串通损害公司利益的情况，公司也很难采取救济措施。从理论上来讲，这种情况是存在的，但由于公司在申请参加诉讼时具有身份选择权，作为一个具有经济理性的主体会根据自己的利益作出适当的判断，实际出现这种不利情况的可能性并不大。即使不能完全避免公司利益因原被告双方恶意串通而受到损害等情况的发生，由于按无独立请求权第三人制度的安排，公司享有上诉权和申请再审权，也可以在很大程度上减轻这种不利影响。况且，如果公司因不正当因素的干扰具有明显的规避以共同诉讼参加人的身份参加诉讼的嫌疑时，法院可以不予批准。

综上，笔者认为，在我国当前乃至之后较长的一段时间内，如果公司治理机制没有明显改善，投资者权益保护机制没有得到有效拓宽与顺畅，没有出现严重的股东代表诉讼制度被滥用的情形，为促进维护公司效率与保护公司及股东利益之间的平衡，既不应允许公司成为真正的当事人，也不宜仅将公司视为无独立请求权第三人，更不应允许其以参加人的身份去辅助被告方。通常情况下，将公司作为原告股东的共同诉讼参加人不失为一个明智的选择。但是基于股东代表诉讼形态的现实复杂性，应赋予公司一定条件下选择以无独立请求权第三人身份参加诉讼的权利。由于公司作为无独立请求权第三人只是作为例外情形存在，故后文关于公司的权利、义务等问题的论述中，如无特别指明，是指公司作为共同诉讼参加人身份所应扮演的角色。

第三章 公司在股东代表诉讼中的权利

公司在股东代表诉讼中具有重要的利益,是诉讼中的重要参与者,应该享有与其诉讼地位相匹配的权利,以便更好地保护公司及其股东的利益,更有效地追究过错行为人的法律责任。本章以股东代表诉讼诉权的基本原理为基础,结合公司的诉讼地位及我国股东代表诉讼制度发展的实际,探讨公司在诉讼中应享有的权利。当然,本章并未穷尽公司享有的所有权利,只对进入笔者研究视野的相关权利进行阐释。

第一节 公司的阻止诉讼权[1]

前置程序已成为众多国家或地区股东代表诉讼制度的重要组成

---

〔1〕 为了表述的方便,笔者在本书中将公司在股东代表诉讼中所享有的向法院申请不予受理原告股东的起诉或在发生诉讼系属后申请驳回某些不必要的股东代表诉讼的权利,称为公司的阻止诉讼权。

部分。根据我国现行《公司法》第151条关于该程序的规定，股东必须以书面形式向相关的公司机关提出请求，并表明请求诉讼的目的、被告的姓名和诉讼的原因等内容，在公司收到请求后拒绝提起诉讼或30日内未提起诉讼，或者情况紧急、不立即提起诉讼会使公司利益受到难以弥补的损害的情况下，股东可以以自己的名义直接向人民法院提起诉讼。按照规定，只要公司在股东请求后拒绝起诉或30日内不予答复，不管是基于什么原因拒绝，也不管提起股东代表诉讼是否真正符合公司的最佳利益，股东均可提起代表诉讼。这些规定，事实上使公司难以在前置程序中发挥应有的作用，前置程序对原告股东起诉的限制也仅具有形式意义。这一点在被认为是2005年公司法生效后第一起涉及上市公司股东代表诉讼的ST龙昌(600772)一案中更是暴露无遗。该案的基本情况如下：

ST龙昌(后又变为*ST龙昌)是飞天系旗下一家上市公司。所谓飞天系，指邱忠保通过其控制的西安飞天科工贸集团有限责任公司、中国飞天实业集团有限公司等冠名“飞天”字样的公司，控股中油龙昌(现更名为“ST龙昌”)、福建三农、浙江海纳三家上市公司，所形成的资本市场上的一个系别。2006年2月28日，ST龙昌公告称，公司董事长邱忠保因涉嫌违反证券法规，于同年2月25日接受上海市公安机关的调查。随后，消息灵通人士透露，邱忠保及其兄邱忠国，均已被上海警方刑事拘留。公开资料显示，截至2004年年底，邱忠保通过直接或间接形式，占用ST龙昌6.58亿元、福建三农5亿元、浙江海纳3.2亿元资金，共计14.8亿元。同年3月14日，上海著名律师严义明以ST龙昌股东身份，致函公司监事会，请求该会“依法向有管辖权的人民法院提起诉讼，要求西安飞天及其他关联方返还已占用中油龙昌的资金，并追究中油龙昌董事长邱忠保的法律责任。”这被称为“上市公司股东依据该公司法实施的维权第一案”。[1]在严义明提出请求之后,ST 龙昌代理履行董事长职务的赵伟文在接受记者采访时表示,目前上市公司不会进行起诉,不起诉的原因是因为诉讼费用太高,公司支付不起。2006 年 7 月公司委托严义明律师事务所律师王智斌,将五家“飞天系”关联公司诉至上海第二中院人民法院,要求返还占用款。随后,王律师曾向记者透露,被起诉的关联方五家公司均不具备偿还能力,即使 * ST 龙昌最终胜诉,飞天系所占用的资金也很难追回。因这五家公司早已没有实业资产,2006 年这五家关联公司还可能面临着被注销的命运。既然如此, * ST 龙昌为什么还要把五家濒临死亡的公司推上被告席呢? * ST 龙昌董秘办的杨先生对此向记者坦言,“我们公司的关联资金占用问题已经引起了市场的极大不满,我们现在把关联方告上法庭,就是告诉市场我们追回欠款的决心。至于被告的偿还能力,我们没有去调查”。[2]

虽然最终因受资本市场上多种因素的影响、特别是在上市公司股东要求起诉的压力下, * ST 龙昌决定以公司名义提起诉讼,没有发生真正意义上的股东代表诉讼,但该案暴露出一个不容忽视的问题。即使接受股东提诉请求的监事会或董事会具有相当的独立性,其基于合理的理由认为提起诉讼并不符合公司的最佳利益而作出的哪怕是公正合理的不起诉决定,如本案,也没有任何实质性效力,仍然不能阻止股东提起代表诉讼。这种局面可能并不符合股东代表诉讼前置程序设立的初衷,显然也难以有效发挥前置程序应有的排除一些不必要诉讼的功能。从防止怀有不当用心的股东滥用股东代表诉讼诉权,更好地维护公司经营效率的角度出发,我们在强调股东在公司经营中的监

---

〔1〕 岳敬飞:《严义明追讨飞天系 要求 ST 龙昌监事会依法提起诉讼》,载《上海证券报》2006 年 3 月 15 日。

〔2〕 张慧:《 * ST 龙昌避重就轻告关联方》,载《新京报》2006 年 7 月 25 日。

督作用的同时,也不能忽略股东利益与公司利益之间的冲突,合理的股东代表诉讼制度应该致力于实现“维护公司效率和保护公司及其小股东利益之间的平衡”,在前置程序中也应体现这一目标。

就公司所受的利益损害是否提起诉讼,公司是否应享有最初的决定权,即公司是否应享有阻止某些代表诉讼的权利?该权利应如何配置和运作?笔者试从比较法的视角,结合我国股东代表诉讼的实际,对上述问题加以探讨。

一、公司享有阻止诉讼权的合理性

(一)域外相关立法经验梳理

两大法系国家或地区的公司立法及实务中在公司应否享有阻止诉讼权问题上存在明显的差异。总体来看,主要有三种不同的做法:其一,明确赋予公司阻止诉讼权,如美国;其二,虽未明确公司享有阻止诉讼权,但公司的不起诉决定却是法院决定是否许可代表诉讼的重要参考依据,如英国;其三,公司不享有阻止诉讼权,其不起诉决定通常也难以影响法院受理原告股东的提诉,如日本、我国台湾地区。

在美国,公司决定终止诉讼是过滤无意义和浪费资源的代表诉讼的机制。《美国标准公司法》在 1997 年修订时,第一次对董事会拒绝股东提起诉讼的请求的法律后果、法院在何种情况下应接受独立诉讼委员会关于驳回起诉的建议的问题加以明确规定,此后虽经多次修改,该法依然坚持这一做法。根据《美国标准公司法》第 7.44 条(a)款的规定,无论关于诉讼不符合公司最大利益的决定是在诉讼前还是诉讼开始后作出的,只要满足了法定条件,诉讼就应当被驳回。[1] ALI《公司治理原则》第 7.08 条对法院基于董事会或其合法选任的诉讼委

---

〔1〕 沈四宝编译:《最新美国标准公司法》,法律出版社 2006 年版,第 85—86 页。

员会之请求而驳回对董事、高级主管、对公司有控制权的人或上述人员的关联方所提代表诉讼做了明确的规定。[1]依该条规定，当董事会或由董事会合法选任的诉讼委员会认为已提起的代表诉讼不符合公司最佳利益而向法院提出终止该诉讼的请求时，法院必须批准该驳回请求。此外，美国大多数州的公司法中也有类似的规定。以特拉华州为例，在1981年的Zapata Corp. v. Maldonado一案中，特拉华州对董事会或董事下设的特别诉讼委员会决定终止股东提出的代表诉讼的司法审查方法和标准做了总结。终止代表诉讼的决定可以是董事会做的，也可以是董事会任命的特别诉讼委员会做的。股东往往会在向董事会要求对违反义务的董事提起诉讼被拒绝后向这些违反义务的董事提起代表诉讼。更多的情况下，特拉华州的股东是向法院解释向董事会提出要求的徒劳无用性而直接提起代表诉讼。无论在哪一种情况下，董事会或特别诉讼委员会都可以代表诉讼不利于公司而决定终止这样的诉讼。[2]

无论是在英国判例法上，还是其2006年《公司法》，公司独立机构不起诉决定对股东代表诉讼能否提起和继续都具有重要的影响力。英国传统上采取不利于股东代表诉讼的态度，并在公司效率和小股东权益保护方面倾向于前者。在英国判例法中，一个根深蒂固的观念是法院不应当干预公司的商业决定。[3]针对代表诉讼的驳回，英国法律委员会就建议：如果法院认为索赔不符合公司利益，它应当拒绝给予许可并驳回派生诉讼。在考虑诉讼是否有利于公司时，法院被明确要

---

〔1〕［美］美国法律研究院：《公司治理原则：分析与建议》（下），楼建波等译，法律出版社2006年版，第655页。

〔2〕Zapata Corp. v. Maldonado, 430 A. 2d 779 (Del. 1981).

〔3〕李小宁：《公司法视角下的股东代表诉讼——对英国、美国、德国和中国的比较研究》，法律出版社2009年版，第81页。

求应考虑,公司董事是否有不提起诉讼的能在商业上站得住的(good)理由。在对整个代表诉讼制度进行革新时,法律委员会认为应当遵循的原则中,就包括“商业决策”和“不受股东不必要的干扰”这两条。[1]据此,虽然是否允许股东提起代表诉讼的控制权交给了法院,但法院在决定时必须考虑公司董事、股东大会和独立机关的意见,公司独立机关的不起诉决定仍然具有强大的潜在影响。近些年来,英国法还承认了另外两种可以作出此种决定的机构:Smith v. Croft (No. 2)一案增加了“Foss 规则”发展以来对股东提起代表诉讼最重要的限制,即公司独立机构代表公司作出的不予起诉的决定可以阻止股东提起代表诉讼,该案认为如果由于不当行为人控制等原因使得公司简单多数股东不适合代表公司作出是否起诉的决定,那么合适的公司内部独立机构仍然比单个的小股东更适于作出这种决定。[2]在该案中,Knox 法官甚至认为独立机构的决定是决定性的。但英国《民事诉讼程序规则》第19.9 条和2006 年《公司法》却要求股东提起代表诉讼必须经过法院批准。因此,公司独立机构不予起诉的决定虽然重要,但不会决定性地阻止股东代表诉讼的提起。

而在大陆法系的日本,其公司立法并未规定公司有权阻止代表诉讼,实践中也缺乏相关判例。根据日本《商法典》第267 条前3 项关于股东提起代表诉讼的前置程序的规定,只要公司拒绝对董事提起诉讼,适格的股东即可提起代表诉讼;而且在特殊情形下可不受法律规定的给予公司考虑30 天的期限限制,也没有要求公司就没有起诉的理由作出书面或者其他形式的说明。《日本公司法》第847 条则规定

---

〔1〕 张明远:《股东派生诉讼法律制度研究》,载杨立新主编:《民商法前沿》(第1、2辑),吉林人民出版社2002 年版,第265 页。

〔2〕 李小宁:《公司法视角下的股东代表诉讼——对英国、美国、德国和中国的比较研究》,法律出版社2009 年版,第32—33 页。

公司在收到股东提起诉讼的请求后，如果在规定期间内没有起诉，必须根据该请求人的请求尽快以书面形式向请求人本人作出说明，但该说明并不具有阻止股东提起代表诉讼作用。日本学界对此问题却存在争议。有学者认为，公司机关无权阻止代表诉讼的结论源于实体法的规定，即代表诉讼所追究的责任限于不能由公司免除的责任。另有学者从股东代表诉讼的性质出发，认为代表诉讼是保护众股东利益的最后一道防线，因此不同于普通的公司管理问题，经营者当然不享有决定代表诉讼命运的专属权利，而且他们也不应被赋予这种特权。〔1〕公司在收到股东提起代表诉讼的请求后，经过研判，即使认为提起诉讼并不符合公司最佳利益，也无法终止该代表诉讼。但另一种声音也同样不容忽视。有日本学者就认为，美国的诉讼委员会制度有利于从公司整体利益出发判断提起代表诉讼之是非，防止股东滥用代表诉讼，并主张日本应当导入代表诉讼滥用防止机制。〔2〕日本经济团体联合会也曾向立法者提出提案，希望在《公司法》中规定当监事会的全体成员一致同意提出终止代表诉讼的请求时，法院应当驳回该诉讼。〔3〕与日本相似，我国台湾地区的公司立法中也缺乏对公司阻止诉讼权的规定。

（二）我国应有条件允许公司享有阻止诉讼权

我国学界关于应否赋予公司阻止诉讼权主要存在肯定与否定两种观点。肯定者认为，赋予公司阻止诉讼权符合股东代表诉讼制度设立的初衷、有利于将公司的应有法律地位贯彻始终、有助于排除无价

---

〔1〕张明远：《股东派生诉讼法律制度研究》，载杨立新主编：《民商法前沿》（第1、2辑），吉林人民出版社2002年版，第266页。

〔2〕［日］近藤光男：《代表诉讼》，载《民商法杂志》（第108卷），1993年8月15日，第536页。

〔3〕蔡元庆：《论公司机关在股东代表诉讼中的权限》，载《法学》2005年第10期。

值的股东代表诉讼并保护有价值的诉讼。[1]反对者则认为，由于我国当前的公司治理机制并不利于对中小股东权利的保护，加之股东代表诉讼制度设置中已对股东代表诉讼诉权的行使施加了严格的限制，且允许公司在诉讼中对原告股东所提代表诉讼是否符合公司最佳利益进行抗辩，不应再赋予公司阻止诉讼权。[2]此外，赋予公司阻止诉讼权违背了股东代表诉讼制度设置的目的，其公正性值得怀疑，也不符合该制度的公共利益价值追求。[3]笔者认为，应允许公司向法院要求终止代表诉讼，但这样的要求必须要有合理的依据，并且法院必须有对公司的不受理或终止代表诉讼的要求进行最后审查的权力。赋予公司在严格程序和实体条件限制下的阻止诉讼权具有坚实的理论基础和现实意义：

第一，允许公司阻止某些代表诉讼符合设立股东代表诉讼制度的目的。代表诉讼实际上是在公司机关可能由于公司受内部同僚关系的影响或受相关责任人实际控制等原因难以亲自提起诉讼的情况下，而由股东代位公司提起的诉讼。原告股东行使的是原本属于公司的诉权，代表诉讼设立的目的主要是为了保护公司的利益。从这一立法目的出发，任凭公司机关对是否提起诉讼进行判断是不合适的。但从公司自治原则出发，完全否认公司对代表诉讼的判断权，强行规定公司不得妨碍股东提起代表诉讼也并不合理。[4]因为诉讼一旦被提起，不仅是被告，公司的许多关系人都会受到不同程度的影响。不管原告股东的动机和目的如何，由公司机关阻止那些不符合公司最佳利益的

---

〔1〕 刘俊海：《股份有限公司股东权的保护》，法律出版社 2004 年版，第 345—346 页。

〔2〕 杨路：《股东派生诉讼问题研究》，载《人民司法》2003 年第 3 期。

〔3〕 刘金华：《股东代位诉讼研究》，中国政法大学 2007 年博士论文，第 112—113 页。

〔4〕 [日]白田田公明：《株主代表诉讼の终了と裁判所の关与》，载《福冈大学法学论丛》1997 年第 42 卷第 1 号第 122 页，转引自蔡元庆：《论公司机关在股东代表诉讼中的权限》，载《法学》2005 年第 10 期。

诉讼，以避免公司因此类诉讼而蒙受更大的损失，都符合设立代表诉讼的目的。特别是在强调“企业社会责任”的背景下，公司利益和股东利益可能会存在不一致的状况，股东利益的最大化并不意味着公司利益的最大化，因此在一定情形下股东和法院都应当尊重公司作出的不起诉或终止代表诉讼的决定，特别是公司已经就其决定给予了充分说明、提供了足够证据的情形。

第二，允许公司阻止某些代表诉讼是对公司独立法人格的尊重。股东代表诉讼的提起仍属股东权救济之例外情形，公司独立于其股东的法律地位应获得必要的尊重。是否就公司所受之损害提起诉讼，公司应享有最初的决定权，不允许股东随意对公司内部事务说长道短。〔1〕除非由于公司机构成员与代表诉讼针对的行为有利害关系、导致公司机构缺乏必要的独立、公正的成员而无法运转外，不应排除公司治理机构就代表诉讼进行经营判断。不允许公司机构阻止某些无价值代表诉讼，实质上等于否认了公司治理机构在代表诉讼提起时应有的法律地位。其实，有具有独立性的公司机关代表公司进行决策判断时，往往比股东个人能更全面地考虑诉讼对公司利益的影响。至于有人担心允许公司阻止某些代表诉讼将鼓励公司机构与有过错的成员（如董事、监事、经理等）恶意串通、互相包庇问题，其实并不难解决，因为公司的这种权力并不是绝对的，法院有权对公司机构成员之独立性进行调查；原告股东也可向法院举证参与决策的公司机构成员丧失其独立性的事实，若被法院采信，原告仍可提起代表诉讼。

第三，允许公司阻止某些代表诉讼有利于实现维护公司效率和保护公司及小股东利益之间的平衡。股东代表诉讼涉及复杂的利益关

---

〔1〕 张明远：《股东派生诉讼法律制度研究》，载杨立新主编：《民商法前沿》（第1、2辑），吉林人民出版社2002年版，第275页。

系，在制度的设计上理应充分考虑各种利益的冲突与协调。通过公司机关的初步决策，既可阻却一些不符合公司最佳利益的甚至是毫无意义的诉讼，还可避免法院对公司内部事务的过多干涉，有利于维护公司的经营效率。另外，由于公司阻止某些代表诉讼的权力有严格的实体和程序限制，还要接受法院的最终审查，这使得公司机构也不得随意去阻却股东提起诉讼，而应根据公司的最佳利益诚实地作出是否阻止某些代表诉讼的决策，并需向原告股东阐明其理由；并且，原告股东如有证据证明公司机构所做的阻止代表诉讼的决策缺乏独立性及公正性时，法院也不会驳回诉讼。

最后，日本没有类似英美法系依公司机关之经营判断来驳回代表诉讼的规定，并不能成为我国也这样做的原因。日本之所以不允许公司有权阻止代表诉讼，究其原因，在于它们允许的代表诉讼范围相对较窄。从其代表诉讼被告的范围来看，日本1999年《商法典》267条将代表诉讼的被告范围仅限于董事，2005年《公司法》则将被告范围扩大到发起人、监事、清算人以及以不公正的价格认购新股的人、借行使股东权利之机从公司获得不正当利益的股东，但不包括审计人员、公司机关以外的其他人；从其可提起代表诉讼的责任范围来看，还往往将可通过代表诉讼追究的被告责任，限于有重大过失或存在违反忠实义务等不能由董事会或股东会决议免除的情形。正如我国台湾学者柯菊所言："就台湾公司法和日本商法而言，既不如美国广泛地承认代表诉讼，则限于公司不正当地拒绝起诉始认许股东所提代表诉讼，并无必要。"[1]并且，日本公司立法中引入了提诉股东的费用担保制度，增加了股东提起代表诉讼的难度与风险。即便如此，防止股东滥

---

〔1〕 柯菊：《股份有限公司股东之代表诉讼》，载林咏荣主编：《商事法论文选辑》（上），台湾五南图书出版公司1984年版。

诉仍然是日本股东代表诉讼制度立法中的主要任务之一。而从我国现行《公司法》第149条、第151条的规定来看,股东代表诉讼的适用范围是非常广泛的。故此,日本的做法并不适合我国借鉴。何况,即使在日本国内,应允许公司阻止某些代表诉讼的呼声也从未间断过。

当然,目前我国刚引入股东代表制度不久,现实中公司治理机制尚未完全理顺,公司及小股东利益保护很不充分,从保护公司及小股东权益的角度出发,似不宜给股东提起代表诉讼设置太多的障碍。赋予公司阻止诉讼权之后,不宜再像日本立法那样引进费用担保制度。[1]

二、行使阻止诉讼权的判断机关

如前所述,美英两国公司立法或判例法直接或间接赋予公司机关阻止代表诉讼的权利,而日本及我国台湾地区公司法目前尚无类似规定,故笔者主要考察美、英两国的相关规定。

(一) 美、英两国公司行使阻止诉讼权的判断机关

在英美法系,不存在与董事会相平行的监事会,故公司阻止代表诉讼的判断机关通常是董事会或其下设的委员会。

根据《美国标准公司法》第7.44条的规定,公司的董事会[7.44(b)(1)]、董事会下属委员会[7.44(b)(2)]、法院按公司要求指定的工作组[7.44(f)]都可以作为公司终止代表诉讼的判断机关。[2]公司董事会或其下属委员会终止派生诉讼的决定必须要由董事会中的大多数独立董事作出或董事会中大多数独立董事任命的2到3名特别诉讼委员会的董事作出。不同于前两类主体的是,法院指定的工作组并非从公司内部自主产生,其成员也不一定非得是公司董事,法院也

---

〔1〕 对该问题的具体论述将在本书第五章第二节展开。

〔2〕 沈四宝编译:《最新美国标准公司法》,法律出版社2006年版,第85—86页。

无接受公司推荐的人选的义务，即人员的选择取决于法院[7.44(f)]。公司请求法院任命工作组，多是由于找不到独立的董事，或者该等董事没有时间或不愿对应否请求法院驳回代表诉讼发表意见等。[1]对于法院任命的工作组，其独立性是不容怀疑的。从该条对公司机关限制的规定来看，一切限制条件都旨在保证决策董事的独立性。法院在认为作决定的董事是独立的情况下不会对董事决定的合理性进行审查。

依据ALI《公司治理原则》第7.08条的规定，董事会或经董事会适当授权的委员会可以作出请求法院驳回代表诉讼的决定。为了保证其独立性，董事会可以选择扩大或变更其组成人员而增加新成员（“扩大董事”），这些新成员一般不会被质疑有偏见或利益冲突，或者授权两名或两名以上的无利害关系董事组成委员会作出决定。[2]

在特拉华州，终止代表诉讼的决定既可以是董事会做的，也可以是董事会任命的特别诉讼委员会作的。在Zapata Corp. v. Maldonado一案中，特拉华州总结了对董事会或其选任的特别诉讼委员会决定终止代表诉讼的司法审查方法和标准。无论是股东在向董事会要求对违反义务的董事提起诉讼被拒绝后针对这些违反义务的董事提起的诉讼，还是股东向法院解释向董事会提出要求的徒劳无用性而直接提起的诉讼，董事会或特别诉讼委员会都可以代表诉讼有害于公司而决定终止这样的诉讼。[3]

根据英国《民事诉讼程序规则》第19.9条和2006年《公司法》的

---

〔1〕 张明远：《股东派生诉讼法律制度研究》，载杨立新主编：《民商法前沿》（第1、2辑），吉林人民出版社2002年版，第260页。

〔2〕 美国法律研究院：《公司治理原则：分析与建议》（下），楼建波等译，法律出版社2006年版，第655页。

〔3〕 Zapata Corp. v. Maldonado, 430 A. 2d 779 (Del. 1981).

规定,公司独立机关不起诉决定是法院判断是否继续代表诉讼的重要参考。在 Smith v. Croft (No. 2)一案中则直接赋予公司独立机关不予起诉决定具有阻止股东提起代表诉讼的效力,但英国法并没有明确公司的独立机关是什么?公司的独立机关是指独立董事还是独立股东,还是二者都是?在 Smith v. Croft (No. 2)一案中,Knox 法官认为:合适的独立机关将随着公司章程和被告身份的不同而有所不同,这样,合适的独立机关可能是一群股东、董事或董事的一个委员会,甚至在一些情况下根本不存在独立机关。独立机关意见的重要性会随着其规模的大小而不同,而在大多数情况下,被告的投票权应当被剥夺。[1]在实践中,如何判断相关机构的独立性也存在一定的问题。Knox 法官在 Smith v. Croft (No. 2)一案中,原则上同意上诉法院在 Allen v. Gold Reefs of West Africa Ltd. 一案中适用的标准,即行使投票权是否诚信地为了公司整体的利益。[2]

从上述分析我们不难看出,美、英两国公司决定是否行使阻止诉讼权的判断机关虽有不同,但都是以保证公司机关决策人员的独立性、公正性为核心,独立性本身即是公正性的保证。但如何认定公司判断机关的决策成员是否具有独立性并未形成统一的判断标准。在美国的一些相关判例中,法院也并没有严格区分"没有利害关系"与"独立性",而是经常将两者混用。"一般情况下,法院在审查特别诉讼委员会是否有利害关系或是否具有独立性时,所考虑的要素主要有:(1)委员会的成员是否为股东代表诉讼被告中的一员或者是否被追究个人责任;(2)对于与代表诉讼相关的董事的行为,董事会当初作出承诺时该成员是否参与;(3)诉讼原因发生时是否为该公司董事会

---

〔1〕 李小宁:《公司法视角下的股东代表诉讼——对英国、美国、德国和中国的比较研究》,法律出版社 2009 年版,第 73 页。

〔2〕 同上书,第 73—74 页。

的成员;(4)其成员是否与股东代表诉讼的被告中的一人或者数人有工作上或者社会上的关系等方面。”[1]另外,从对《美国标准公司法》第7.44(c)(3)条的反对解释中也可以看出,如果某董事因其批准的交易行为而获得了个人利益,无论是金钱利益还是无形的非经济利益,比如以批准交易换取个人升迁等,也根本谈不上独立性的问题。[2]

(二)我国公司行使阻止诉讼权的判断机关

我国应由哪一公司机关作为阻止代表诉讼的判断机关,核心的问题还是要考虑其能否具有独立性及其在现实公司治理中的地位。我国的公司治理机构不同于英美法系的单层制结构,采取的是双层制,即同时设董事会(执行董事)和监事会(监事),这就决定了我国不能照搬英美国家的做法,但美国公司法中规定的特别诉讼委员会等制度却仍值得我国借鉴。

1. 董事会能否作为公司阻止代表诉讼的判断机关

我国《公司法》规定的股东代表诉讼被告的范围虽然非常广泛,但最常见代表诉讼的还是针对公司董事及经理等高管人员的。在中国这个高度人情化又官僚风气盛行的社会,很难让董事会成员在面对可能有问题的同僚时保持诚实、公正的品质。另一方面,我国也不像美国公司那样股份高度分散化,大多数公司的股份都相当集中,董事会往往被大股东董事或控股董事所把持,很多时候甚至是在正常的经营决策时,让董事会“核心层”之外的董事发出真实的声音都是非常困难的。这又如何保证董事会的独立性呢?

或许有人会认为,我国已在上市公司实施了独立董事制度,是否可以由董事会的独立董事组成类似美国那样的特别诉讼委员会来作

---

[1] 蔡元庆:《董事的经营责任研究》,法律出版社2006年版,第87页。

[2] 张明远:《股东派生诉讼法律制度研究》,载杨立新主编:《民商法前沿》(第1、2辑),吉林人民出版社2002年版,第260页。

为阻止代表诉讼的判断机关。这种想法显然是没有考虑我国独立董事制度实施的现状,近年来独立董事被动甚至是主动边缘化的趋势非常明显。究其原因,中国的独董成花瓶并非个人问题,而是在董事会比例太低,又由大股东决定。有人在调查中发现,超过 90% 的独立董事是通过上市公司主动发放的资料来获得上市公司相关信息;大多数参加调查的独立董事表示从未行使或准备行使包括向董事会提议聘用或解聘会计师事务所(89.5%)、或向董事会提请召开临时股东大会(78.9%)、或提议召开董事会(73.7%)、或独立聘请外部审计机构或咨询机构就上市公司进行审计或调查(73.7%)、在股东大会前公开向股东征集投票权(94.4%)等权力。有的董事戏称自己是“花瓶董事”或“人情董事”。[1]在独立董事主动边缘化的背后,更多的其实是无奈,除了积极配合董事会的工作,安心做个“橡皮图章”外,还能怎样呢?一方面,独立董事的待遇不足以让其尽心尽责,和其他非独立董事的待遇相比,差别是不可以道理计的;另一方面,如果不听话,除少数资历深、名气大的独立董事外,一般的独立董事可能很快就会失去作为该公司独立董事的机会,更何况很多独立董事本来就是因人情关系被聘为独立董事的。话又说回来,即使你有积极性去发挥作用,恐怕也没机会。此外,现有的独立董事制度主要是针对上市公司的,对非上市公司并没有强制性要求,我国的上市公司毕竟是少数,对于众多的没有设立独立董事的非上市公司如何去运作呢?故董事会或独立董事不宜作为公司阻止代表诉讼的判断机关。

2. 股东大会能否作为公司行使阻止诉讼权的判断机关

股东可否在提起代表诉讼之前向股东大会提出请求?从法律的

---

〔1〕 李明良:《上市公司独立董事边缘化及其对策》,载《国际金融报》2004 年 8 月 20 日第 7 版。

角度看，股东们作为公司的剩余资产所有者应该可以决定是否阻止代表诉讼；就我国而言，股东大会是公司的最高权力机构，也应该有权决定是否同意原告股东提起的代表诉讼，如果这样，也可能对防止诉权滥用型的代表诉讼会起到一定的作用。但问题是，股东作为集体在作出是否阻止代表诉讼时会面临集体行为问题，股东大会作为公司的非常设机构，是否可以随时召开会议应对股东的提诉请求、是否会提高股东大会的运作成本？大多数中小股东是否有能力和意愿去花费精力认真审核提起代表诉讼是否符合公司的最佳利益呢？此外，在一些公司，股东大会实际上往往由公司的经营者所支配，其结果是董事会会借用股东大会的名义达到其阻止代表诉讼的目的〔1〕，还会人为拉长股东提起代表诉讼的诉前准备时间。显然，由股东大会作为公司阻止代表诉讼的判断机关既不现实，也不经济。

3. 监事会能否作为公司阻止代表诉讼的判断机关

表面上看，由监事会作为公司阻止代表诉讼的判断机关较具合理性，也更符合现行立法的意图。主要理由是：其一，由监事会作为公司阻止代表诉讼的判断机关更符合现行立法对监事会的定位和公司治理结构安排。根据我国现行《公司法》第 51、53、54、117、118 条的规定，监事会（监事）是代表股东（大）会对公司董事会、董事及经理等高管人员履行经营监督职权的机构，其成员组成和监事会领导层的产生相对于董事会更具有多样性和灵活性，并且明确排除董事、高级管理人员不得兼任公司监事，这种制度安排使得监事会（监事）的地位相对超脱，相较于董事会更易和公司管理层保持距离。同时，公司法也赋予监事会（监事）检查公司财务、对有问题公司高管提出罢免的建议以

〔1〕 蔡元庆：《股东代表诉讼中公司的地位和作用——以美国特别诉讼委员会制度为中心》，载《中外法学》2006 年第 4 期。

及列席董事会会议并对董事会决议提出质询等权利,这些规定如能落到实处,是能够在一定程度上保证监事会纠正公司管理层的违法、违规行为的。《公司法》第151条也明确规定股东提起针对公司董事、高管人员实施的损害公司利益行为的诉讼前应向监事会(监事)提出请求,实际是把公司是否亲自追究董事、高管人员责任的判断权赋予了监事会。其二,我国的监事会与美国的特别诉讼委员会在制度功能上有着共通之处。前已述及,美国公司采取的是单层制结构,独立董事及主要由独立董事组成的特别诉讼委员会在公司治理中主要发挥对公司经营者进行监督的作用,这与我国监事会的法律定位较为相似。从对诉讼恰当与否之判断权的角度来看,如果监事会从公司及大多数股东的利益出发,认为通过诉讼追究董事、高管人员责任并非最佳选择,公司法也赋予其像美国特别诉讼委员会那样的权限,理论上也并非完全没有探讨的余地。[1]

但现实情况并不是这样。如前所述,美国公司法将与代表诉讼相关的权限赋予特别诉讼委员会,最重要的要求是该委员会必须具有独立性。是否具有独立性,是决定某公司机关能否作为公司阻止代表诉讼的判断机关的最核心标准。但我国目前的监事会在独立性方面还远不能让人放心。以相对比较规范的上市公司为例,现行相关立法的立法目是希望监事会能够代表股东大会,对董事会、董事、经理等高管人员切实履行经营监督职权,但因现行立法过于粗疏,可操作性不强,现实中也难以真正有效的落实。法律虽然规定由股东大会和职工民主选举产生监事,但实质上监事的提名和最终选举全操纵于董事会与经理层手中,股东大会往往只是例行公事。虽然名义上监事会与董事

[1] 蔡元庆:《股东代表诉讼中公司的地位和作用——以美国特别诉讼委员会制度为中心》,载《中外法学》2006年第4期。

会地位是平行的，但事实上在许多上市公司中，主要由工会主席、党委副书记、纪委书记、财务科长组成的监事会，无法独立于董事会。许多上市公司监事会主席或监事长根本不具备基本的财务知识，他们审计财务报告常常是在走过场，监事会对公司事务根本不知情，也不知道公司资产的经营状况。[1]上市公司如此，其他公司的情况就可想而知了，难怪有学者把监事会讽喻为“聋子的耳朵”。现实中监事会的这种状况恐怕很难承担作为公司阻止代表诉讼的判断机关这一重任。

我国可借鉴美国的特别诉讼委员会制度，对现有的独立董事和监事会制度进行改造，加强并保障各自的权利，让两者分别在不同情况下作为公司阻止代表诉讼的判断机关。具体论述如下：

首先，对于设立独立董事的公司，要理顺监事会与独立董事的监督职能。独立董事要坚持以业务执行监督为主，财务监督为辅的原则；在业务监督职能上，要坚持以妥当性监督为主，以合法性监督为辅的原则。监事会监督职能以公司财务全面监督为主，以业务监督为辅；在业务监督职能上，要以合法性监督为主，以妥当性监督为辅。[2]根据这一职能划分，在设立独立董事的公司，在董事会下设全部由独立董事组成的诉讼委员会，由董事会或该委员会作为公司阻止代表诉讼的判断机关。具体来说，如果股东针对监事提出起诉请求，由董事会或其下设的诉讼委员会作出判断，其中董事会作为判断机关时，参与作出决定的独立董事必须占多数；如果股东针对董事、经理等公司高管人员提出起诉请求，则由董事会下设的全部由独立董事组成的诉讼委员会作为公司的判断机关。这样做，既可避免设立独立董事的公

---

〔1〕 王林清：《上市公司监事会之殇——11 年目睹之怪状》，载赵旭东，宋晓明主编：《公司法评论》2005 年第 2 辑。

〔2〕 李建伟：《论我国上市公司监事会制度的完善——兼及独立董事与监事会的关系》，载《法学》2004 年第 2 期。

司中监事会和独立董事的监督职能重叠，反而会容易造成扯皮、推诿，又可尽量使判断机关和代表诉讼的被告保持距离，保证其真正发挥监督作用，减少公司判断机关作出不正常决定的可能性。

其次，不设独立董事的公司，应允许监事会根据公司规模等实际情况聘请适当数量的独立监事，在监事会下设全部由独立监事组成的诉讼委员会，由监事会或其下设的诉讼委员会负责对股东提出的起诉请求进行判断和决定是否向法院申请终止代表诉讼。具体分工是：如果是涉及董事、经理等高管人员的诉讼，可由监事会或由监事会选任的独立监事组成的诉讼委员会作为判断机关，其中监事会作为判断机关的，参与决定的成员多数应为独立监事；如果涉讼的被告是监事，则由监事会选任的全部由独立监事组成的诉讼委员会作出相关决定。如果公司独立的监事不足两人，可借鉴美国的做法，由公司请求法院任命工作组对驳回诉讼是否符合公司最大利益进行调查。如果调查的结果是肯定的，则直接驳回诉讼；如果调查的结果是否定的，法院也可依此对案件继续下一步的审理。法院指定的工作组成员的独立性、判断结果的合理性以及主观上善意，被推定成立，由持反对意见的股东承担其中任何一个方面不成立的证明责任。

最后也是最重要的是加强和保障监事会或独立董事的监督权，保障其独立性。赋予和落实监事会人事任免权、独立监事的聘用权、公司代表权及诉讼代表权，扩充监事会在财务监督方面的职权，明确其作为公司法定监督机构的地位。对于独立董事，应明确并落实其任职资格、任免程序、任期、薪酬待遇、责任追究及为独立董事购买责任保险等问题，明确并保障独立董事的监督权，以保证独立董事在公司重大经营事务和小股东权利保护方面对公司董事、经理等高管的监督制约能力。

三、公司阻止诉讼决定的法律效力

（一）美国法院批准公司阻止代表诉讼决定的条件

《美国标准公司法》在第7.44(a)、7.44(e)中对公司作出的诉讼应驳回的决定产生法律效力的条件和证明责任分担做了规定。第7.44(a)规定的条件包括三个：其一，公司在作出决策前进行了合理的调查；其二，董事们的决策是出于善意的；其三，建立在合理调查基础上作出的决策的结果是认为继续代表诉讼不能实现公司的最大利益。第7.44(e)规定的证明责任的分担则是：如果在作出决策时，董事会成员多数不包含独立董事，应由公司证明第7.44(a)的要求已经得到满足；如果在作出决策时，董事会的多数中不包含独立董事，则应由原告股东证明第7.44(a)的要求并未得到满足。在此条件下，法院可以按照公司的申请不予受理一项代表诉讼。[1]

因该法第7.42节要求股东必须满足已经向公司提出过书面请求的条件方可起诉，故不能实行将原告股东须向公司提出起诉请求和可以免除向公司提出起诉请求两种情况区别对待的做法。相应地，法院也没有采取对董事会或诉讼委员会终止代表诉讼的决定进行除经营判断规则之外的进一步合理性审查的标准。而根据第7.44(e)对证明责任的分配，公司在董事会成员的多数非由独立董事构成时，作出终止代表诉讼决定的成员必须证明第7.44(a)的要求已经得到满足，否则，法院不采纳其经营判断结果。其实，第7.44(a)中规定的条件，也仅仅是为了保证董事会或诉讼委员会所做之经营判断在程序上的正当性。可以说，《美国标准公司法》规定的审查标准和程序安排并未突破经营判断规则。

---

〔1〕《最新美国标准公司法》，沈四宝编译，法律出版社2006年版，第85页。

ALI《公司治理原则》第7.09和第7.10条分别规定了对公司依第7.08条提起的请求驳回代表诉讼的申请进行审查的程序标准和实体标准，即采取分两步审查的方法：第一步，法院应审查公司终止代表诉讼决定的程序要件。第7.09(a)建议的程序条件包括：(1)董事会或委员会必须是由2个或2个以上的与案件没有利害关系的人组成，并能作为一个整体在该情况下作出客观判断；(2)董事会或委员会应该在必要时获得律师或其他机构的协助；(3)董事会或委员会的决定必须是在充分了解情况、并经过认真审查和评价的基础上作出的；(4)董事会或委员会在决定向法院请求驳回原告的起诉时，必须向法院提交一份详细说明其决定情况的报告或其他书面材料。如果法院认为董事会或委员会的审查评估程序严重偏离上述标准，将不会批准该驳回代表诉讼的申请。如果董事会或委员会的驳回代表诉讼的申请符合7.09(a)建议的程序条件，法院将依据7.10建议的实体标准进行第二步审查。该标准是根据案件的法律特点不同而采取不同的标准：如果代表诉讼指控的是跟董事注意义务有关，除非公司的决定不符合经营判断规则，法院就应该批准驳回起诉；如果被审查的代表诉讼是和董事违反公平交易义务有关，法院则会采用更严格的审查标准，公司终止代表诉讼的决定不仅必须符合公司的最大利益，还必须让法院相信该决定是依“可信赖的理由”为基础作出的；如果违反义务的不当行为将使被告董事或其关联方获得巨大的不当利益，董事会或委员会就必须承担更重的证明责任，但只要有具体的理由让法院认定继续诉讼对公司可能产生的损害会大于终止诉讼而产生的对公众利益的任何不利影响，代表诉讼也应被终止。[1]

---

〔1〕 美国法律研究院：《公司治理原则：分析与建议》(下)，楼建波等译，法律出版社2006年版，第660—661、676—678页。

在特拉华州早期的判例中，对是否终止代表诉讼的审查，都坚定地采纳董事经营判断规则，法院考虑的重点问题是董事会或特别诉讼委员会的董事们是否独立于受指控的董事，他们是否进行了合理的调查，是否诚实地作出该决定。但特拉华州最高法院在 1981 年的 Zapata Corp. v. Maldonado 一案中，却通过重新分配证明责任的方式，确立了一个分两步走的适度审查标准。第一步要求终止代表诉讼请求人负责证明诉讼委员会的独立性和主观上的善意、调查的合理性以及支持其决定的理由。第二步审查，法院是用其自身的经营判断来决定是否批准终止诉讼的请求。除了考虑公司的最大利益外，法院往往还会考虑公共政策方面的因素。但特拉华州最高法院随后又在 1984 年的 Aronson v. Lewis 一案中明确，这一分两步走的审查标准仅适用于那些事先不需要请求程序的代表诉讼，对于那些需要请求程序的案件，对于公司的决定的审查标准，仍适用传统的经营判断规则。[1] 依此，我们不难看出特拉华州在 Zapata 等案件中的做法实际上是对原告股东需要向公司提出起诉请求和可以免除向公司提出请求这两种情况采取不同的审查标准，对前者仍然采取经营判断的审查标准，对后者则采取分两个步骤进行更深一层的合理性审查。

综上所述，《美国标准公司法》虽然在对公司终止代表诉讼的决议进行审查时对原告股东和公司之间的证明责任做了重新分配，但采取的标准仍然是经营判断规则。ALI《公司治理原则》采取了分别进行程序要件审查和实体要件审查的分两步走的司法审查原则，其中，程序审查标准不区分不同类型的代表诉讼，采取的是相同的标准；实体审查标准则根据案件的法律特点不同而采取不同的标准：如果是涉及董

〔1〕 张明远：《股东派生诉讼法律制度研究》，载杨立新主编：《民商法前沿》（第 1、2 辑），吉林人民出版社 2002 年版，第 257、258 页。

事违反注意义务的诉讼,实体审查标准是经营判断规则;如果是涉及董事违反公平交易义务的诉讼,实体审查标准是必须同时满足公司的经营判断和法院认为相关具有“值得信赖的理由”这两个条件;对涉及保留重大不当利益的诉讼,则采取更严格的标准。特拉华州则区分股东起诉前需向公司提出起诉申请和起诉前不需向公司提出起诉申请两种不同的类型分别规定不同的审查标准:对前者,法院的审查标准是经营判断规则;对后者,则采分两步走的司法审查原则:首先审查公司决定是否符合传统的经营判断规则,如果符合,还要以法院自身的经营判断为标准进行第二步审查。

(二) 我国公司阻止代表诉讼决定的法律效力

基于我国目前公司立法水平、公司治理现状和法官素质良莠不齐的现实,我国有必要借鉴 ALI《公司治理原则》第 7.09 和 7.10 条规定的分两步走的审查模式和标准,对符合该审查标准的公司驳回代表诉讼的申请,法院应予批准;对不符合该标准的决定,法院应继续对该诉讼进行审理。

第一步,法院要审查作出不起诉或终止代表诉讼的决定的公司判断机关组成人员的独立性、相关决定作出的程序是否符合规定的标准。无论由哪一公司机关作为阻止代表诉讼的判断机关,对其是否具有独立性都是首先要进行严格把关的。因为美国公司法极为发达,独立董事制度相当完善,特别诉讼委员会制度也经过了多年实践的检验,加之其具备相当高水准的法官队伍,在这样的背景下,董事会或诉讼委员会的独立性问题并不像我国这样突出,故在《美国标准公司法》和特拉华州公司立法及判例中也就没有特别严格地强调作出相关决定的人员的独立性审查。即便如此,《美国标准公司法》第 7.44(e)条通过证明责任的重新分配,其实也间接地加强了法院对公司判断机关是否具有独立性的审核。

我国法院在判断作出不起诉或终止代表诉讼决定的公司机关是否具有独立性和作出相关决定的程序是否规范时，主要审查内容应包括：(1)作出相关决定成员与被诉的行为或相关责任人是否具有利害关系。作出相关决定的公司机关成员必须全部是没有涉及被诉行为的，没有任何明显的可能倾向于责任人的因素，包括与被诉人员是否存在亲属或亲密的朋友关系、是否曾或将来可能受惠于被诉人员等。(2)相关决定必须是由2人(含本数)以上的完全独立的董事或监事通过匿名投票的方式一致同意情况下作出的；如果公司难以选出2个以上具备独立条件的人，可借鉴美国的做法，由公司请求法院任命具有相关财会、法律专业知识的人员组成工作组对驳回诉讼是否符合公司最大利益进行调查，对于法院选定的人员则推定其具有独立性，除非原告股东有相反的证据证明其不具有独立性或其独立性存疑。如果是由监事会或董事会作出的相关决定，必须要审核其中的独立监事或独立董事是否是在参与决作出该决定的人员中占多数。(3)相关决定是否是在参与作出决定的人员充分了解相关信息、并经过认真审查和评价的基础上作出的。(4)公司是否向法院提交了据以作出该决定的详细说明报告或其他必要的书面材料。

如果在第一步的审查中得到的结论是否定的，即相关的公司机关不具有独立性或独立性存疑，或相关决定作出的程序难以保证判断的客观性，法院将继续该代表诉讼；如果审查得出的结论是肯定的，则进入第二步实体审查阶段。在实体审查阶段，我国也应根据诉讼所涉被诉行为的法律特点采取不同的审查标准。如果被诉行为仅涉及董事、经理等高管人员违反对公司的勤勉义务，法院可仅以经营判断规则为审查标准；如果被诉行为涉及董事、经理等高管人员违反对公司的忠实义务，则应予以更严格的审查，即公司请求法院驳回诉讼的决定不仅要满足适用经营判断规则的条件，还必须让法院相信该决定是依

“可信赖的理由”为基础作出的。法院在审查该决定是否基于“可信赖的理由”时，法院应审查公司的调查是否充分，董事会参与交易的深度，股东诉讼的性质和董事会或委员会支持他们终止诉讼的理由的可信性等。[1]如果诉讼所涉被诉行为涉及董事、经理等高管人员故意违反法律，法院的审查标准应更为严格。因为，公司董事、经理等高管人员故意违反法律的行为、违反对公司的忠实义务的行为相对于仅违反对公司的勤勉义务的行为来讲，性质显然更为恶劣，后果可能更为严重，而且这些被诉行为通常都是相关行为人有意为之。而对那些仅涉及违反对公司的勤勉义务的被诉行为，法院就不应进行过度的审查，目的是为了维护公司的经营效率，防止司法权对公司经营活动的过度干预。不难理解，对于公司经营事务，公司董事等高管理人员相较于法院而言具有更好的条件来作出比较快捷、有效、合理的判断。

相比之下，《美国标准公司法》和特拉华州公司法及其判例确定的审查标准就不太适合我国公司治理的实际。两者规定的审查标准基本上限于公司申请驳回代表诉讼的决定必须满足经营判断规则，特拉华州在 Zapata 一案中确定的分两步走司法审查标准也仅适用于起诉前不需向公司提出请求的代表诉讼，因为在特拉华州更多的代表诉讼案件是通过此种方式提起的，这种分两步走的审查标准在特拉华州也许是有效的。但是在我国，原告股东不需经过《公司法》第 151 条规定的前置程序就可提起代表诉讼的情况只能是在特定情形下才可能发生，显然不可能大范围出现。法院仅根据经营判断规则来决定是否批准公司终止股东代表诉讼的申请，在一股独大仍较普遍、公司治理远未规范、公司高管违法违规损害公司及小股东权益仍较普遍的我国是无法想象的。

---

〔1〕 郁光华：《公司法的本质——从代理理论角度的观察》，法律出版社 2006 年版，第 86 页。

四、经营判断规则的引入

法院判断相关公司机构作出的阻止诉讼决定是否应予支持的主要标准是经营判断规则，可以说该规则是阻止诉讼权能否确立的前提之一。故有必要对之展开探讨。

经营判断规则（Business Judgment Rule），又称商业判断规则，是19世纪在美国形成并发展起来的一个判例法理，后来逐渐被美国各级法院普遍采用。英国2006年《公司法》虽未将其成文法化，但在英国判例法中，法院普遍会利用经营判断规则来确定董事是否应对其实施的违反注意义务（我国《公司法》称之为勤勉义务）的不当行为承担责任。尽管经营判断规则最初产生于英美法系，但其影响已逐渐扩大到很多大陆法系国家，典型的如日本、德国。德国在2005年修订的《股份公司法》就引入法定的经营判断规则，根据该法第93条第1款的规定，如果董事的决定是基于适当的信息，并且该董事有理由相信其是为了公司的最佳利益，那么该董事并没有违反义务，但被告董事要承担证明责任；在日本，虽然一直存在诸多的争议，虽然没有将其成文法化，但司法实践中已经以判例的形式接受了经营判断规则。

我国现行《公司法》虽确立了股东代表诉讼制度，但没有引进经营判断规则，司法实践中实际上已有所涉及。[1]根据该法第149条和第151条的规定，只要董事在执行公司职务时具有违反法律、行政法规或

---

〔1〕 例如，江苏省高级人民法院（2014）苏审二商申字第0224号"王存棉与上海绿地建设工程有限公司与公司有关的纠纷"民事裁定书认为："海博公司与绿地建设公司的上述行为均系各自公司正常的经营管理行为，并无损害一方公司利益的事实，且海博公司系家族企业，海博公司法定代表人王海军系王存棉之子，王海军基于公司经营管理之需要而未在王存棉起诉前同意以公司名义提起本案诉讼，亦不构成对公司其他股东利益的损害，故一、二审驳回王存棉的起诉并无不当。"该裁定虽未明确说明此认定是依据经营判断规则，但实际上有所涉及。

公司章程规定并给公司造成损失的，股东均可提起代表诉讼，要求其承担赔偿责任。根据该法第 147 条的规定，忠实义务和勤勉义务[1]都是董事对公司负有的法定义务。显然，现行立法没有对股东针对董事何种性质的不当行为可提起代表诉讼作出必要的限制。这意味着董事将可能对自己因正常的经营判断给公司带来的损失也要承担责任，会打击董事的经营积极性，对提高公司的经营效率非常不利，对董事也难免不公。如何合理界定董事因经营判断行为而给公司造成损失时所应承担责任的范围，即股东可以针对董事的哪些不当行为提起代表诉讼？笔者认为借鉴两大法系相关国家公司法中的经营判断规则不失为一个较为有效地途径，下面就此问题加以探讨。

（一）经营判断规则的涵义及其法理基础

1. 经营判断规则的涵义

对于经营判断规则的定义，至今还没有哪一个成文法对之作出具体的规定，人们通常引用的美国特拉华州最高法院的阐述："经营判断规则是指推定董事的经营判断是根据可靠的信息、善意地以及诚实地相信该行为是为了公司最佳利益而作出的。"[2]《美国标准公司法》第 8.30 条则对经营判断规则做了间接的规定，如果董事会的所有成员满足以善意的方式、以普通谨慎的人在类似情况下能够尽到的注意、以其合理地相信是符合公司最佳利益的方式处理公司事务等条件，就可以不对自己所实施的相关行为承担责任。[3] ALI《公司治理原则》在第 4.01(a)和(c)中也对经营判断规则进行了概括。(a)董事或高级主管应对公司承担诚信义务，其履行该义务的方式是要按照他(她)合理

---

〔1〕 我国公司法规定的董事、高管人员等对公司的勤勉义务，在国外也被称为注意义务或谨慎义务，名称虽不同，其实所指基本相同。

〔2〕 Aronson v. Lewis, 473 A.2d 805, (Del 1984).

〔3〕 沈四宝编译：《最新美国标准公司法》，法律出版社 2006 年版，第 101—102 页。

地相信是为了公司的最佳利益，并且是以一个普通的审慎的人在相同的地位、相似的情况下能够尽到的注意去履行其职责。(c)作出经营判断的董事或高级主管，符合下列条件的，就可被认为履行了本节中规定的诚信义务：(1)与该经营判断的有关事项没有利害关系；(2)合理相信其所知悉的有关经营判断事项的范围在当时情况下是恰当的；(3)合理地相信其所做的该经营判断是为了公司的最佳利益。在第4.01(d)中规又规定由主张董事违反了注意义务的原告股东承担对被诉行为不应适用经营判断规则的证明责任。比较而言，ALI《公司治理原则》对经营判断规则所做的明确和概括更具有参考意义，也更能反映美国各州对该规则的态度。上述概括被认为是与美国现今大多数州对该规则的法理解释大体一致。[1] ALI《公司治理原则》对经营判断规则的描述已经被认为是对该规则的最具权威性的概括，其所概括的几个适用要件，在实践中也具有一定的可操作性。

2. 经营判断规则的法理基础

为何无论是英美法系还是大陆法系众多国家都直接或间接采纳或接受经营判断规则？其法理基础是什么？

首先，经营判断规则可以将董事的责任限定在一个合理的范围内，有利于维护公司经营效率。现代企业无时无刻不处在一个激烈竞争的环境中，公司经营环境复杂多变，充满着极大的不确定性，现实中的商机也转瞬即逝。因此，现实中公司经营者的很多经营决策都是依据有限时间内获得的有限的信息来分析处在变动不居的市场因素的基础上，运用其经营管理的专业知识所实施的综合判断。如果不分缘由地要求董事对自己实施的一切给公司造成损失的“误判”行为承担

---

〔1〕 美国法律研究院：《公司治理原则：分析与建议》(上)，楼建波等译，法律出版社2006年版，第159—160、161页。

损害赔偿责任，只会打击公司经营管理者的积极性，遏制其在公司经营中必要的“冒险”行为，公司经营效率必然大受影响，这显然也不利于享有公司经营成果剩余索取权的股东的利益。采纳经营判断规则并不意味着董事可以对自己给公司造成损失的不当行为不需要承担责任，而是将其责任限定在合理的范围内，以鼓励其从事具有重大潜在利益的诸如进入新市场、开发新产品、研发新技术等创新型或创业型经营行为，积极提高公司效率。即使从享有公司经营成果剩余索取权的股东的角度来看，其投资也不可能是只赚不赔的，既然愿意接受公司经营者管理公司经营事务，当然也应接受合理范围内的经营失败的风险。

其次，经营判断规则可以避免司法权对公司经营的过度干预。相对于公司经营管理者而言，法官并非经营专家，一般也不具有相关的专业技能，很难指望其作出比公司经营管理者更高明的判断。而依事后所掌握的事实或根据相关经营决策的结果来判断某项经营判断的合理性，显然有悖常理。依据英美法的传统，董事享有管理公司的权力，只要该种权力是被合理地利用，就不应当受到司法审查。经营判断规则实际上体现了法院不应对公司经营进行不当干预的原则，在对董事的某一项经营判断进行审查时，法院主要审核的是该经营决策作出的程序或过程，而不是其在实体方面的合理性。

最后，采纳经营判断规则是基于现代公司经营的现实要求，不同国家法律制度等方面的差异并不能成为阻碍其适用的理由。虽然经营判断规则产生于英美法系，但日本、德国等越来越多的大陆法系国家通过不同的方式接受该规则即是明证。

（二）我国引入经营判断规则的模式

对此，国外有两种典型的模式：一种模式是只在判例法中适用而不将其成文法化，典型的如英国、日本以及美国特拉华州等多数州的公司法。英国2006年《公司法》拒绝将经营判断规则成文法化，原因在于：其一，英国法院对董事的经营判断不作出事后判断本来就是英国长期确立的司法原则，在英国判例法中，法院不应不当干预公司经营观念是根深蒂固的。其二，不存在将其成文法化的现实理由，目前的判例法适用模式并未产生明显的不便；其三，成文法化的经营判断规则虽然可能具有更大的确定性，却可能不如普通法灵活。[1]日本在商法的多次修改过程中也曾试图将经营判断规则成文法化，但因受到很多学者的反对而最终放弃。反对的主要理由是用简洁的语言将经营判断规则的含义、适用条件等作出合理的归纳非常困难，况且，作为一项法院用以判断董事是否应承担责任的基准，将其明文规定在成文法中也无现实必要。但日本司法实践中，该规则却被许多法院所采纳，其适用基准也逐渐明确，这种确立模式也符合该规则作为判例法理的性质。[2]经营判断规则作为在美国发展出来的判例法理，在美国也主要是体现在判例法中，如公司法极为发达的特拉华州就没有将其成文法化，而且在不同州的判例中，其适用条件也存在差异。ALI《公司治理原则》对其适用基准的规定应该说是一个不小的突破，但该文件并不具有法律效力。不将该规则成文法化，主要是因为该规则内涵丰富，难以将其准确、简洁地在成文法中具体描述，成文法化虽然可以增加其确定性，但却不如判例法那样灵活。英美的悠久的判例法传统、过硬的法官素质和良好的法治环境，也有条件可以保证该规则不被滥用。

另一种模式是将经营判断规则成文法化，如2005年修改后的德国《股份公司法》第93条第1款，如果董事所做的经营判断是基于适

---

〔1〕 李小宁：《公司法视角下的股东代表诉讼——对英国、美国、德国和中国的比较研究》，法律出版社2009年版，第81—82页。

〔2〕 蔡元庆：《董事的经营责任研究》，法律出版社2006年版，第332页。

当的信息并有合理的理由相信其这样做是为了公司的最佳利益，那么他就没有违反义务。该规定被认为是借鉴了美国法上的经营判断规则，并与德国联邦高等法院1997年在“ARAG/Garmenbeck”一案中作出的司法判决类似。[1]这种成文法化的引入经营判断规则的模式，有助于将该规则的适用明确化，减少法院在适用中的随意性，其缺陷是很难对内涵丰富的经营判断规则作出具体、明确的描述。

由于我国缺少关于经营判断规则的相关立法和司法实践经验，现实中法官素质良莠不齐，司法腐败层出不穷，法院判例体系仍处在探索阶段，这就决定了我国在引入经营判断规则的模式上，难以像英、美和日本那样，通过判例法的方式确立该规则。当然，基于我国最高人民法院司法解释在司法实践中发挥重要作用的现实，可先由其通过司法解释的方式将该规则确定下来，并借鉴ALI《公司治理原则》第4.01(c)条的规定，将经营判断规则的适用条件加以明确。借助最高人民法院司法解释这种“准成文法”的形式，既可以减少或避免司法实践中在是否适用经营判断规则作为裁判依据方面的不统一，又不至于对现行立法进行大动干戈的修改；而适度地将该规则适用的条件明确化，则可尽量减少不同法院在适用该规则时的随意性。这似乎不失为一个权宜之策。

（三）经营判断规则的运作机制

国外对此主要有两种处理方式：一种是仅把经营判断规则作为法院审理案件的裁判标准，该规则不具有为董事提供“安全港”的功能。典型的如德国2006年修改后的《股份公司法》，该法规定股东可以提起代表诉讼的被告董事的不当行为限为被告董事存在欺诈或严重违反法律或公司章程的行为，在前置程序中，为了使法院受理诉讼，少数

---

〔1〕 胡晓静：《德国股东派生诉讼制度评析》，载《当代法学》2007年第2期。

股东必须证明被告董事存在欺诈或严重违反法律或章程的行为，否则，法院将不受理。法院如果在前置程序中受理该案，在接下来的正式审理程序中被告董事才可以受到经营判断规则的保护，但要由被告董事对之承担证明责任。这样，经营判断规则仅是作为法院审理案件时的裁判依据，只有在被告董事向法院证明其行为符合适用经营判断规则的条件时才可免责，故其不具有为被告董事提供“安全港”的功能。

另一种处理方式是经营判断规则既是法院审理案件的依据，又具有为被告董事提供“安全港”的作用，典型的如美国公司法。美国公司法中的经营判断规则既是一种诉讼法上的证明责任分配机制，也是一项实体法规则。[1]

首先，经营判断规则是作为一种推定规则适用的，对于董事等所做的经营判断，基于司法不应对公司正常经营进行不当干预的理念，法院会推定该经营判断行为是以善意和适当的方式作出的，作出该经营判断的董事等是合理相信其行为将符合公司最佳利益的。根据证据法上推定规则的适用原理，只要提诉股东举不出相反的证据证明被诉行为不应适用经营判断规则，否则，该规则就可适用。这种证明责任分配机制在把证明董事等的经营判断不符合经营判断规则适用条件的证明责任分配给了提诉股东的同时，也使董事等承担责任的可能性大为降低。

其次，在实体法上，经营判断规则是法院在特定条件下审理案件的依据。公司决定是否起诉董事等管理层成员以及是否向法院申请终止已提起的诉讼本身也是经营判断问题。[2]符合经营判断规则的

---

〔1〕 张开平：《英美公司董事法律制度研究》，法律出版社1998年版，第189—190页。

〔2〕 ［美］弗兰克·伊斯特布鲁克等：《公司法的经济结构》，张建伟等译，北京大学出版社2005年版，第113页。

公司不起诉或终止代表诉讼的决定是具有一定法律效力的，这种决定不仅对公司具有约束力，对法院审理股东代表诉讼案件也具有相当程度上的约束力。对于仅涉及董事等违反注意义务的案件，如果提诉股东不能证明公司作出的不起诉或终止代表诉讼的决定不符合经营判断规则的要求，法院就可以依公司不起诉或终止代表诉讼的决定而对该案不予受理或驳回起诉。[1]法院在审查公司所做的不起诉或终止股东代表诉讼的决定是否符合经营判断规则时，主要考察的是该决定作出的过程或程序，而不是其实体上的合理性。从这个角度来讲，经营判断规则可以排除许多针对董事等不存在严重过失的违反注意义务的行为所提起的股东代表诉讼，从某种程度上也起到了为董事等提供一个"安全港"的作用。这在美国如此，在英国也类似，因英国判例法中存在着实质意义上的经营判断规则，英国董事实际上也只需为其重大过失行为负责，对一般过失与轻微过失往往不会承担责任。[2]

通过比较不难看出，无论是德国还是美国都对股东可以提起代表诉讼的不当行为的范围进行了限制，只是德国的限制更大。但两者是通过不同的机制发挥经营判断规则的作用的，德国法是先直接通过立法限定股东只能就被诉董事的某些不当行为起诉，经营判断规则不是推定适用的；而美国则是借助经营判断规则的推定适用，间接地限定了小股东提起代表诉讼的不当行为的范围。

我国应做何选择呢？从现行《公司法》的规定来看，小股东既可对董事违反忠实义务的行为起诉，也可对其违反勤勉义务的行为提起代表诉讼，显然不同于德国直接限制股东提诉范围的做法，直接选择德

---

〔1〕 沈四宝编译：《最新美国标准公司法》，法律出版社2006年版，第85页；[美]美国法律研究院：《公司治理原则：分析与建议》(下)，楼建波等译，法律出版社2006年版，第660—661、676—678页。

〔2〕 任自力：《公司董事的勤勉义务标准研究》，载《中国法学》2008年第6期。

国的适用模式缺乏法律依据。似乎应该采取美国的适用模式。但我国是否具备美国那样深厚的司法不干预公司经营的理念,现有的司法制度和法官素质能否承担对极为复杂的经营判断规则进行自由裁量的重任呢？了解中国司法现状的人恐怕都不敢过于乐观。有鉴于此,应借鉴德国的做法,直接通过立法限制小股东针对董事提起代表诉讼的不当行为的范围,由被诉董事对其不当行为应受经营判断规则保护承担证明责任,当然在小股东提诉的不当行为范围的限制上不应像德国法那样严格。

可以允许小股东针对董事违反忠实义务的行为和有重大过失的违反勤勉义务的行为提起代表诉讼。小股东在向法院提起代表诉讼时应有合理证据证明被诉董事实施了给公司利益造成了损失的违反忠实义务或有重大过失的违反勤勉义务的行为,否则法院不应受理或受理后直接驳回起诉。在原告股东提供了合理的证据,法院经审查后已立案的,被诉董事如能证明其实施的不当行为受经营判断规则保护,则法院可批准公司终止代表诉讼的申请。如果股东是针对董事违反勤勉义务的行为提起的代表诉讼,在法院审查是否立案的过程中,如果公司机关提交了不起诉决定书,该决定书又提供合理证据能证明被诉行为符合经营判断规则,法院可以不受理小股东提起的代表诉讼;如果小股东是针对董事违反忠实义务行为提起的代表诉讼,又提供了合理的证据证明的,法院则应予立案。

（四）经营判断规则与我国董事义务的完善

我国现行《公司法》对董事义务及责任承担的规定主要体现在第112条第3款、第147条第1款、第148条和第149条,稍做分析我们就不难发现其中的缺陷:

1. 相关规定前后矛盾,本身存在冲突

例如,《公司法》第112条第3款的规定和第149条关于董事责任的一般性规定之间就互相矛盾：依据前者，董事仅在决议造成公司严重损失时，才可能承担赔偿责任；而依据后者，董事只要违反了法律、行政法规或公司章程，造成公司损失，就一律承担责任。况且，法律、行政法规或公司章程的内容属于强制性规定抑或任意性规定本身也可能存在一定的不确定性，准确判断董事是否违反了相关规定也存在一定的客观困难。再如，董事注意义务的范围至少应包括决策注意和监督注意两个方面，依据《公司法》第 112 条第 3 款，董事违反决策注意的，有过错并造成严重损失时才承担责任；而依据第 149 条，董事即时违反监督注意的，也一律适用有损失即应赔偿的规则。同是董事的勤勉义务，责任标准与归责原则却明显不同。[1]

2. 担责条件不科学，原则上不考虑董事的主观过错程度

依《公司法》第 149 条的原则性规定，董事承担责任的要件包括：(1)执行公司职务；(2)在执行职务的过程中违反法律、行政法规或者公司章程的规定，包括违反《公司法》第 147 条规定的注意义务；(3)给公司造成损失。从该条的规定来看，只要董事在执行职务时违反了该法第 147 条规定的注意义务给公司造成了损失就要承担赔偿责任，并不考虑董事行为时的主观状态是故意还是过失，是轻微过失还是重大过失。[2]

3. 对董事的忠实义务和勤勉义务的规定过于简单、模糊，可操作性不强

主要表现在：(1)立法上不仅没有严格区分忠实、注意义务，并将其分类具体化，而且也没有明确表述忠实、注意义务的具体涵义；(2)对忠实义务的列举不太周延，如没有篡夺公司机会的规定；(3)在

[1] 任自力：《公司董事的勤勉义务标准研究》，载《中国法学》2008 年第 6 期。

[2] 李中立：《董事违反注意义务之责任追究——以美国的经营判断法则为例》，载《湖北社会科学》2010 年第 3 期。

勤勉义务方面,《公司法》第 147 条虽做了概括性规定,但怎么运用于司法实践,没有任何的可操作性,没有任何衡量标准。

因此,现行《公司法》对董事义务的规定很不科学,股东的起诉对象也过于宽泛。即使引进经营判断规则,如果不对相关规定予以理顺和明确,指望司法实践中由法院自由裁量不现实,也很危险。故此,我国在引进经营判断规则的同时,还需要对董事义务的相关规定进行相应的改进和完善,才能较好地解决董事的责任范围问题。具体包括:

首先,应明确经营判断规则不适用于董事违反忠实义务的行为给公司造成损失的情形,但要科学归纳忠实义务的种类,如增加篡夺公司交易机会等常见情形。经营判断规则不适用于董事违反忠实义务的行为,在美国如此,在日本学界也基本对此达成共识。主要在于,违反忠实义务的行为大多表现为以牺牲公司利益为代价,为董事、高管人员个人或他人牟取私利,其性质远比违反注意义务的行为更为恶劣,更应得到惩罚。故此,对违反忠实义务的行为,在归责原则上各国更多采用无过错责任原则,在承担责任的方式上,违反忠实义务不仅要承担赔偿公司损失,还应返还因该违反忠实义务的行为而获得的所有利益。[1]这在我国《公司法》第 148 条第 1 款所列举的违反忠实义务的具体类型和第 2 款所规定的董事、高管人员承担责任的方式的规定中也有所体现。正如诺贝尔经济学奖得主德姆塞茨所认为的那样,法院在审查董事是否违反谨慎从事义务时的能力要低得多。[2]而对审查董事是否违反忠实义务,法院则具有比较优势,因为法官是法律专家,违反忠实义务的行为,通常也直接或间接违反了相关的法律、法规或公司章程。如果对违反忠实义务的行为也适用经营判断规则,没

---

〔1〕 蔡元庆:《董事的经营责任研究》,法律出版社 2006 年版,第 333 页。

〔2〕 Harold Demsetz, A Commentary on Liability Rules and the Derivative Suit in Corporate Law, 71 *Cornell Law Review* 352 (1986).

有法院去审慎衡量,将可能会严重损害小股东的利益。此外,如果董事故意违反一项法律法规或公共政策,即使这种行为是为了公司的最佳利益,如偷税行为,也不能适用经营判断规则。

其次,增加董事、高管人员违反勤勉义务的主观要件,改结果导向责任为过错导向责任,限制股东对董事的无过失或轻微过失违反勤勉义务的行为提起代表诉讼。即一般过失的违反勤勉义务的行为适用经营判断规则可免责;存在重大过失(gross negligence)的不能免责。小股东针对董事等违反注意义务的行为起诉的,应向法院举证证明董事等实施该被诉行为时存在重大过失,否则,法院可以应公司的申请,不予受理或终止代表诉讼。由立法直接限定股东可以提诉的董事等违反注意义务的行为的范围,并通过证明责任的合理分配及转换,既可避免董事等承担过于宽泛和沉重的责任,影响公司经营的效率,又可一定程度上避免法院享有过大的自由裁量权,减少其在司法实践中操作的随意性。

最后,应对注意义务进行合理的分类,针对不同种类的注意义务合理设计不同的过失判断标准。董事注意义务内容很丰富,包括监督注意、调查注意、在合理信息的基础上做出经营决策的注意等。这些具体义务对董事提出了不同的注意程度的要求,因此违反不同的注意义务时也应该设定不同的过失判断标准。就此问题,英国针对公司执行董事与非执行董事及董事专业资质的不同,分别适用不同的注意标准的做法就颇具启发:对不具有某种专业资格和经验的非执行董事来说,只要该董事尽到了自己最大的努力,就被认为不存在过失;对具有所涉及事务专业资格或经验的非执行董事,则需该董事尽到了具有同类专业水平或经验的专业人员应该具有的勤勉时,才可免责;对因其通常是具备专业才能并按照雇佣合同提供服务的执行董事,无论其是否具备了专业知识和技能,只有履行了专业人员应该履行的技能和勤勉,才算尽到了注意义务。[1]具有不同的资格要求和从事不同的公司职务行为时,要求的注意程度就不应相同,也就不应采取相同的标准去判断是否存在重大过失。

第二节 公司的诉讼和解权

在我国民事诉讼理论和立法中,诉讼中的和解与法院调解虽有一定的联系,但却是两个不同的概念。诉讼中的和解不具有裁判效力,除非双方当事人申请法院将和解协议制作成调解书(协议),但此时就变成了以法院调解的方式来终结诉讼,已不再具有诉讼和解的性质了。而在大多数西方国家的司法中,和解与调解却是可以交互使用的。在美国,按现行法,双方当事人达成停止诉讼的和解协议,除非另有不得再行起诉的约定外,并不阻碍原告再行起诉。但是,如果当事人在诉讼中达成和解后申请法院将之制作成"合意判决",将具有与一方应诉判决同等的效力(但是否产生既判力尚有争议)。[2]日本学者认为,"诉讼上的和解,是指在诉讼系属中,双方当事人就诉讼标的之主张相互让步,进而达成终结诉讼之期日上的合意。从形式上看,当法院对该合意作出确认,并将合意内容记载于笔录时,诉讼上的和解得以成立。"[3]依据日本《民事诉讼法》第267条的规定,诉讼和解笔录与法院确定判决具有同等的法律效力,但在诉讼和解是否具有确定判决所能产生的既判力问题上,则存有较大的争议。[4]在美、日民事诉讼理论中,和解协议发生效力的方式虽有差异,但在一定条件下都

---

〔1〕 董安生:《英国商法》,法律出版社1991年版,第269页。
〔2〕 沈达明:《比较民事诉讼法出论》(下),中信出版社1991年版,第165页。
〔3〕 [日]新堂幸司:《新民事诉讼法》,林剑锋译,法律出版社2008年版,第256页。
〔4〕 白绿铉编译:《日本新民事诉讼法》,中国法制出版社2000年版,第98页。

能具有与确定判决同等的效力。从这个角度来看，美、日等国民事诉讼中诉讼和解更接近我国民诉中的法院调解制度。对此，我国台湾地区学者杨建华认为，无论是用“调解”还是“和解”之称谓，其实质意义基本相同。〔1〕我国亦有学者持此看法。〔2〕虽然，我国民事诉讼理论及立法中与美、日等国诉讼和解制度对应的应是法院调解制度，但为了表述上的方便，本书仍将使用“诉讼和解”来指代我国的“法院调解”。

民事诉讼中当事人通过诉讼和解方式终结诉讼，是迅速解决纠纷的重要途径，但其前提是当事人就系争之权利和标的有处分权，需要双方互相让步自由达成合意，且不能违背诚信原则和公序良俗。而在股东代表诉讼中，原告股东是代位行使公司的诉权，其对诉讼标的并不享有完全的处分权，原告股东能否与被告进行诉讼和解，公司是否有权参与诉讼和解？由于公司并非必须参加股东代表诉讼，当公司没有参加诉讼时，如何保障公司了解和干预诉讼和解的内容？此外，公司虽享有诉权，但在原告股东代位提起诉讼之后，其是否能够撇开原告股东直接与被告进行诉讼和解？笔者以诉讼和解与股东代表诉讼制度的基本原理为基础，结合我国当前公司立法及公司治理的实际，在比较借鉴美、日等国的公司立法经验的基础上，对上述问题展开探讨。

一、原告股东与被告之间的诉讼和解

依《美国联邦民事诉讼规则》第23.1(2)条关于股东代表诉讼的特别规定：“未经法院许可，诉讼不应撤回或和解，已经提出的撤销诉

〔1〕 杨建华：《大陆民事诉讼法比较与评析》，台湾三民书局1991年版，第83页。

〔2〕 章武生、张其山：《论我国法院调解制度的改革》，载江平、陈桂明主编：《民事审判方式改革与发展》，中国法制出版社1998年版。

讼或和解的通知，应按照法院指定的方式送给股东或团体成员”。[1]可见，在美国，经过法院的许可，原告股东是可以直接与被告进行诉讼和解的。在司法实践中，法院对之也持比较宽容的态度，在涉及上市公司的股东代表诉讼案件中，有80%以诉讼和解的方式结案。一旦法院批准了诉讼和解方案，该和解方案就具有同确定判决同等的效力，不仅能节约大量的诉讼成本，还可以阻止同一诉讼的再次提起。

而在日本理论界，对原告股东能否与被告进行和解问题争议较大，有否定说、肯定说、限制肯定说及修正限制肯定说等观点。[2]在立法上，《日本公司法》第850条第1款规定，在股份有限公司非为有关责任追究之诉中的和解当事人的情形下，就该诉讼中的诉讼标的，不适用《民事诉讼法》第267条的规定。但该股份有限公司同意的情形除外。依此规定，诉讼和解制度对股东代表诉讼是不能直接适用的，除非经过公司的同意。在其《公司法》第850条第2、3款中则规定了相应的程序，以满足公司同意的条件。可见，《日本公司法》是有条件认可原告股东有权与被告进行和解的。

我国学界对原告股东能否与被告进行诉讼和解也有诸多争议。因为，一方面，股东代表诉讼的诉讼成本远高于一般民事案件，并且在资讯高度发达的当代，很可能会对公司的正常经营带来负面影响。因此，如果允许原告股东与被告进行诉讼和解，以便诉讼能够尽早结束，则既可节约诉讼成本，又能使公司及其管理层及早摆脱诉讼的困扰，从而提高公司经营管理的效率。另一方面，由于公司具有独立的法人格地位，具有自身独立的利益，其利益与原告股东的利益很多时候并

〔1〕 白绿铉等译：《美国联邦民诉规则、证据规则》，中国法制出版社2000年版，第45页。

〔2〕 李领臣、赵勇：《论股东代表诉讼的和解》，载《云南大学学报（法学版）》2010年第2期。

不一致，难免会发生原告股东基于私利采取机会主义行为，如与被告恶意串通通过诉讼和解来损害公司及其他股东的利益。因此，有必要对诉讼和解程序、内容及效力加以规范和限制。基于股东代表诉讼制度存在的两难处境，学者基于各自考虑侧重点的不同而形成了不同的观点，概括起来主要有：否定说、限制肯定说、未知说，但未见肯定说。但在司法实践中，通过诉讼和解的方式终结股东代表诉讼的案例已不鲜见，有的甚至刊登在《最高人民法院公报》（以下简称《公报》）上作为典型案例加以推广。[1]《公司法司法解释（四）》第34条中则明确规定了原告股东可以与被告达成诉讼和解。[2]

从两大法系较具代表性的美、日两国的公司立法及实践来看，虽然各自的股东代表诉讼制度的设置有别，诉讼和解制度也存在一定的差异，但在允许股东代表诉讼双方当事人之间进行诉讼和解，以便及早彻底解决纠纷方面却是共通的。对国际上先进的公司立法经验，我们显然不能视而不见。原告股东有权与被告进行诉讼和解，除了有国际上先进的公司立法经验可资借鉴外，还在于：

第一，有利于及时解决纠纷。无论是普通的民事诉讼还是股东代表诉讼，追求及时解决纠纷的价值都是应有之意。因为诉讼追求的不仅仅是公正价值，还有效率价值。尤其是股东代表诉讼成本高昂，原告股东又是为公司利益而起诉，所担风险甚高而所得往往相当有限，如诉讼一经提起，必须要走完所有程序直到法院作出生效裁判，对原告来说恐怕是其难以承受之重。特别是随着诉讼的进行，原告股东发

---

〔1〕 参见：《浙江和信电力开发有限公司、金华市大兴物资有限公司与通和置业投资有限公司、广厦控股创业投资有限公司、上海富沃企业发展有限公司、第三人通和投资控股有限公司损害公司权益纠纷案》，载《最高人民法院公报》2009年第6期。

〔2〕 该条规定：人民法院审理股东代表诉讼案件，当事人达成的调解协议的，应提交股东会或者股东大会决议通过；有限责任公司未提交股东会决议的，全体股东签字、盖章或向人民法院出具同意调解的书面意见。

现继续诉讼并不符合公司利益或经过综合评估感觉胜诉无望时，一味要求诉讼继续下去既不必要，也会浪费司法资源。

而允许股东代表诉讼双方进行诉讼和解，则可及早解决争议。对于诉讼和解的性质问题，国内外学界有很大的争议，有纯私法行为说、纯诉讼行为说以及两行为并行说三种观点。但德国、日本的通说都认为：诉讼和解兼具私法行为与诉讼行为两个方面的性质，即采“两行为并行说”。依此观点，诉讼和解具有如下特点：其一，由法官主持，诉讼和解是诉讼程序的组成部分；其二，当事人达成以终结诉讼为目的的合意，是当事人行使处分权的表现；其三，和解协议经法院确认，即产生确定判决的效力。〔1〕在现实诉讼中，诉讼和解不仅具有与法院判决同样的解决纠纷、创制法律的功能，还具有其独特的优势：如及早解决纠纷，节约诉讼成本，减轻法院的负担；相对于僵化的法院判决，和解更易使纠纷得到更为妥当、彻底地解决，且容易被当事人主动履行；有助于当事人之间感情的修复与维系等。在美国，90% 以上的民事案件以和解解决，真正进入事实审理的不到 10% 。而在日本，判决与和解则被视作处理纠纷的“两轮”。〔2〕

由于诉讼和解可以在诉讼的任何阶段进行，和解方案是各参与方经过妥协一致同意后达成的，相对法院判决来讲，通常能够在较早的诉讼阶段更彻底地终结诉讼。同时，诉讼和解还可以阻止其他股东无休止地就同一诉因提起诉讼，以免对公司正常经营造成长期的困扰。对公司来讲，诉讼和解不仅可以及早终结诉讼，减少可能的诉讼成本支出，以及因诉讼对公司声誉、股票价格等方面可能造成的不利影响，还可避免因在诉讼程序中泄露公司不宜公开的经营信息而给公司利

---

〔1〕 熊跃敏：《诉讼上和解的比较研究》，载《比较法研究》2003 年第 2 期。

〔2〕 田中成明：《现代社会与审判——民事诉讼的地位和作用》，北京大学出版社 2016 年版，第 107—108 页。

益造成潜在的损失。

第二,允许原告股东与被告进行诉讼和解,是民事诉讼法中的处分原则在股东代表诉讼中的具体体现,是对当事人意思自治原则的基本尊重,符合诉讼和解制度的本质。由于民事诉讼解决的是因私法上的关系所发生的争议,所以应当尊重当事人对自己权利的支配。[1]就连一些实体法学者都认为,“民事诉讼法上的选择主义和处分主义就是私法自治在公法领域内的直接延伸”[2]。诉讼和解虽然在法律效力上与法院裁判效果相近,但其制度基础却有根本的不同。诉讼和解的本质是当事人之间的合意,诉讼和解的启动与协议的达成均取决于双方当事人的合意,体现的是当事人对自己权利的处分。股东代表诉讼与普通民事诉讼相比,虽具有其自身的复杂性和特殊性,但其主要属于民事诉讼范畴应无疑问。其实,股东代表诉讼制度无论是在基本的程序原理及相关的程序制度架构上,还是在民事实体法法理基础上,都要遵循民事诉讼基本的逻辑。既然股东是以原告的身份进行诉讼,其与“两造诉讼”中的对方当事人进行诉讼和解的权利就不应被武断地剥夺。

但股东代表诉讼毕竟不同于一般的民事诉讼,原告股东与诉讼标的并无直接的利害关系,加之原告股东的利益与公司及其他股东的利益有时并不一致,为避免原告股东与被告恶意串通,利用诉讼和解制度进行机会主义选择,就需要有相应的保障机制来防止诉讼和解制度的滥用。在各国所采取的保障措施中,除了普遍设置法院的审查程序外,另一项重要举措就是允许并保障公司对诉讼和解的参与及其对诉讼和解方案享有异议权。

---

〔1〕 江伟:《中国民事诉讼法专论》,中国政法大学出版社 1998 年版,第 214 页。

〔2〕 江平、张洪礼:《市场经济和意思自治》,载《法学研究》1993 年第 3 期。

二、公司对诉讼和解协议的异议权

为了防止原告股东与被告通过诉讼和解来恶意损害公司及其他股东的利益,《日本公司法》第 850 条第 1 款规定:“在股份有限公司非为有关责任追究之诉中的和解当事人的情形下,就该诉讼中的诉讼标的,不适用《民事诉讼法》第 267 条的规定。但该股份有限公司同意的情形除外。”依此规定,未经公司同意,和解笔录不具有确定判决的效力。随后,该条第 2 款又规定公司如果就和解内容存在异议,必须在两周内提出。可见,日本公司法明确规定了公司对诉讼和解方案的异议权。在美国,也有类似的规定。ALI《公司治理原则》第 7.05(a)(6)规定董事会或委员会有权对原告股东的诉讼和解行为(包括其他诸如撤诉、终止代表诉讼等行为)发表意见或进行反对。[1]该报告虽然不是法律,但其毫无疑问会影响美国公司法律的发展方向,对我们分析美国公司法具有重要的意义。[2]不难看出,在美、日公司立法及实践中,虽然具体做法有别,但公司对原告股东与被告之间的诉讼和解都是有发言权的。我国现行《公司法》并没有对该问题作出规定,但从《公司法司法解释(四)》第 34 条要求当事人之间达成的调解协议(即本书中的诉讼和解),应经公司股东(大)会或全体股东的同意的规定来看,最高人民法院是倾向于认可公司对股东代表诉讼中双方当事人之间的诉讼和解享有异议权的。而在浙江和信电力开发有限公司、金华市大兴物资有限公司诉通和置业投资有限公司等一案中,法院则要求股东代表诉讼中双方当事人之间达成的调解协议必须经过提诉股

---

〔1〕 [美]美国法律研究院:《公司治理原则:分析与建议》(下),楼建波等译,法律出版社 2006 年版,第 639 页。

〔2〕 李小宁:《公司法视角下的股东代表诉讼——对英国、美国、德国和中国的比较研究》,法律出版社 2009 年版,第 97 页。

东所在的公司和该公司未参加诉讼的其他股东同意后,法院才能最终确认其法律效力。虽然,该案例所体现的诉讼和解生效的具体条件与《公司法司法解释(四)》有所不同,但也肯定了公司对双方当事人之间的诉讼和解是享有异议权的。但是,为何要赋予公司异议权?又如何保障与规范公司异议权的行使?《公司法司法解释(四)》及上述案例中却未提及或明确,有必要进一步探讨。

(一)公司在诉讼和解程序中享有异议权的正当性

有学者认为,民事诉讼中异议程序设计通常应考量以下因素:基于具体诉讼制度目的的考量、基于救济权利或权益权重的考量、基于诉讼效率或诉讼经济性的考量、基于程序公正要求的考量。[1]就诉讼和解制度来说,由于诉讼和解的本质是基于当事人的合意,而合意的取得需要具备两个基本条件:其一,合意的表示是在得到充分信息的基础上作出的;其二,当事人之间以及当事人与第三者之间进行了真正的对话。[2]此外,在诉讼和解中,法官的参与也是不可缺少的,法官对和解方案也享有较大的自由裁量权。基于民事诉讼中异议程序设置通常的考量因素、诉讼和解的上述特点以及股东代表诉讼制度本身所具有的特殊性与复杂性,赋予公司异议权的法理基础在于:

1. 公司对股东代表诉讼和解享有异议权是程序公正的基本要求

公正的程序有助于实现裁判结果的公正(实体公正),并使裁判结果获得正当性,同时还可限制法院、当事人及其他诉讼参与人的恣意行为,这在诉讼法学界已成为共识。虽然诉讼法学界尚对公正程序的构成持有争议,但保障利害关系人享有程序参与权、确保当事人能够充分陈述其主张等规则是程序公正的重要组成部分这一点,则无原则

---

〔1〕 张卫平:《论民事诉讼法中的异议制度》,载《清华法学》2007 年第 1 期。

〔2〕 [日]棚濑孝雄:《纠纷的解决与审判制度》,王亚新译,中国政法大学出版社 1994 年版,第 116 页。

性的分歧。[1]由于作为诉讼和解制度基础的“合意”的取得既离不开利害关系人的参与，也离不开他们之间在获得必要信息的基础上，进行真正基于自愿的沟通与妥协，所以，可能受到诉讼和解结果影响的各利益主体都应有权对诉讼和解方案的内容及达成的过程陈述自己的主张，表达自己的意见，法院作为诉讼和解程序中保持中立的、重要的第三方也有义务保障和落实各利害关系人的相关权利。

而在股东代表诉讼中，公司与诉讼标的具有直接的利害关系，诉讼和解的结果也将直接影响到其利益的实现。此外，由于公司与原告股东之间在利益上可能存在着分歧，容易诱发原告股东的机会主义行为，进而损害公司的利益。如果公司无权对股东代表诉讼双方当事人之间的诉讼和解表达主张和意见，无法对诉讼和解方案施加影响，显然严重违背了程序公正的基本要求。既不利于保护公司及其他股东的利益，还会对恶意串通的双方当事人产生一种正面的激励，诱发更多的机会主义行为，这有悖于诚信原则与社会正义。故此，让公司在股东代表诉讼和解程序中对和解方案及和解程序享有异议权，符合程序公正的基本要求。

2. 有助于促进公司效率与保护公司及股东权益之间的平衡

各国在设置其股东代表诉讼制度时，如何使之促进公司效率与保护公司及股东权益之间的平衡都是一个重要的考量因素。赋予公司对诉讼和解的异议权有助促进这种平衡。一方面，公司有机会对损害公司及其他股东利益的诉讼和解方案提出异议，对双方当事人进行必要的牵制和监督，以减少或防止双方恶意串通行为的发生，更好地保护公司及其他股东的权益。这体现了股东代表诉讼制度应有的事后救济功能。另一方面，由于公司的牵制和监督，原告股东基于私利提

〔1〕 张卫平:《论民事诉讼法中的异议制度》，载《清华法学》2007 年第 1 期。

起代表诉讼的激励将得到一定程度的遏制，可减少一些不必要的诉讼。股东代表诉讼制度的一个重要功能就是事前监督，通过相对更为完善地程序设置，让有机会主义倾向的各公司参与人，发觉自己无法顺利实现不当利益或因成本过高无利可图时，减少或放弃实施损人不利己的行为。公司异议权的存在其实也是发挥该制度事前监督功能的一个重要工具。

至于公司因“内部人控制”等原因无法自由表达意志时，可能会对双方当事人之间的诉讼和解进行不当干预，滥用异议权的问题，则无须过多地担忧。除了法院可以基于一定的标准进行审查把关外，公司及作为被告的过错行为人基于自身利益的考虑，在有机会达成合理的诉讼和解方案时，并没有太多的激励去恶意干扰，毕竟在能够得到相对合理的诉讼和解结果的前提下及早摆脱诉讼的困扰，在大多数情形下符合各方利害关系人的利益。我们需要担心的问题反而应该是，当公司无法自由表达意志时，公司很可能会消极对待其异议权。

（二）公司异议权的程序保障——通知程序

公司行使异议权的前提是要获得关于诉讼和解的充分信息，相关的程序保障当然应该围绕这各中心设置。由于在美国的股东代表诉讼中，公司是必须参加诉讼的形式被告，其了解诉讼和解的相关信息应无大碍，加之《美国联邦民事诉讼规则》第 23.1 条要求股东代表诉讼的和解必须经过法院批准，故对公司参与诉讼和解并无过多关注，只是对可能受到诉讼和解结果影响的其他股东规定了相应的通知程序。如果法院认为诉讼和解方案将对全体股东或某一类别的股东的利益造成实质性的影响的，则法院应指示原告向将受影响的股东发出通知。而《日本公司法》第 850 条第 2 款则明确规定法院应将和解的内容通知公司，并催告其如有异议，应在两周之内提出。我国《公司法司法解释（四）》未明确对通知程序作出规定，但从第 34 条要求和解

（调解）协议要经过股东（大）会决议通过或全体股东同意的规定看，通知公司也是应有之义。至于由谁通知、如何通知以及通知的内容则不得而知。

为了保证公司及时、准确地了解诉讼和解信息，应明确要求法院采取书面形式将包含双方达成一致的和解内容通知公司。首先，通知公司的主体应为法院。如果由原告股东负责通知公司，基于经济人自利的角度考虑，原告股东可能不会及时通知或变相规避履行其通知义务，即使基于相关制度安排不得不通知，也可能故意进行带有倾向性的对诉讼和解方案进行表述，误导公司作出错误的决策，由此也会增加通知的成本。另外，由股东通知不仅会额外增加其提诉的成本，而且股东（尤其是小股东）在通知能力及通知方式的选择上远不及法院。由于法院有一套相对成熟、高效的文书送达制度，更为专业的文书制作能力以及中立客观的立场，由法院作为通知主体通常更容易准确、及时地完成通知程序，也可减少一些不必要的扯皮现象。其次，通知的方式应采用书面方式。最后，在通知的内容上，应将双方达成一致的和解内容完整地整理成正式的书面文件，应包含和解内容的要点及原告股东接受相关方案的理由说明，并明确写明公司提出异议的时间限制及过期不提出异议的后果。

（三）公司放弃行使异议权的程序要求

美国民事诉讼有长期形成的坚持当事人主义的传统，法院的地位比较消极，但在股东代表诉讼中，却特别强调法院的能动性，诉讼和解必须经过法院进行实质性审查后批准方可生效。由于有法院的实质性审查作后盾，加之公司本身就是诉讼中的当事人，必须参加诉讼，故美国公司法中未对公司质疑诉讼和解方案的问题进行专门规定，只为其他反对诉讼和解方案的股东提供了听证的机会。《日本公司法》除了要求公司如有异议，应以书面形式在 2 周内提出的要求之外，并未对公司提出异议的程序进行特别的规定，但对公司同意诉讼和解方案时做了一些特殊的安排。根据该法第 850 条第 4 款的规定，对于其他相关条款中关于董事、监事等需经全体股东同意才可免除相关义务的规定，不适用于股东代表诉讼和解，即公司同意诉讼和解时，不需要经全体股东同意，即使是涉及相关条文明确规定在其他情形下需全体股东同意方可实施的行为。对设置监事的公司，如被告为公司董事，则由监事（监事为 2 人以上的，为各监事一致同意）决定是否提出异议；对设置审计委员会的公司，如果被告为执行官或公司董事，则由非为相关案件当事人的审计委员决定是否同意诉讼和解方案。相比之下，德国公司立法规定的程序更为严格，依该国 2005 年《股份公司法》第 93 条第 4 款的规定，公司只能在其对董事的损害赔偿请求权产生 3 年后，并经股东大会同意才可同意诉讼和解协议，且持有 10% 股份的少数股东有权反对进行诉讼和解。

根据上述规定，美国将是否批准诉讼和解的权力交由法官行使，日本则对公司放弃行使异议权（同意和解）的程序规定的较为宽松，德国的限制最为严格。但即使是允许公司取代提诉股东原告地位的德国，也仅要求公司放弃行使异议权，即同意诉讼和解须经股东大会表决通过，而没有要求经全体股东同意。我国现行《公司法》未对股东代表诉讼中的诉讼和解作出规定，《公司法司法解释（四）》中的规定与《公报》所刊登的相关案例中的要求也不完全相同。如前所述，《公司法司法解释（四）》第 34 条是要求诉讼和解须经股东（大）会表决通过或经全体股东同意，而《公报》中则要求须经提诉股东所在公司及该公司其他未参加诉讼的股东的同意。实际上，两者对公司放弃行使诉讼和解中的异议权所规定的程序要求比上述国家的做法都更为严格。问题是，对公司放弃行使异议权是否有必要进行如此严格的限制呢？

鉴于目前我国公司治理机制相对落后，大股东或国有股股东控制公司的现象十分普遍，存在少数股股东权利保护渠道狭窄且不太通畅的现实，为了防止公司在无法自由表达意志的情形下，不当免除被告董事、监事、高管人员等应对公司承担的责任，宜规定公司放弃行使异议权时，须经股东（大）会简单多数表决通过，同时赋予拥有公司股份总额 10% 以上表决权的少数股股东对诉讼和解协议的否决权。理由在于：首先，要求经全体股东同意，不仅成本过高，而且往往很难实现，因为股东之间的利益也并非完全一致，所谓众口难调。这将导致一些原本可以通过诉讼和解及早终结的诉讼因股东之间难以协调一致而难以成功和解。即使是在有限责任公司股东人数较少的情形下，由于股东所持股份数量差异很大，要求全体股东一致同意方能和解，即使是在达成诉讼和解明显对公司有利的情形下，也可能会有持股份额很少的股东基于私利或别的因素而进行反对。其次，对于股份有限公司，要求公司同意和解须经 2/3 或更高比例拥有表决权的股东同意，也不可取。股东代表诉讼不仅诉讼成本较高，而且可能会对公司正常经营产生许多直接或间接的负面影响，而诉讼和解则可使公司及早摆脱诉讼的困扰，节省大量的诉讼成本。对股东（大）会表决通过的比例要求过高，难免会增加其通过的难度，会阻碍正常诉讼和解的达成，不利于纠纷的及时解决及诉讼成本的降低。再次，基于当前我国大股东或国有股股东一股独大的现实，对公司放弃行使异议权，同意诉讼和解也不宜过于放宽限制。如果那样的话，处于意志不自由状态下的公司将会变成被告董事、监事或高管人员逃避其对公司所承担的责任的帮凶，股东代表诉讼制度将难以发挥其应有的作用。要求公司同意诉讼和解须经股东（大）会简单多数通过，既能在一定程度上防止被告董事、监事或高管人员通过其所控制的公司，以诉讼和解的名义逃避其应对公司承担的责任，也可以合理利用诉讼和解制度的优势及早解决那些不必要的诉讼。最后,基于我国股东代表诉讼制度起步不久,公司治理实践中"一股独大"及少数股股东合法权益得不到有效保障的现实,赋予拥有公司股份总额10%以上的少数股股东以否决权,使之可以对公司处于意志不自由的情形下,诉讼双方当事人基于公司利益以外的原因恶意串通进行的诉讼和解进行必要的牵制,而10%表决权的限制又可防止个别股东滥用否决权,干扰正常的诉讼和解,以平衡及早解决纠纷与保护公司及股东利益之间的冲突。

三、公司自行和解

允许公司在不经原告股东同意的情形下单独与被告进行诉讼和解,在公司处于意志不自由的状态下,很容易使被告董事等人员借此机制逃避其对公司应承担的责任,从而使股东代表诉讼制度的监督功能落空。各国在公司立法与实践中对此亦有清醒的认识,但在制度设置时却采取了不同的做法,概括起来主要有美国模式、日本模式与德国模式。

美国在司法实务中认为公司单独与被告和解是公司对自己诉权的处分,与股东代表诉讼制度并不矛盾,如法院经审查后认为决定和解的董事会或委员会对诉讼没有利害关系,在均衡公司各方利益后,将会批准公司与被告之间的诉讼和解。[1]在ALI《公司治理原则》第7.15条中又对此做了更为具体、明确的规定。[2]从美国的做法来看,一方面,公司与被告进行无须原告股东同意的诉讼和解是被允许的。另一方面,这种允许是有严格限制的,包括代表公司同意诉讼和解的

---

〔1〕 李领臣等:《论股东代表诉讼的和解》,载《云南大学学报(法学版)》2010年第2期。

〔2〕 [美]美国法律研究院:《公司治理原则:分析与建议》(下),楼建波等译,法律出版社2006年版,第761—762页。

董事会或由其授权的委员会必须与诉讼没有利害关系,要经过法院的实质性审查与利益考量,并且在必要时还要保障那些利益可能会因诉讼和解而受到实质性影响的其他股东的程序参与权。此种做法将是否批准该种诉讼和解的权力赋予法院,但判断诉讼和解是否符合公司的利益归根结底仍是一个经营判断问题,法院如何能比公司董事等更胜任处理这样的问题呢?

而日本对此问题则表现得较为谨慎。日本虽然赋予公司在股东代表诉讼中可以具有共同诉讼参加人的地位与被告的诉讼和解,在自己亲自起诉时也可与被告进行和解,但未明确规定公司在参加诉讼的情形下可以撇开原告股东直接与被告进行诉讼和解。

处于两者之间的是德国,一方面,该国允许公司撇开提诉股东或申请股东直接与被告进行诉讼和解;另一方面,又对之进行了较为严格的限制条件。德国公司立法允许公司可以在股东代表诉讼被提起后直接取代原告股东接收正在进行的诉讼或直接提起新的诉讼,但在这两种情况下,法院都应邀请申请股东或原告股东参加诉讼。公司可以以当事人(原告)的身份与被告进行诉讼和解,且进行诉讼和解时无须征得申请股东或提诉股东的同意。但出于防止公司与被告串通通过诉讼和解变相剥夺股东提起代表诉讼诉权的考虑,该国2005年《股份公司法》第93条第4款对相关和解规定了须经股东大会同意等限制条件。对德国的做法,也有学者担心,允许公司几乎是无条件地取代提诉股东的原告地位,存在将股东代表诉讼制度降格为仅是股东迫使公司起诉的制度的风险。[1]

从上述分析不难看出,基于公司与被告进行无须原告的诉讼和解

---

〔1〕 殷盛:《德国股东派生诉讼制度改革介绍——兼与中国大陆股东派生诉讼制度相比较》,文章来源:http://www.civillaw.com.cn/Article/default.asp? id=34187,访问时间:2010-1-28。

所可能带来的巨大隐患，上述各国要么不明确承认该种诉讼和解，如日本；要么在允许该诉讼和解的同时又施加严格的限制条件，如美国、德国。我国应做何种选择呢？

基于股东代表诉讼制度本身的复杂性及其牵连问题的广泛性，在考虑是否允许公司与被告进行无须原告股东的诉讼和解时，应立足于我国的法律制度环境、股东代表诉讼制度的运行机制以及公司治理的现状。我国不宜允许公司单独与被告进行诉讼和解，理由在于：

1. 我国不宜借鉴美国和德国的模式

首先，我国不具有借鉴美国模式的条件。美国公司立法将批准诉讼和解的权力赋予法官，是基于其拥有相对更为发达、完善、有效的司法制度，相对更为合理的公司治理机制，美国法院拥有长期积累的、丰富的审理股东代表诉讼案件的司法审判经验以及注重保护投资者合法权益的法律传统。同时，美国拥有发达的律师制度，股东在代表诉讼中有更多机会获得优质的律师服务。所以，美国在允许公司与被告进行无需原告股东的诉讼和解时，施加了由法院批准这样的限制条件是有一定根据的。我国则并不具备上述条件。况且，即使有上述条件的保障，美国法院仍然难以较好地去判断相关诉讼和解是否符合公司的利益，因为是否符合公司利益本身其实是一个经营判断问题，法官很难像熟悉法律事务那样熟悉公司经营事务。

其次，借鉴德国模式也不符合我国的实际。股东利益在德国传统上并不重要，尤其是在股份公司，德国近年来进行公司立法改革的动因原本是为加强对少数股股东权利的保护、改变缺乏对董事的司法制约的现实以及改善其公司治理机制的效率。[1]但从德国2005年的《股份公司法》对股东代表诉讼的规定，上述目标贯彻的并不彻底，从其几乎无条件允许公司取代提诉股东的原告地位这一点就不难看出。为了平衡对股东利益保护的不足及防止诉讼和解被恶意利用，该国公司法规定了须经股东大会同意等条件的限制。德国的这种立法模式本身是否可行姑且不论，与该制度配套的允许公司取代提诉股东的原告地位这样的条件，我们就不具备。在目前少数股股东权益得不到有效保障、公司治理机制相对落后、股东代表诉讼制度刚起步不久的现实条件下，也不太可能作出类似的立法选择。况且，德国的做法本身不仅操作不便，成本较高，效果也有待检验，更有甚者，如此安排还可能会导致股东代表诉讼制度的作用大打折扣。反观日本公司，其在股东代表诉讼中具有与德国公司更接近的权利，如以共同诉讼人的身份参加诉讼，可以以当事人的名义，无须股东大会决议通过就可与被告进行诉讼和解等，但其公司立法依然对是否允许公司撇开原告单独与被告进行诉讼和解持谨慎态度。实际上，依我国目前的现实条件，公司在股东代表诉讼中享有的权利范围甚至不应达到像日本公司那样的广泛程度。

2. 禁止公司单独与被告进行诉讼和解有助于发挥股东代表诉讼制度的功能

股东代表诉讼制度既有事后救济的功能，又有事前监督的功能。允许公司单独与被告进行诉讼和解，一方面可能会导致公司在意志不自由状态下被被告利用，通过不正当的诉讼和解来免除其对公司应承担的责任，从而导致公司受到损害的利益无法得到恢复或补偿，进而

---

〔1〕 李小宁：《公司法视角下的股东代表诉讼——对英国、美国、德国和中国的比较研究》，法律出版社2009年版，第199页。

损害股东的投资权益。这将导致股东代表诉讼制度的救济功能弱化。另一方面,在我国目前大股东一股独大较为普遍、公司治理中的其他有效监督机制建设远未完成的现实条件下,公司可以较为容易地规避法律所设置的各种限制,况且监督公司在单独与被告进行诉讼和解时是否具备了相关限制条件本身就是很难做到的问题,且成本不菲。法官即使有心去对公司单独与被告进行的诉讼和解进行有效的监督,恐怕也没有那个能力。即使不考虑当前法官素质并不理想、司法环境有待改善等条件,对与公司经营判断相关事务的判断根本就不是法院的强项。如果法院不能对其进行有效的监督,这类诉讼和解制度被用来作为不合理免除董事等过错行为人对公司所承担的责任、抗拒股东对公司经营管理者滥用权力进行合理监督的工具也就不难理解了。这样,通过股东代表诉讼制度来对董事等公司经营管理者进行事前监督,促使其谨慎、勤勉地从事公司事务的功能即使不会完全落空,也将大为弱化。

3. 可通过其他途径来化解原告股东可能恶意阻挠正常诉讼和解问题

禁止公司单独与被告进行诉讼和解,可能会被原告股东用作与公司或被告进行讨价还价获取不正当利益的筹码,导致既符合公司利益,又能及时终结诉讼的和解无法达成。这种担心并非杞人忧天,正如任何制度都不可能尽善尽美,需要其他制度与之协同发挥作用一样。如果正在进行的是不必要的诉讼,公司可以行使阻止诉讼权,申请法院终止该案的审理,驳回原告股东的起诉;如果是确有必要的诉讼,公司不能行使阻止诉讼权,则可在制度设置上要求原告股东承担由于不能正常和解所增加的诉讼费用(如规定因此所增加的费用,公司将不对原告股东予以补偿),让其无利可图,可减少此类机会主义行为。

第三节　公司对败诉股东的损害赔偿请求权

一、公司享有损害赔偿请求权的必要性

目前,美、德、日、韩等国都认为因股东提起的代表诉讼败诉而使公司利益受到损害的,原告股东应对公司负损害赔偿责任,并在其公司立法及司法实践中确立了公司对败诉股东的损害赔偿请求权。对我国来说,是否也应确立公司对败诉股东的损害赔偿请求权呢?公司对败诉股东享有损害赔偿请求权的法理基础在于民法上的无因管理[1],原告股东作为管理人如因故意或重大过失导致作为本人的公司利益受到损害的,理应承担赔偿责任。不仅如此,赋予公司对败诉股东在一定条件下享有损害赔偿请求权,既有利于我国股东代表诉讼制度的发展,也符合民商法上的权利保护的一般规则。

第一,赋予公司对败诉股东的损害赔偿请求权可以比较有效地抑制股东滥诉。股东代表诉讼是在公司怠于或拒绝起诉的前提下提起的,公司不主动起诉的原因既可能是因受不当控制或其他非正当因素的影响难以或不愿起诉,也可能是基于起诉不符合公司利益或过错行为人的行为依经营判断规则不应予以追究的正当考虑。公司法赋予股东代表诉讼诉权主要是基于在第一种情形下,可能导致公司及股东的利益得不到有效保护的考虑。由于股东与公司利益并非总是一致的,股东基于保护公司利益之外的考虑而提起代表诉讼的情形就难以避免。当原告虚构事实恶意提讼,最终被法院判决败诉,并导致公司利益的损失时,如果无须赔偿,对公司是极不公平的。确立公司对败

---

〔1〕 胡宜奎:《论股东代表诉讼中的费用补偿》,载《政治与法律》2014 年第 2 期。

诉股东的损害赔偿请求权，则会对股东的机会主义行为起到一定的遏制作用，使之遵守基本的诚信原则，慎重起诉。

第二，公司对败诉股东享有损害赔偿请求权符合股东代表诉讼制度设立的初衷。激励股东提诉与防止滥诉是股东代表诉讼制度设置中的核心环节之一。股东提起正当的代表诉讼才应被允许，而那些不必要乃至恶意的诉讼则应受到严格的限制或禁止。所以，确立公司对败诉股东的损害赔偿请求权，以减少或防止一些明显不符合公司利益的、甚至是恶意的诉讼，有助于促进维护公司效率与保护公司及股东权益之间的平衡，符合股东代表诉讼制度设立的初衷。

第三，符合民法上的权利保护规则。“有权利，必有救济”这句古老的法律谚语道出了权利保护的真谛。股东代表诉讼是股东为了公司的利益而提起的诉讼，诉讼的直接目标应是保护公司的利益，对股东利益的保护只是间接的目标。从这一点来讲，基于保护公司利益以外的目的所提起的股东代表诉讼就很难具有正当性。基于他人的过错造成公司利益的损害，作为权利人的公司，理应享有寻求救济的权利。可以说，赋予公司对败诉股东的损害赔偿请求权并不存在法理上的障碍。

但是，由于股东代表上述制度的特殊设计机制，在肯定公司对败诉股东的损害赔偿请求权的前提下，还应对之进行合理的限制，以在鼓励正常诉讼与遏制滥诉之间保持基本的平衡。

二、享有损害赔偿请求权的条件

（一）相关国家或地区的立法经验梳理及评析

1. 相关国家或地区的立法经验梳理

美国的公司立法与实务在公司对败诉股东的损害赔偿请求权的限制条件问题上规定不一，大部分州的公司法采取客观结果标准，即无论是出于什么动机而提起的代表诉讼，原告只要败诉都应该对公司进行赔偿，但也有少数州的公司法规定原告股东只有在其所提起的诉讼缺乏正当理由时才需要对公司承担损害赔偿责任。[1]可见在美国，以败诉的客观结果作为判断股东是否承担对公司的损害赔偿责任的标准的观点具有较大的影响力，但情况也在发生变化。《美国标准公司法》7.46(2)条就明确规定：如果法院认为股东代表诉讼程序的启动或继续没有合理的诉因或者是出于不当目的，可以命令原告支付被告在因参加诉讼所发生的任何合理费用。[2]由于公司在股东代表诉讼中处于形式被告地位，故原告股东承担赔偿责任的对象也应包括公司。根据该条规定，原告股东只有在无合理诉因或出于不正当目的起诉的，才负赔偿对方因诉讼而产生的费用的责任。虽然《美国标准公司法》不是严格意义上的法律，但其却是各州公司立法及实务中的重要参考，从其关于公司对败诉股东的损害赔偿请求权的适用条件的规定中，我们不难看出，以客观结果作为归责依据的做法已有实质性的松动。

根据德国1998年《股份公司法》第147条第4款的规定，少数股东在部分败诉时，应向公司支付公司因为诉讼所支出的超出公司因诉讼所取得的利益以外的诉讼费用；全部败诉的，该少数股东也对公司负有偿还公司因选任第2项第3款或第3项第1款的特别代表所发生的法院费用和现金垫款以及特别代表报酬的义务。[3]该规定体现的是典型的以客观结果为标准来决定原告股东应否向公司承担责任及责任范围的做法。由于客观结果标准过于严格，导致股东缺乏提诉的

---

〔1〕 蒋建湘：《公司诉讼研究》，中南大学2007年博士论文，第94页。

〔2〕 沈四宝编译：《最新美国标准公司法》，法律出版社2006年版，第86页。

〔3〕 李小宁：《简析德国股份公司法——关于股东代表诉讼的最新改革》，载《湖南大学学报（社会科学版）》2009年第3期。

激励,遏制了代表诉讼的提起。以至于人们普遍认为第 147 条所规定的少数股东权利在实践中很少被运用的一个主要原因就是少数股东必须承担诉讼费用。[1]受此影响,德国 2005 年《股份公司法》在其第 148 条第 6 款关于诉讼费用的分担的规定中改变了这一做法。原告股东的诉讼申请如被法院驳回,将由申请股东自己承担因申请诉讼所产生的费用;如果起诉申请被法院许可,除非法院是因受原告股东在前置程序中因故意或重大过失提供的错误信息的误导而许可诉讼,否则,应由公司承担诉讼费用,股东可以向公司要求诉讼费用补偿。不难看出,德国基于其独特的前置程序设计,将股东代表诉讼审理阶段的诉讼费用改由公司承担,除非原告股东因故意或重大过失向法院提供错误信息并因而导致法院作出错误的许可。由此可见,德国现在已不再完全以客观结果作为归责标准。

日本、韩国及我国台湾地区则基本坚持以主观上是否具有恶意来作为判断败诉股东是否需要对公司承担损害赔偿请求权的标准。《日本公司法》第 852 条第 2 款规定,即使提起责任追究等之诉的股东败诉的,除有恶意之外,该股东对该股份有限公司不承担由此产生的损害赔偿义务。[2]在此之前的日本《商法典》第 268 条也有类似的规定。《韩国商法典》第 405 条第 2 款规定:"根据第 403 条第 3 款及第 4 款(股东的代表诉讼)的规定提起诉讼的股东败诉时,除非是属于恶意,无须向公司承担损害赔偿责任。"[3]我国台湾地区的做法与日、韩两国略有不同。根据其"公司法"第 214 条第 2 款、第 215 条的规定,公司对败诉股东享有损害赔偿请求权的前提条件为"提起诉讼的依据显

〔1〕 李小宁:《简析德国股份公司法——关于股东代表诉讼的最新改革》,载《湖南大学学报(社会科学版)》2009 年第 3 期。

〔2〕 王作全译:《新订日本公司法典》,北京大学出版社 2016 年版,第 368 页。

〔3〕 吴日焕译:《韩国商法》,中国政法大学出版社 1999 年版,第 91 页。

属虚构”[1]，这其实也在一定程度上以败诉股东存在主观恶意作为其是否担责的判断标准，当然，相对于“恶意”标准来讲，“提起诉讼的依据显属虚构”这一主观要件的操作性更强，对败诉股东担责范围界定的更为狭窄。不同之处在于日、韩仅要求败诉股东在存在恶意的情形下应向公司赔偿，而我国台湾地区则要求败诉股东同时向公司与被告进行赔偿。

2. 比较与评析

综上所述，完全以客观结果作为判断败诉股东是否应向公司承担损害赔偿责任的标准已不再流行，取而代之的则是采用主观标准，但在具体要求上又存在差异：

首先，德国基于由法院决定是否允许股东代表诉讼的提起这样特殊的制度设置，将败诉股东对公司承担赔偿责任的条件限定在因故意或存在重大过失向法院提供错误信息，并因而导致法院许可了该诉讼这一有限范围内。而我国股东代表诉讼制度的设置与德国有很大的差异，显然难以借鉴其做法，除非在其他制度设置上也作相应的调整。但在我国当前司法环境尚不理想的条件下，把一切交由法院自由裁量并非明智的选择。

其次，由于美国是判例法国家，原告起诉并非基于成文法所规定的权利受损害，而是以是否存在诉的利益作为判断原告是否适格的标准，而在判断是否存在诉的利益时，诉因又是一个重要的考虑因素。故美国《标准公司法》将无合理诉因作为判断败诉股东应否向公司承担赔偿责任并不难理解，因其本身就是判断一个诉是否正当的重要因素。如果诉讼明显缺乏根据，原告股东在知道或应当知道的情况下仍然坚持起诉或继续诉讼，该诉讼就属于无合理诉因的不当诉讼。此

[1] 柯芳枝：《公司法论》，中国政法大学出版社2004年版，第266页。

时，要求其对因该不当诉讼而给公司造成的损害承担责任具有一定的合理性。但问题是，在尚未经过充分审判的基础上，作为信息来源不畅、通常缺乏较高的法律能力与公司经营技能的股东，如何能在起诉之初就能准确判断其所提诉讼是否存在合理的诉因呢？此外，该法还规定了“出于不正当目的”这一判断标准，从股东代表诉讼制度的目的来看，原告股东基于公司利益提起的诉讼可以认为是具有正当的目的，否则，都应视为出于不正当目的。但该标准面临同样的问题，原告股东在提诉时对其行为是否有利于公司的利益通常难以准确判断。当原告股东发现或有合理根据怀疑被告董事等有侵害公司利益的行为，其主观上出于保护公司的利益（当然还可能兼有其他的个人目的）而起诉，但诉讼是否最终对公司有利却非一目了然，也非原告股东的能力所能准确判断。如果原告股东并非为了获得不当利益，但其所提之诉却客观上不符合公司的利益，此时，如何判断败诉股东是否“出于不正当目的”而起诉？故此，《美国标准公司法》所规定的“无合理的诉因”与“出于不当目的”标准要想有效发挥作用，需要赋予法院更多的自由裁量权，并且还需要法院具有善意、合理行使其自由裁量权的能力与条件。这在正当程序、权利公平保护等理念根深蒂固并拥有独立、完善的司法制度的美国，或许实际操作上述标准时不会有太大的问题，但如在我国采取此一标准作为判断败诉股东是否对公司承担责任的依据，恐怕结果将不容乐观。

再次，日、韩两国的“恶意”标准，同样存在操作上的难度。通常认为，判断“恶意”的标准为明知诉讼是不适当的、是不利于公司利益的，仍坚持进行诉讼。[1]这一标准其实与《美国标准公司法》的立场并无本质的不同。基于股东代表诉讼的复杂性，如何判断原告股东在提诉

---

〔1〕 刘金华：《股东代位诉讼制度研究》，中国政法大学2007年博士论文，第93页。

时就“明知”诉讼是不适当的或不利于公司利益的？这一标准并不比《美国标准公司法》所规定的标准更具有可操作性。在我国司法环境尚不理想，法院仍较缺乏审理股东代表诉讼案件的实践经验的现实条件制约下，采取“恶意”这一主观标准难免会给法院留下太多的操作空间，以至于进退失据，影响股东代表诉讼制度正常作用的发挥。

最后，我国台湾地区公司法基本采取以“提起诉讼的依据显属虚构”作为判断败诉股东是否应对公司承担责任的标准。相对于“恶意”标准，这一标准将败诉股东承担赔偿责任的范围限定得更窄。依此标准，原告股东只要能向法院证实其起诉的依据来源真实，并非杜撰，即使最终因其所提供的证据的证明力无法达到相应的证明标准，而使法院根据证据规则无法最终认定被告侵害公司利益的行为肯定存在，也不必对公司承担责任。这样，败诉股东对公司承担赔偿责任的范围将受到限制。此外，判断败诉股东提起诉讼的依据是否“显属虚构”相对于判断其是否存在“恶意”来讲，也更具有可操作性。不能证明被告对公司侵害行为的存在，并不意味着其没有合理的提诉依据，正如现实中许多原告败诉的诉讼并非都是滥诉一样，只要原告股东没有做虚假陈述、捏造事实，就不需要向公司承担赔偿责任。

（二）我国台湾地区的做法可资借鉴

基于我国的股东代表诉讼的制度安排及现实司法条件等因素的考虑，宜借鉴我国台湾地区的经验。理由在于：

第一，将公司对败诉股东的损害赔偿请求权的范围限定在较小的范围内，有助于我国股东代表制度的发展。鼓励股东提诉与防止滥诉是股东代表诉讼制度设置中永远也无法回避的问题。为了防止股东滥诉，有必要赋予公司对败诉股东享有损害赔偿请求权，通过让提诉股东承担因其不当起诉所产生的费用及因之所造成的其他损失，可以促使股东在提诉时谨慎行事，不至于在行使其诉权时无所顾忌。但如果对提诉股东施加的责任过于苛刻，让其承担过大的诉讼风险，则会使其失去提起正当代表诉讼的激励。这样的话，股东代表诉讼制度就可能成为摆设，难以实际发挥作用。德国、美国相继程度不同程度地放弃以客观败诉结果作为归责标准的做法就是较好的证明。

由于原告股东在提诉时常常既无法准确判断胜诉的几率，也难以准确判断其所提起的诉讼是否真正符合公司的利益。败诉股东对于诉讼之提起没有正当理由的事实既可能是明知的，也可能不是明知的。如果股东出于私利，故意以虚构的事实为基础而起诉，败诉时让其承担因诉讼所产生的费用及赔偿相关的损失自无问题。进一步将败诉股东的责任范围扩大到存在“恶意”则存在很大的不确定性，不仅法院在操作该标准时可能进退失据，乃至滥用自由裁量权，也会造成股东对其所可能承担的诉讼风险无法把握，从而在不可预知的风险压力下放弃提起代表诉讼。致使股东代表诉讼制度难以发挥其应有的作用。特别是在我国股东代表诉讼远未成熟，中心投资者权益保护渠道狭窄及公司治理机制尚未理顺的现实条件下，更不宜对败诉股东课以过重的责任，影响我国股东代表诉讼制度的发展与完善。

第二，让败诉股东对公司承担过多的责任不符合法律上的权利义务相一致原则。基于股东代表制度特殊的设计，原告股东是为了公司的利益而起诉，诉讼所得利益也归于公司，加之股东代表诉讼程序复杂、成本巨大且诉讼结果充满不确定性，原告股东其实在诉讼中承担了很大的风险，但即使胜诉其所得也很有限。如果再对败诉股东课以过于宽泛或充满不确定性的责任，即使不考虑这样做对我国刚起步不久的股东代表诉讼制度可能带来的严重冲击，单从法律公平的角度来讲，也是严重背离权利与义务相一致这一基本的法律原则的。

第三，为了防止股东滥诉，可以通过赋予公司阻止诉讼权，来及早避免或终止不必要的股东代表诉讼。如果公司认为原告股东提起的诉讼缺乏合理的依据或继续诉讼将不利于公司的利益，可以在法院立案之前，申请法院不予立案或在法院受理后，向法院申请驳回诉讼。通过这一配套制度的设置，既可起到防止滥诉，避免前置程序成为走过场的作用，又不至于过度遏制股东提诉的积极性。防止股东滥诉的目标需要多种制度的配合才能实现，并非仅靠公司对败诉股东的损害赔偿请求权这一种途径来完成。

当然，我国台湾地区公司法规定败诉股东同时承担对公司与被告的双重赔偿责任这一做法是否可取，还有待商榷。

三、赔偿的范围

股东败诉后可能会给公司造成的损害通常包括：诉讼费用（向法院缴纳的案件受理费、申请费及其他诉讼费用）；律师费；公司因参加诉讼所产生的（律师费之外）的各种费用（直接损失）；因诉讼而给公司造成的间接损失：如股票价格的下跌、市场交易机会的丧失等。在上述费用与损失中，败诉股东应对哪些费用或损失向公司承担赔偿责任呢？

首先，败诉股东不应承担公司因诉讼所导致的间接损失。股东代表诉讼程序复杂，耗时较长，在资讯已相当发达的今天，股东提起代表诉讼不可避免会对公司造成多方面的影响，尤其是上市公司。资本市场上的任何风吹草动，都可能导致处在信息不对称状态下的中小投资者选择抛售股票，极易导致公司股票价格的下跌，从而导致公司市值的减少。此外，在情况不明状态下，股东提起代表诉讼还可能导致公司社会声誉的下降以及交易机会的丧失。这些损失通常是数额巨大到难以估量的。要求败诉股东承担公司因诉讼所导致的公司间接利益的损失既无不合法，也不合理，更是败诉股东所难以承受的。故此，各国立法普遍不把间接损失列入赔偿范围。

其次，诉讼中产生的律师费是否应由败诉股东承担？其一，败诉股东不应承担被告方的律师费。在一般的民事诉讼中，美国通常不将律师费列入诉讼费用而判决由败诉方承担。依《美国联邦民事诉讼规则》第54.4(1)条的规定，原则上由双方当事人各自承担自己的律师费，实践中胜诉方想从败诉方获得律师费的补偿是非常少见的。[1]但美国公司立法规定了公司对被告董事胜诉时的费用补偿义务，所以，在股东代表诉讼被告胜诉的情况下，被告董事的律师费就成为公司因诉讼所花费的合理费用。故此，《美国标准公司法》第7.46(2)、(3)条规定败诉股东应支付被告在该程序中进行辩论而发生的任何合理的费用(包括律师费)以及败诉股东出于不正当目的所产生的如提出诉状、动议或其他文件而发生的合理费用(包括律师费)。[2]从该条的规定来看，败诉股东承担责任的范围是包括被告董事的律师费的。日本公司立法并未将律师费列入诉讼费用，胜诉方的律师费通常由自己承担。该国《公司法》在规定原告股东胜诉时，公司应对胜诉股东的费用补偿范围里包括原告股东支付的律师费，但却未明确规定败诉股东应承担被告方的律师费。我国的立法也基本如此，当事人双方通常是各自承担自己的律师费，而不是由败诉方承担。所以，在被告胜诉时，其律师费应由自己承担，加之我国并无董事等胜诉费用补偿制度，公司也不需要对被告在诉讼中所支付的律师费加以补偿，也就不需要败诉股东来承担。其二，原告股东及公司参加诉讼时所产生的律师费应由败诉股东承担。原告股东为了诉讼而聘请律师所产生的费用，在其败诉并应承担赔偿责任时自然不应得到公司的补偿。公司为了参加诉讼所产生的律师费，属于其因诉讼所产生的直接损失，应得到败诉股

---

〔1〕 廖永安：《民事诉讼理论探索与程序整合》，中国法制出版社2005年版，第194页。

〔2〕 沈四宝编译：《最新美国标准公司法》，法律出版社2006年版，第86页。

东的赔偿。

最后，败诉股东应自己承担该案的诉讼费用，并赔偿公司因诉讼所产生的合理费用。从学理上讲，诉讼费用包括裁判费用和当事人费用两部分，美国、日本都将裁判费用和当事人费用作为诉讼费用，一般都由败诉方承担。[1]而在我国的民事诉讼中，诉讼费用仅指各方当事人向法院缴纳的案件受理费、申请费用及其他诉讼费用，败诉方只需要承担案件的诉讼费用，其他因诉讼所产生的费用通常由各方当事人自己或由法院承担。所以，股东败诉后，除了无法取回预交的诉讼费用之外，还应赔偿公司因诉讼所产生的合理费用。公司可以选择是否参加诉讼，如果其选择参加诉讼，则必将产生一部分费用，如律师费、相关人员的薪酬、差旅费等；即使公司未选择参加诉讼，也可能产生一些费用，如前置程序中的产生的费用、向其他股东发布公告等费用。该部分费用属于公司因诉讼所产生的直接损失，有权向败诉股东请求赔偿。

第四节　公司的其他权利

一、再审申请权

我国现行《公司法》及《公司法司法解释（四）》都未涉及公司能否对股东代表诉讼确定判决申请再审问题。[2]相比之下，日本、韩国的

---

〔1〕 廖永安：《民事诉讼理论探索与程序整合》，中国法制出版社 2005 年版，第 191—194 页。

〔2〕 最高人民法院《关于适用〈中华人民共和国公司法〉若干问题的规定（四）》（2009 年 10 月专家论证会征求意见稿）第 57 条虽明确规定公司可以申请再审，但未就公司可以申请再审的事由加以明确。

公司立法对公司申请再审的事由则规定的更为具体。日本2005年《公司法》第853条规定，在提起责任追究之诉的情形下，原告股东与被告合谋，使得有关责任追究之诉的诉讼目的为以损害股份有限公司权利为目的取得判决的，股份有限公司或股东对生效的终审判决，可以提起再审之诉，申诉不服。[1]依此规定，如果生效裁判是针对原告股东与被告的合谋，以损害公司权利为目的所提起的诉讼，并且公司因该判决而遭受利益损害的，则公司可以向法院申请再审。即使公司并未参加诉讼，若对股东代表诉讼的确定判决不满也可以申请法院再审。有关股东代表诉讼再审时的具体程序，除申请再审事由和再审申请权之外，按《日本民事诉讼法》第4编的一般规定进行。对公司申请再审问题，《韩国商法典》采取了与日本公司立法相似的态度，该法第406条规定："在提起第403条（股东代表诉讼）之诉的情形下，若原告与被告共谋以侵害公司权利为目的得出达到此目的的判决时，公司或股东可以对已确定的终审判决提起再审之诉。"[2]可以说，至少在大陆法系，允许公司对生效的股东代表诉讼判决申请再审似已成为普遍的做法。公司申请再审的法理基础何在？可以基于什么事由才可申请再审呢？我国学界尚缺乏对上述问题的深入探讨。

（一）赋予公司再审申请权的法理逻辑

根据我国现行民事诉讼立法的规定，只有当事人才有权申请再审，即申请再审的当事人必须适格，否则，法院将不予受理。而公司并非股东代表诉讼中的当事人，为何也有权申请再审呢？笔者认为，赋予公司再审申请权是基于如下理由：

---

〔1〕 吴建斌等译：《日本公司法典》，中国法制出版社2006年版，第446—447页。

〔2〕 吴日焕译：《韩国商法》，中国政法大学出版社1999年版，第91页。

1. 赋予公司再审申请权是基于股东代表诉讼确定判决既判力效力的扩张

学界一般认为,既判力是指确定判决对诉讼标的之判断对法院和当事人产生的约束力。确定判决既判力的效力通常只及于本案中的当事人,但在股东代表诉讼中,公司及其他股东即使并未参加诉讼,也要受该案确定判决既判力的约束,不得就同一诉讼标的再行起诉。由于股东代表诉讼是原告股东为了公司利益而提起的诉讼,其诉讼标的是公司受到侵害的利益,判决结果也归于公司,故公司是受法院判决直接影响的利害关系人。基于股东代表诉讼确定判决既判力效力的扩张,公司即使对判决结果不满意,也将无法通过再行起诉的方式寻求救济。因此,立法应为其提供别的救济渠道,否则,如果公司利益因确定判决而受损将无法获得必要的救济,而公司的再审申请权就是为了应对因判决既判力的扩张而使其利益受损时的一种补救途径。

其实,允许公司成为再审程序中的适格原告在日本并不存在法理上的障碍。日本著名民事诉讼法学者新堂幸司认为,"再审原告,应当是受确定判决效力之拘束且具有要求撤销判决利益(不服利益)之人,原则上是确定判决的当事人,且为遭受全部或部分败诉之人"。但在判决效力及于第三人的情形下,享有撤销判决之固有利益的第三人,也是适格的再审原告。[1]因为再审程序是申请人请求撤销原确定判决,排斥其既判力的一种救济程序,所以原则上,将受到原确定判决既判力不利影响的人都有权申请再审,成为再审程序中的原告,并将从原判决中获取利益的一方或双方作为被告。申请再审的适格当事人也可以不限于原确定判决中所标示的当事人,还可能包含第三人诉讼

〔1〕 [日]新堂幸司:《新民事诉讼法》,林剑锋译,法律出版社 2008 年版,第 669 页。

担当的权利归属主体。[1]而在股东代表诉讼中，原告股东行使的诉权原本属于公司，股东代位公司提起诉讼后，公司就处于类似于诉讼担当中的被担当人的地位，故在其利益因原判决而受损时，也应有权申请再审。

2. 赋予公司再审申请权符合再审制度的目标

再审程序是民事诉讼程序体系中一种纠错、补救程序。一方面，为了维护确定判决的稳定性和解决纠纷的效率价值，应尽可能避免启动它，这也是各国司法中普遍遵循的规则；但另一方面，当事人也有权获得法院公正的裁判，包括实体上及程序上的，如果其所获得的判决没有体现实体上和程序上的公正时，该判决就没有正当性，应当予以否定。[2]从一定程度上讲，再审程序的目标就是为了给那些因生效瑕疵裁判而遭受利益损害的利害关系人提供一种特殊的救济途径。而在现实中，由于确定判决既判力的扩张，不仅原判决所明示的双方当事人的利益可能会受到瑕疵确定判决的损害，案外第三人的利益也可能会因瑕疵判决而遭受损害。在案外第三人基于扩张后的判决既判力的限制，无法通过正常的诉讼渠道寻求救济时，允许其通过再审程序来寻求对因瑕疵判决而受损的权利进行救济，既在情理之中，也不违背再审制度设立的初衷。基于股东代表诉讼制度的特殊设计，即使公司并未参加诉讼，未获得相应的程序保障，也受股东代表诉讼判决既判力的约束，如果其利益因瑕疵判决而遭受损害，允许公司通过申请启动再审程序来寻求救济，符合再审制度的目标。

（二）公司申请再审的事由

依我国现行《民事诉讼法》第200条的规定，当事人可以申请再审

---

〔1〕［韩］孙汉琦：《韩国民事诉讼法导论》，陈刚译，中国法制出版社2010年版，第507—508页。

〔2〕张卫平：《民事再审事由研究》，载《法学研究》2000年第5期。

的事由多达 13 项，无论确定判决是存在一些程序性瑕疵，还是存在所列的实体性错误，当事人在法定期间内都可申请再审。是否在当事人通常可以申请再审的情形下，股东代表诉讼中的公司也可申请再审？笔者认为，基于股东代表诉讼制度特殊的架构，公司申请再审的事由应受到相对于普通当事人更为严格的限制，日本、韩国公司立法中的做法值得借鉴。理由在于：

第一，通常情况下，由原告股东申请再审更符合股东代表诉讼制度的初衷。由于公司并非股东代表诉讼中的当事人，甚至可以选择不参加诉讼，其对诉讼情况的熟悉程度可能并不及原告股东，原告股东更易了解是否存在再审的事由，所以通常情况下，由原告股东申请再审更为便利。此外，原告股东通常是在公司怠于或拒绝起诉的前提下提诉的，虽然公司是真正的权利人，但其对公司利益的关心程度未必比公司低。正常情况下，原告股东虽是为了公司的利益而提诉，但也多少具有间接保护自身利益的目标，在公司利益因瑕疵判决而遭受损失时，原告股东通过再审寻求救济的渴望未必就不如公司。这从原告股东甘冒巨大的风险，为保护公司利益而提起可能成本巨大、旷日持久的代表诉讼就不难看出。加之股东代表诉讼制度本身兼具通过股东提诉的方式对公司经营管理者进行事前监督的功能，如果允许公司可以随意取代原告股东申请再审，将难以有效避免公司因受不当控制而在意志不自由的状态下与被告串通，通过自己申请再审的方式削弱或变相剥夺原告股东的再审申请权，从而导致股东代表诉讼制度事前监督功能的弱化。

第二，公司申请再审的事由应主要限于原告股东与被告恶意串通，通过获得瑕疵判决损害公司利益的情形。由于公司利益独立于原告股东的利益，基于股东代表诉讼制度的特殊安排，诉讼所得收益将归于公司，而非原告股东。当原告股东所持公司股份较少时，即使胜诉，其所得也将极为有限，故此，原告股东存在采取机会主义行为的激励。如果原告股东通过与被告恶意串通，获得损害公司利益的瑕疵判决，此时，指望通过原告股东申请再审来对公司因瑕疵判决而受损的利益进行救济已无异于与虎谋皮。由于受股东代表诉讼判决既判力的约束，公司或其他股东已不能再行起诉。在此种情况下，由公司自己申请再审就极为必要。从这个角度来看，日本、韩国的公司立法均在赋予公司再审申请权的同时，将其申请再审的事由限定在此种情形并非没有道理。当然，在其他情形下，也存在无法依靠原告股东申请再审的方式来寻求对公司的利益损失进行救济的可能，但基于成文法本身存在着局限性，无法对现实中的复杂情况一一作出规定，还需要借助法律的基本原则的弹性规定，通过法院根据具体案件的情况进行自由裁量来实现各种利益之间的平衡，从而不断地发展和完善成文法的规定。当某种其他类型的情况有了比较成熟的司法经验时，当然也可以列入公司申请再审的事由中。从这个意义上来讲，该种限制并非静态的，而是一种动态的标准，加之其具有一定的弹性，因这种严格限制而导致公司无法通过申请再审救济受损利益的情况也许不能完全避免，但也不至于严重到难以容忍的程度。况且，相对于赋予公司较大范围内的再审申请权所可能带来的问题，适度的错误容忍也是值得的，这也正是再审制度的真谛所在。

第三，对公司申请再审的事由作严格限制，符合再审制度作为一种“非常程序”，乃不得已而为之的初衷。在我国司法实践中，再审程序被过多地启动已成为公开的秘密，由此带来的负面影响也有目共睹。而在日本、美国，再审案件的数量却相当少。日本全国每年的再审案件在100到200件之间，虽然《美国联邦民事诉讼规则》第59条、第60条也规定了针对错误生效裁判的再审制度，主要包括new trial

以及 rehearing 制度，但实际启用较少。[1] 相比之下，我国更应该对再审程序的启动施加严格的限制。

对于股东代表诉讼这种诉讼成本巨大，牵涉面甚广的诉讼类型，如果再审程序也能被广泛提起，由此可能带来比其在一般民事诉讼中更严重的后果。严格限制公司申请再审的事由，有助于维护股东代表诉讼判决效力的稳定性，有助于及早使公司及其他相关各方摆脱诉讼的干扰，既能提高公司的效率，也符合再审程序设立的初衷。

（三）公司申请再审的程序

在公司申请再审的程序设置上，相较于普通诉讼中的当事人申请再审程序并无本质的差别，通常可直接参照适用我国民事诉讼法及相关司法解释的规定。但也存在一些特殊之处，如公司申请再审时一般应将股东代表诉讼中的原告股东与被告列为共同的被申请人；应为其他股东参加再审设置必要的程序等，相关问题有待进一步思考。

（四）申请再审的对象

确定判决能够成为再审的对象自无疑问，但对诉讼和解协议能否申请再审却存在争议。其实，公司能否对股东代表诉讼和解申请再审取决于诉讼和解能否产生既判力。如果诉讼和解产生既判力，则其效力将会及于公司，此时，公司就应有权在诉讼和解存在意思表示瑕疵时申请再审；反之，公司则不能也无须对其申请再审，可直接通过正常的诉讼程序主张其无效或将其撤销。[2]

二、申请执行权

根据我国的民事执行原理，有权依据具有给付内容的各种执行依

---

〔1〕 沈坚：《理念定位 · 制度构架 · 改革建言——民事再审理论与实务国际研讨会综述（一）》，载《人民法院报》2006 年 11 月6 日。

〔2〕 相关内容将在本书第五章第二节中加以阐述，此处暂不展开。

据向法院申请强制执行的主体通常限于该执行依据中确定的实体权利的享有者或其继承人。我国台湾地区一般称其称为“债权人”，相对方则称为“债务人”；大陆学界则将依执行名义享有实体权利者称为申请人或申请执行人，相对方则称为被申请人或被申请执行人。申请人通常是受领执行标的物的人，但也存在例外，如法院可以根据申请人的申请，依具有向第三人给付内容的执行依据将执行标的物交付有受领权的第三人。此外，执行程序中的申请人及被申请人，与民事诉讼程序中的原告、被告也未必一致。〔1〕

在股东代表诉讼中，公司虽然不是诉讼中的当事人，但原告股东胜诉时的胜讼利益却归于公司，故法院应在给付判决中直接将公司列为实体权利享有者，如果被告方拒绝履行义务，公司就应有权向法院申请执行。但是，为了防止公司因受不当控制而与被告合谋，通过放弃行使申请执行权的方式，来不当免除被告董事等管理层应对公司承担的责任，因而损害公司及股东的利益，故原告股东及其他股东也应在一定条件下享有申请执行权。当由原告股东或其他股东申请执行时，公司就成为类似于我国台湾地区的向第三人为给付判决中的享有受领权的第三人。虽然我国现行《公司法》和《公司法司法解释（四）》未对公司能否申请执行问题作出规定，但在最高人民法院《关于适用〈中华人民共和国公司法〉若干问题的规定（四）》（2009 年 10 月专家论证会征求意见稿）第 56 条中则明确规定了公司享有依据民事诉讼法的相关规定向法院申请强制执行的权利。公司可以申请强制执行，在司法实践中也得到了一定程度的认可。〔2〕笔者认为，在我国当前仍然存在执行难问题的情况下，赋予公司申请执行权，既有助于缓解原

〔1〕 杨与龄：《强制执行法论》，中国政法大学出版社 2002 年版，第 38 页。

〔2〕 2015 年 1 月 19 日江苏省高级人民法院（2014）苏执复字第 00090 号“钱钢损害公司利益责任纠纷”执行案裁定书。该裁定书认为提诉股东和公司皆有申请执行权。

告股东或其他股东在预交巨额执行申请费及一定条件下提供执行担保方面的负担,也有利于防止胜诉的原告股东为谋取私利,采取与被告恶意串通,通过拒绝申请执行损害公司利益的机会主义行为。

三、独立提出相关主张的权利

在美国的股东代表诉讼制度中,作为形式被告的公司是诉讼中不可或缺的一方当事人,当然可以主张不同于原告股东提出的案件事实,但一般不应享有超出保护其切身利益范围的代表实质被告提出事实或法律上抗辩的权利。美国判例法的一般规则是,当原告以某公司名义提起代表诉讼时,该公司不得通过辩护被告人没有违背对公司的义务或者通过提出可能从实质上挫败公司的诉讼请求的辩护理由,而为个人被告进行辩护。另外,还有一些判例禁止公司在未获成文法允许的情形下,以预垫资金的方式为被告的辩论提供资助。〔1〕但公司可以主张提起诉讼或继续诉讼不符合公司的最佳利益,可以请求法院驳回或终止不符合公司最佳利益的诉讼,还可在依相关规定完成对诉讼的审查及评估之前,申请法院中止代表诉讼中的证据开示及原告股东提起的所有进一步的法律程序。〔2〕可见,公司在美国的股东代表诉讼中虽然不享有为实质被告进行超出保护公司切身利益范围的抗辩权利,但其对诉讼程序的进程及最终诉讼结果具有重要的影响,在股东代表诉讼中扮演着重要的角色。

根据《日本公司法》849 条第 1 款的规定,公司在股东代表诉讼中既可作为原告股东的共同诉讼参加人,也可成为原、被告双方中任一方的辅助参加人。以前者为例,日本民事诉讼法中的共同诉讼参加

〔1〕 [美]美国法律研究院:《公司治理原则:分析与建议》(下),楼建波等译,法律出版社 2006 年版,第 640 页。

〔2〕 同上书,第 639、645 页。

人，在德国民事诉讼法中则被视为被参加人的共同诉讼人。[1]日本无论是在民事诉讼立法上，还是在民事诉讼理论研究中，都深受德国法的影响，日本的共同诉讼辅助参加制度就是在参考德国相关立法的基础上引进的。[2]虽然日本《民事诉讼法》并未像德国那样，直接将共同诉讼辅助参加人视为被参加人的共同诉讼人，但日本民诉学界的通说则认为，共同诉讼参加人可以作出与被参加人行为相抵触的诉讼行为（如阻止被参加人的自认行为）、上诉期间的计算独立于被参加人以及在遇到中断或中止事由时，法院可以在一定条件下暂停整个诉讼程序。[3]可见，在日本，如果公司选择以共同诉讼参加人的身份参加股东代表诉讼时，其对被参加人的从属性将大为降低，独立性则大为增强，有权实施较多的不同于原告股东的行为。但是，共同诉讼参加人不具有真正的当事人身份，不得实施诉的变更、撤诉、放弃或承认诉讼请求等实质的当事人才有权实施的行为。

为了促进维护公司效率与保护公司及股东的合法权益两者之间的平衡，有效发挥我国股东代表诉讼制度的作用，我国也应借鉴日本公司立法中的做法，允许公司选择以原告股东的共同诉讼参加人的身份参加股东代表诉讼。因此，为了防止原告股东与被告合谋损害公司及其他股东的利益，公司可以提出一些不同于原告股东的主张，如限制原告股东的自认行为等，但不应享有实质当事人才应享有的一些权利，如撤诉、变更或放弃诉讼请求等。

---

〔1〕 参见:《德意志联邦共和国民事诉讼法》，谢怀栻译，中国法制出版社 2001 年版，第 14 页。

〔2〕 [日]中村英郎:《新民事诉讼法讲义》，林剑锋等译，法律出版社 2001 年版，第 89 页。

〔3〕 [日]高桥宏志:《重点讲义民事诉讼法》，张卫平等译，法律出版社 2007 年版，第 311 页。

第四章　公司在股东代表诉讼中的义务

股东代表诉讼不同于一般的民事诉讼，其诉讼标的是公司受到侵害的利益，胜诉利益归于公司，但提起诉讼的却是股东，这使其在诉讼中所承担的义务既不同于普通民事诉讼中的当事人，也不同于无独立请求权第三人。由于公司在诉讼中所处的特殊境遇，其应承担的诉讼义务也具有特殊性。具体来讲，公司负有对提诉股东的费用补偿义务、接受确定判决既判力约束的义务以及不起诉理由说明等义务。当然，限于笔者的研究精力及研究视野，本章探讨的并非公司在股东代表诉讼中应承担的全部义务。

第一节　对原告股东的费用补偿义务

一、问题的提出

让我们先看一个司法实践中的典型案例：

2004年6月，北京红石实业有限责任公司的3位股东汪钢、谢光学、姚军，以公司董事长潘石屹侵害公司财产为由，将其告上法庭，索赔1.05亿元。原告代理律师中京律师事务所主任王晓滨告诉记者，本案提出的赔偿数额是1.05亿元，但事实上公司真正的损失至少在这个数目的十倍以上。之所以降低索赔数额关键在于诉讼费用的不合理性。如果按照现行法律的相关规定，15亿元标的诉讼费用在100万元以上。“小股东本来就利益受损，根本交不起这么高的诉讼费用”，王晓滨说。[1]即使在该案中原告股东采取以小股东受损额提起诉讼的方式，算下来诉讼费用仍然高达50多万元。经过多轮谈判和调解均无效后，北京市高级院决定于2005年5月26日开庭审理此案。但就在法院开庭前一天，双方却戏剧性地达成和解。同年5月25日潘石屹一次性支付了赔款，三原告于6月1日从法院撤回诉讼，但该案的具体赔偿金额外人至今不得而知。[2]

虽然该案最终以和解的方式了结，但却给我们留下了许多值得深思的问题。股东是为了公司的利益而起诉，依当前的相关规定，既要向法院预交巨额的诉讼费用，支付诉讼中的其他巨额花费，还要承担可能败诉后的巨大风险。并且，依我国股东代表诉讼制度的安排，即使原告股东胜诉，诉讼收益也将归于公司，原告股东也将所得有限。那么，股东又有何提诉的激励呢？为了有效发挥我国股东代表诉讼制度的作用，在原告股东胜诉时，是否应该允许其从公司处获得费用补偿呢？如果可以，其法理基础何在，获得补偿的范围应如何确定，原告股东可否从败诉方对公司的赔偿中直接受偿？再进一步，如果原告股

---

〔1〕 谢良兵、郃婷婷：《“潘石屹案”：股东代表诉讼的标本案例》，载《法制日报》2004年09月15日。

〔2〕 参见：《SOHO中国土地拼图》，http：//fund. jr. j com. cn/news/2007－09－17/000002689186. htm，l。

东在并非出于恶意的情形下提起代表诉讼，却因股东代表诉讼的复杂性及诉讼本身具有的不确定性而最终败诉，败诉股东是否也能获得公司一定的费用补偿?

世界众多国家或地区在公司立法及实务都规定了公司对原告股东的费用补偿义务。我国现行《公司法》虽没有明确规定，但《公司法司法解释(四)》第35条第3款明确规定："股东胜诉后，请求公司承担合理的律师费以及为诉讼支出的调查费、评估费、公证费等合理费用的，应予支持。"由此可见，要求公司对胜诉股东进行诉讼费用补偿得到司法实践的一定认同。其实在此之前，司法实践中已经进行了一些有益的尝试。例如，江苏省高级人民法院2003年6月出台的《关于审理适用公司法案件若干问题的意见(试行)》第78条规定："人民法院支持股东代表诉讼请求的，应当将诉讼请求的利益判归公司，诉讼费用由被告方负担，因诉讼发生的其他合理费用如律师代理费、差旅费等由公司负担；人民法院不支持股东代表诉讼请求的，与诉讼相关费用均由提起诉讼的股东负担；部分支持的，按比例确定上述费用的负担。"同一时期，上海市高级人民法院也作了类似的尝试。[1]最高人民法院《关于适用〈中华人民共和国公司法〉若干问题的规定(四)》(2009年10月专家论证会征求意见稿)第55条亦明确规定，法院可以依据胜诉股东的请求，判令公司对原告股东因参加诉讼所支付的合理费用予以补偿。可以说，公司应对胜诉股东承担费用补偿义务在司法实践中是有深厚基础的。但对于费用补偿义务的法理基础、具体补偿方案等，《公司法司法解释(四)》等的表述仍不够清晰周详。笔者以比较法为视角，结合我国司法实际，拟对此问题展开探讨。

---

〔1〕 上海市高级人民法院民二庭2003年6月《关于审理涉及公司诉讼案件若干问题的处理意见(一)》第5条。

二、公司承担费用补偿义务的法理基础

公司缘何承担对胜诉股东的费用补偿义务？美国公司立法及实务中要求公司对原告股东承担费用补偿义务的基本理由是防止不当得利和达到公正。[1]对于公司对胜诉股东的费用补偿义务问题，美国存在共同基金原则与重大利益原则。根据美国民事诉讼费用制度的规定，当事人在诉讼中向法院缴纳的裁判费用与在诉讼中所产生的诸如证人费用、鉴定费等案件处理费都被列入诉讼费用，除制定法另有明文规定外将由败诉方承担，但诉讼中所产生的律师费通常由各方当事人自己承担。[2]在原告股东胜诉的情况下，除已方律师费以外的其他费用通常将由败诉方承担，故原告股东胜诉时涉及的主要问题是其为了诉讼所产生的已方的律师费如何承担。依据共同基金原则，诉讼取得的基金如果在使提诉者受益的同时，还使其他人受益的，法院将允许原告回收部分诉讼成本。而依重大收益原则，只要原告胜诉，并使公司从诉讼中取得重大非金钱收益（实质性利益），即使公司并未实际获得赔偿，法院也会要求公司对提诉股东进行费用补偿。[3]虽然美国公司立法对败诉股东能否得到费用补偿缺少足够的关注，但由于判断原告股东是否胜诉的标准弹性较大，不以公司是否实际获得赔偿为标准，所以原告股东能获得费用补偿的机会大为增加。基于美国具有的深厚的正当程序与注重保护投资者利益的理念以及特定的公司法律制度环境，依据共同基金原则与重大利益原则可以对公司应对胜诉

---

〔1〕 Deborah A. DeMott, *Shareholder Derivative Actions: Law and Practice*, Thomson West (2003), Section6. 16, pp. 6 –45.

〔2〕 廖永安：《民事诉讼理论探讨与程序整合》，中国法制出版社 2005 年版，第 194 页。

〔3〕 郁光华：《公司法的本质——从代理理论角度的观察》，法律出版社 2006 年版，第 88 页。

股东进行费用补偿进行合理的解释。由于我国并无深厚的相关理念，也缺乏相应的法律制度环境，很难借鉴美国的相关理论来解释公司缘何对胜诉股东承担费用补偿义务。

我国有学者认为，应以民商法上的无因管理理论作为公司对原告股东承担费用补偿义务的法理基础，即股东代位公司提起代表诉讼可视为民法上的无因管理，作为受益人的公司应当对作为管理人的原告股东为管理其事务所支出的必要费用予以偿付。[1]但遗憾的是，该学者并未对此进行深入的探讨。另外，该学者还认为，由于原告股东提起代表诉讼存在一定的败诉风险，基于民商法上的公平原则，当原告股东胜诉时，公司作为受益人也应当给予原告股东以必要的补偿。[2]以民商法上的公平原则来解释公司对胜诉股东的费用补偿义务当然并无不可，但公平原则的内涵与外延都极为丰富，笼统地将之解释为符合民商法上的公平原则则过于抽象，正如对任何涉及欺诈或重大误解的行为都可以用违反诚信原则来解释一样。由于公平这一法律的基本原则通常是在缺乏明确的成文立法的情形下才应作为法院在自由裁量时进行利益衡量的重要考量因素而发挥作用，将公司对胜诉股东承担的费用补偿义务归因于公平原则，实际上缺乏对该问题的深入探讨。此外，将胜诉股东获得公司费用补偿视为民法上的不当得利似乎也有一定的说服力。股东胜诉时，诉讼收益归于公司，公司所得的裁判利益是基于股东的努力而获得的，有必要对胜诉股东予以一定的补偿。但不当得利的关键条件是受益人获得的利益是不正当的，而公司获得股东代表诉讼的裁判利益则是基于法律的规定，是合法的。故此，民法上的不当得利无法解释公司为何要承担对胜诉股东的费用补

〔1〕 卢政峰：《股东诉讼制度研究》，吉林大学2010年博士论文，第101页。
〔2〕 同上书，第101页。

偿义务。况且,依不当得利理论,只要原告股东败诉,公司并未实际从诉讼中获利,其将得不到任何费用补偿,这也是有待商榷的。

无因管理的立法目的很大程度上是基于社会公共利益与公序良俗的考量,该制度在功能发展过程中,经历了从偏重保护本人利益,到兼顾管理人利益,再到注重公益三个阶段。从这种发展历程可以看出,“无因管理产生的原因在于对个体意思自治的弥补与扩张的需要,...表现为管理人利益的兼顾和对社会公共利益的注重。”〔1〕我国民法学者通常认为,成立无因管理应具备三个条件:为他人管理事务;须有为他人谋利益的意思;没有法定或约定的义务。〔2〕据此,构成合法的无因管理须是管理人的行为有利于本人且不违反本人的意思。但在对管理人的适当管理义务进行解释时却又认为,“管理人对于事务的管理系为本人尽公益上的义务或为其履行法定的义务时,尽管违反本人明示或可推知的意思,仍为适当管理”〔3〕。这其实又认可了特定条件下即使违反本人的意思,也可构成无因管理。

对此,我国台湾地区民法学者王泽鉴则明确将合法的无因管理分为两类:一类是管理事务利于本人,且不违反本人明示或可推知之意思;另一类是违反本人明示或可推知之意思而为事务之管理,但其管理系为本人尽公益上之义务,或为履行法定抚养之义务,即阻却违法。〔4〕前一类为合法当无问题,至于后一类,虽然违反本人的意思,但如管理他人事务是为本人尽公益之义务,有利于公益,故法律特使其

〔1〕 李文涛,龙翼飞:《无因管理的重新解读——法目的论解释和论证的尝试》,载《法学杂志》2010年第3期。

〔2〕 王利明:《民法》,中国人民大学出版社2007年版,第708页。

〔3〕 同上书,第710页。

〔4〕 王泽鉴:《民法学说与判例研究》(第2册),中国政法大学出版社2005年修订版,第69页。

具有阻却违法性，成为合法行为。〔1〕后一类无因管理并不要求具备管理事务须有利于本人且不违反本人意思这样的条件，并且该类无因管理主要是为了阻却本人逃避履行其应尽的公益义务，如果从本人的个人私利来讲，往往是对本人不利的，但却是有利于社会公益的。在中国大陆的民法学研究中，通常更多关注的是前一类无因管理，过于强调管理人不得违背本人的意思及管理事务有利于本人，而忽视了后一类无因管理所具有的"阻却违法"的功能，不符合无因管理制度从偏重于保护本人利益向兼顾管理人的利益与注重社会公共利益的保护方向发展的趋势。

无因管理理论可以作为公司对股东承担费用补偿义务的法理基础是基于以下理由：

第一，股东提起代表诉讼的行为符合民商法上无因管理的特征。首先，股东主要是为了公司的利益而起诉，符合无因管理理论中管理人管理他人事务的特征。或许有人会提出，股东起诉的原因不光是为了公司的利益，还存在为了保护自己利益的考虑。这种质疑并非没有道理，但即便如此，也不能否定股东提起代表诉讼是为了管理公司的事务这一事实。我国一些民法学者也认为，无因管理中的管理者通常是专为本人谋利益，但也允许管理人在为本人谋利益的同时，为自己的利益而实施管理或服务行为。〔2〕其次，股东提起代表诉讼并非基于法定或约定的义务，而是其基于公司法的授权所采取的行动。从股东代表诉讼制度设立的目的来看，它是一方面鼓励股东通过代表诉讼保护公司及股东的利益，并监督公司管理层谨慎、勤勉地从事公司事务；另一方面要防止因股东滥用诉权，影响公司的效率。无论从哪一角度

〔1〕王泽鉴：《民法学说与判例研究》（第2册），中国政法大学出版社2005年修订版，第72页。

〔2〕王利明：《民法》，中国人民大学出版社2007年版，第709页。

看,提起代表诉讼都非股东必须承担的法定义务或约定的义务。再次,股东提起代表诉讼虽然违反公司(本人)的意愿,且并非必然会给公司带来利益,但股东提起代表诉讼具有明显的公益色彩。一方面,原告股东提诉是为了保护公司以及所有具有与其类似地位的其他股东的利益,并非仅是为了保护自己的利益。相对于众多的其他股东来讲,原告股东的提诉行为是具有公益性的,难怪学界有许多学者将股东代表诉讼诉权的实体法基础界定为股东的共益权。另一方面,股东通过提起代表诉讼,不仅具有对受损权益进行事后救济的功能,还可以通过监督公司管理层的经营管理行为,成为改善公司的治理结构,增强投资者的投资热情,优化一个国家或地区的投资环境的机制中的重要一环。股东提起正常的代表诉讼相对于社会及国家来讲,具有明显的公益性色彩。最后,股东提起正常的代表诉讼具有阻却违法的效果。作为符合经济人假设的公司董事等管理层,其个人利益与公司利益并非总是一致的,如无相关机制的制约,其在从事公司经营管理事务中采取机会主义行为恐怕难以避免,将会导致损害公司及股东利益的违法行为泛滥。公司法设置股东代表诉讼制度的重要原因之一,就是要制约公司董事等管理层的滥权行为,以提高公司治理机制的运转效率。

虽然股东提诉可能违反了作为本人的公司的意思,也并非必然会对公司有利,但却具有阻却违法的作用,且符合公益目的,故满足后一类合法的无因管理的要件。基于该类无因管理所具有的阻却违法与保护公益的功能,也符合无因管理制度的发展趋势,在中国大陆的民事立法及民法学研究中应引起足够的重视。

第二,将无因管理作为公司对股东承担费用补偿义务的法理基础,既有助于判断败诉股东是否需向公司承担损害赔偿责任,也有助于解释败诉股东是否有权获得合理的费用补偿。首先,基于无因管理理论，如果作为管理公司事务的原告股东出于故意或重大过失提起不必要的代表诉讼，并导致败诉，其理应对作为本人的公司承担损害赔偿责任；反之，如果是出于善意并已谨慎行事，则败诉股东将不需要对公司承担赔偿责任。根据无因管理理论，可对败诉股东缘何要对公司承担以及应承担什么范围内的损害赔偿责任作出较为合理的解释。其次，依后一类合法的无因管理的要求，管理人只要出于善意且谨慎从事了管理他人事务的行为，即使违背了本人的意思，且未能实际给本人带来利益，也有权就其因管理他人事务所支付的合理费用获得补偿。据此，股东在并非基于恶意而提起代表诉讼时，即使最终败诉，也存在获得费用补偿的正当性。虽然，由于不同国家基于其特定的法律传统、制度环境及不同时期特定的经济政策的考虑，在是否允许败诉股东从公司处获得合理的费用补偿问题上可能会有不同的选择，但败诉股东在理论上是否存在获得费用补偿的正当性却有探讨的必要。而无因管理理论则为我们探讨败诉股东是否可以获得费用补偿提供了理论上的基础。

三、败诉股东的费用补偿问题

败诉股东在需要对公司承担赔偿责任的情形下，自然无权获得公司的费用补偿，故本文的探讨仅限于败诉股东无需对公司承担损害赔偿责任的情形。笔者认为，判断败诉股东可否从公司处获得费用补偿至少需要考虑两个因素：其一，是否存在法理上的正当性；其二，各国股东代表诉讼制度发展的实际以及有无对败诉股东进行费用补偿的实际必要。就第一个考虑因素来讲，对于大陆法系国家或地区，基于无因管理理论，对败诉股东在一定条件下给予费用补偿并不存在法理上的障碍。故此，本章将分析的重点放在第二个考量因素上，即在各国是否存在对败诉股东进行费用补偿的必要。根据大多数国家民事诉讼费用通常由败诉方承担的分担规则，如无法律的特别规定，败诉股东需要承担代表诉讼中的诉讼费用。所以，各国民事诉讼费用的构成对败诉股东需要承担的费用范围影响巨大，也是判断是否需要公司对败诉股东进行费用补偿的一个重要考量因素。

依《美国联邦民事诉讼规则》第54.4(1)除美国制定法或本规则有明文规定外，只要法院不作出别的命令，律师费以外的费用当然补偿给胜诉方当事人。[1]在美国，律师费用能够得到补偿的机会事实上是极少的。[2]由于美国是将律师费以外的所有因诉讼所产生的费用都列入诉讼费用并由败诉方承担，加之美国股东代表诉讼中特殊的当事人结构安排，公司是以形式被告的身份处于被告一方，故败诉股东需要承担案件的诉讼费用及自己因诉讼所发生的不能列入诉讼费用以外其他费用。但是，由于美国在判断公司是否需要向股东进行费用补偿时采取“使公司获得实质性利益”这一极具弹性的标准，从而使现实中股东获得费用补偿的机会大为增加。此外，美国许多股东代表诉讼案件是采用律师胜诉取酬制。即由律师代理原告股东包打包讼，原告股东只需同意以自己的名义提诉即可，具体诉讼事务都由律师代理完成。即使败诉，诉讼费用将由代理律师承担，原告股东不需支付诉讼费用。[3]这样，败诉股东除非基于“无合理的诉因或者是出于不当目的”提诉，其将不需要对公司承担损害赔偿责任，巨额律师费则转嫁于律师。如果相关费用是因被告方出于不当目的而产生的，败诉股东也有权从被告处获得合理补偿。这多少减轻了股东提诉的风险，降低

---

〔1〕 白绿铉、卞建林译：《美国联邦民事诉讼规则、证据规则》，中国法制出版社2000年版，第93—94页。

〔2〕 廖永安：《民事诉讼理论探讨与程序整合》，中国法制出版社2005年版，第194页。

〔3〕 周细波、伍芬艳：《关于股东派生诉讼制约机制的探讨》，载《内蒙古农业大学学报》2004年第4期。

了设置公司对败诉股东进行费用补偿制度的必要性。

英国在诉讼费用构成上与美国类似，所不同的是，英国通常将双方当事人的律师费都列入诉讼费用而由败诉方承担。“胜诉方支付给其律师的费用，依律师在授权范围内所进行的全部行为计算，除非他能证明其律师的某行为不当”。[1]故在英国，胜诉方所支付的所有诉讼成本（小额诉讼除外）最终均由败诉方承担。如果采取这一正常的诉讼费用分担规则，股东在败诉时将承担巨大的风险。为了减轻股东的提诉风险，英国《民事程序规则》第19.9第7款规定，如果原告股东合理并诚信地提起诉讼，即使其败诉，法院也有权命令公司对原告股东因诉讼所产生的合理费用进行补偿。[2]如果提诉股东有合理的理由提起诉讼，即使败诉，他自己也不应当承担对方的费用，而应由公司承担；同时，他自己也有权从公司处就自己因诉讼所花费的合理费用获得补偿。这种费用分担制度设置符合“成功时的受益人也应承担失败时的义务”这一著名法律格言所体现的理念。[3]

日本、韩国在诉讼费用的构成及分担规则上与美国有相似之处，但没有像美国那样在股东代表诉讼中普遍实行律师胜诉取酬制。日本的诉讼费用包括审判费用与当事人费用两个方面。审判费用是指当事人必须向法院缴纳的费用；当事人费用则是指当事人提出诉讼后，除向法院缴纳的费用以外的所支付的费用，包括当事人自身因诉

---

〔1〕［英］大卫·巴纳德：《英国民事诉讼法》，西南政法学院法律系诉讼法教研室编，第192页。转引自廖永安：《民事诉讼理论探讨与程序整合》，中国法制出版社2005年版，第193页。

〔2〕李小宁：《公司法视角下的股东代表诉讼——对英国、美国、德国和中国的比较研究》，法律出版社2009年版，第75页。

〔3〕樊云慧：《英国少数股东权诉讼救济制度研究》，中国法制出版社2005年版，第88页。

讼所支付的差旅费、食宿费等[1]，但一般不包括律师费。根据《日本民事诉讼法》第61条的规定，诉讼费用由败诉的一方当事人承担。[2]韩国的律师费一般也不包含在诉讼费用中，而由当事人自己负担。韩国民事诉讼中的诉讼费用（狭义）是指当事人在诉讼中实际支付的、符合有关法律规定的费用，主要包括裁判费用、当事人费用以及法律允许列入诉讼费用的律师报酬。依《韩国民事诉讼法》第98条的规定，诉讼费用由败诉当事人承担，是一种结果责任。[3]日、韩等国只对胜诉股东获得公司费用补偿以及败诉股东除非基于"恶意"否则无须承担对公司的赔偿责任作了规定，未见对败诉股东在一定条件下获得费用补偿方面的规定。一方面是基于其诉讼费用制度设置，败诉股东在不需向公司承担损害赔偿责任的场合，自己除了需要承担本案的诉讼费用之外，还要承担自己因诉讼所产生的其他不能列入诉讼费用之中的其他费用，如己方的律师费等费用。这将是一个沉重的负担。在败诉股东即使并不存在"恶意"的情况下，也要承担如此沉重的负担是极不公平的。虽然日本、韩国法院对股东代表诉讼采取按件收费的标准，诉讼中需要向法院缴纳的费用并不太多，但是现实中股东代表诉讼通常程序复杂，诉讼标的额巨大，因诉讼所产生的律师费及其他费用也不是一个小数目，加之原告股东即使在代表诉讼中胜诉也将所得有限，如果缺乏对败诉股东的费用补偿制度，将会抑制股东提诉的意愿。日本现行的《公司法》之所以缺乏对败诉股东在一定条件下获得费用补偿方面的规定，或许与日本在经过20世纪90年代放宽股东提

---

〔1〕 廖永安：《民事诉讼理论探讨与程序整合》，中国法制出版社2005年版，第244—245页。

〔2〕 白绿铉译：《日本新民事诉讼法》，中国法制出版社2000年版，第50页。

〔3〕 [韩]孙汉琦：《韩国民事诉讼法导论》，陈刚译，中国法制出版社2010年版，第541、543页。

起代表诉讼的限制，造成一定程度的滥诉之后，逐渐加强对股东提诉的限制有关。

相比之下，德国在公司立法中对败诉股东的费用补偿就比较到位。德国将股东代表诉讼分为前置程序阶段和正式审理阶段，在这两个阶段的费用分担规则也不尽相同。股东在前置程序中向法院提出起诉申请，如果该申请未得到法院的许可，则通常由申请股东承担前置程序中的相关费用，这符合一般的由败诉方承担诉讼费用的规则。但德国 2005 年《股份公司法》第 148 条第 6 款又做了例外规定，如果起诉申请未被法院许可是因为诉讼将不利于公司利益，且公司应将此事事先告诉法院却没有这样做，则申请股东的诉讼费用应由公司支付。如果起诉申请被法院许可后进入了正式审理阶段，则无论原告股东是否胜诉，都有权就其应承担的诉讼费用向公司要求补偿，除非原告股东是出于故意或重大过失而在前置程序中向法院提供错误信息并因而导致法院错误地许可了其起诉申请。[1]至于为何败诉股东也有权获得费用补偿，其实在德国《股份公司法》的立法说明中已对此做了解释，“程序法院作出的诉讼程序许可的决定是一个强有力的推定证据，即诉讼提起是为了公司的正当利益。所以不能让公司仅仅承受诉讼带来的利益，而是也要同时承担败诉的风险”[2]。

我国的情况则不容乐观。依我国民事诉讼费用制度的规定，将由败诉方承担的诉讼费用只包含当事人在诉讼中应向人民法院预交的各种案件受理费、申请费等，当事人自己因诉讼产生的诸如差旅费、食宿费及律师费等费用则由自己承担。依此安排，败诉股东在不需承担赔偿责任的条件下，虽然无须承担被告方及公司因诉讼所产生的不能

---

〔1〕 李小宁：《公司法视角下的股东代表诉讼——对英国、美国、德国和中国的比较研究》，法律出版社 2009 年版，第 234 页。

〔2〕 胡晓静：《德国股东派生诉讼制度评析》，载《当代法学》2007 年第 2 期。

列入诉讼费用之内的其他费用,但要承担案件的诉讼费用以及自己因诉讼所花费的其他费用。而我国司法实践中,对股东代表诉讼仍然采用按财产类案件的收费标准收取诉讼费用,由于该类诉讼往往涉案诉讼标的额巨大,光向法院缴纳的诉讼费用对原告股东来说就是一个沉重的负担,再加上其他花费,数额将非常惊人。由于原告股东即使胜诉时也将获利有限,如果还要承担如此大的诉讼风险,对作为符合经济人假设的股东来讲,将缺乏提诉的激励,从而使我国股东代表诉讼制度难以发挥其应有的作用。故此,在我国现行的民事诉讼法院收费制度及诉讼费用分担规则下,如果败诉股东是基于合理的理由而起诉,又没有明显的违背诚信的行为和过错的,也应有权从公司处获得费用补偿。

四、费用补偿的范围及方式

(一)费用补偿的范围

1. 胜诉股东获得费用补偿的范围

《美国标准公司法》第 7.46.1 规定:如果法院认为该程序使公司获得实质性的利益,就可以命令公司支付原告因这一程序而发生的合理费用(包括律师费)。[1]该条款实际上将公司是否获得实质性的利益裁量权赋予了法官,结果导致在司法实践中,大部分的法官将原告股东的胜诉视为公司获得了实质性的利益。ALI《公司治理原则》第 7.17 条则规定:胜诉股东有权依据法院的判决,请求公司补偿合理的律师费及诉讼中的其他合理费用,但在任何情况下都不得超出原告股东为公司赢得的救济(包括非金钱救济)价值的一个合理的比例。[2]

---

〔1〕 沈四宝编译:《最新美国标准公司法》,法律出版社 2006 年版,第 86 页。

〔2〕 [美]美国法律研究院:《公司治理原则:分析与建议》(下),楼建波等译,法律出版社 2006 年版,第 770 页。

依上述规定,胜诉股东通常能对其因诉讼所产生的诉讼费用(败诉方承担)之外的所有合理费用得到补偿。但ALI《公司治理原则》中也增加了一个补偿额的上限,胜诉股东也存在难以就其因诉讼所产生的合理费用难以得到全额补偿的可能。《英国民事诉讼规则》第19.9条第7款则规定,法院有权命令公司对原告股东在诉讼中的费用进行补偿,但补偿额的决定权掌握在法院手中。[1]

日本、韩国的公司立法也对胜诉股东获得费用补偿的范围做了规定。《日本公司法》第852条第1款规定,在提起责任追究等之诉的股东胜诉(含部分胜诉)的情形下,就有关该责任追究等之诉的诉讼,支出必要的费用(除诉讼费用),或应向律师、律师法人支付薪酬的,可请求该股份有限公司支付该费用数额范围内或该薪酬范围内被认为适当的金额。[2]依此规定,日本允许胜诉股东就其在诉讼中所支出的必要的、合理的费用请求公司进行费用补偿。《韩国商法典》第405条第1款也做了类似的规定,"根据第403条第3款及第4款的规定提起诉讼的股东胜诉时,该股东可以请求公司支付除了诉讼费用之外在因诉讼而产生的实际费用范围内的费用"[3]。根据上述规定,日、韩两国虽然允许胜诉股东就其因诉讼所产生的合理费用请求公司补偿,但未明确要求全额补偿,也未规定以公司因诉讼实际获利额或一定比例为限,只是不许超出其因诉讼所产生的实际费用范围。最高人民法院《公司法司法解释(四)》第35条第3款也明确规定,股东胜诉后,请求公司承担合理的律师费以及为应诉支出的调查费、评估费、公证费等合理费用的,应予支持。

---

〔1〕 李小宁:《公司法视角下的股东代表诉讼——对英国、美国、德国和中国的比较研究》,法律出版社2009年版,第75—76页。

〔2〕 王作全译:《新订日本公司法典》,北京大学出版社2016年版,第368页。

〔3〕 吴日焕译:《韩国商法》,中国政法大学出版社1999年版,第90—91页。

从上述相关国家的规定来看,公司应补偿胜诉股东因诉讼所产生的合理费用是一个共同的做法。具体补偿标准虽不尽相同,但仍是有章可循的。概括起来主要以下几种原则:首先,补偿的范围应限于胜诉股东因诉讼所支付的合理的费用,如胜诉股东因诉讼所支出的差旅费、食宿费不能过多超出当地一般的标准,以免激励原告股东采取机会主义行为,增加不必要的费用。其次,胜诉股东因诉讼所支出的合理费用一般应得到完全的补偿,但不应超出公司因诉讼所获得的收益。这样既能给股东提起正当诉讼以必要的鼓励,又可避免增加公司利益的损失。最后,由于诉讼结果并非非胜即败那么简单,诉讼收益也并非都能通过金钱利益来简单衡量,故赋予法院一定的对胜诉股东费用补偿额进行自由裁量的权利也很必要。以免采取一刀切的做法,无法适应复杂的现实情况的需要。

2. 败诉股东获得费用补偿的范围

美、日、韩等国缺乏对此问题的相关规定,英国则对有合理理由提诉的败诉股东与胜诉股东获得费用补偿的范围做了相同的规定,即由法院来自由裁量对败诉股东因诉讼所产生的合理费用的补偿额。我国目前在公司立法及实务中,该问题尚未引起足够的重视,《征求意见稿》规定的费用补偿亦仅针对胜诉股东。

败诉股东在基于合理的理由起诉,且没有明显的违背诚信的行为和过错时,可以就下述因诉讼所产生的合理费用从公司处获得补偿。首先,败诉股东所承担的诉讼费用应得到足额补偿。因为诉讼费用是败诉股东向法院预交的,数额比较明确,不易产生争议,且按当前的法院收费标准,数额较大。如不对提诉股东给予全额补偿,有失公平。其次,败诉股东因代表诉讼所产生的诸如律师费、差旅费、食宿费等合理费用也应得到一定的补偿。具体补偿额可由法院根据具体案件的裁判情况自由裁量。基本的原则是,既不能纵容败诉股东的恶意诉讼行为,不能使之从其诉讼中获得私利(包括非财产性利益),也不应因费用补偿额的过度不足而严重挫伤股东提诉的积极性。

(二)股东获得费用补偿的方式

1. 我国应选择的费用补偿方式

通观各国的公司立法,股东获得费用补偿的方式主要有三种:第一种是股东有权请求公司对其进行费用补偿,日本、德国与韩国等都属此类。日本2005年《公司法》第852条第1款的规定,胜诉股东可以请求该公司对相关费用进行补偿[1],但未明确具体的获得费用补偿的方式。问题是,如果公司拒绝补偿,原告股东是需要再向法院起诉来寻求救济,还是可以直接依据法院关于该股东代表诉讼的判决申请强制执行?对此问题,日本公司法的上述规定则语焉不详。同为大陆法系的德、韩两国的相关规定也存在类似的问题[2],只明确了股东对公司享有费用补偿请求权,但未明确其可以通过何种方式获得这种费用补偿。根据最高人民法院《公司法司法解释(四)》第35条的规定,法院可以依据原告股东的请求,判令公司对原告予以补偿,但股东无权请求被告直接向其承担民事责任。至于原告股东向法院请求的时间是在股东代表诉讼判决作出前还是之后,则未加明确。

第二种是由法院根据原告股东的申请,命令公司向股东进行费用补偿。英国基本属于此类。根据英国《民事程序规则》第19.9第7款的规定,原告股东可以依据法院的命令从公司处获得相关费用的补偿。

第三种是胜诉股东一般情况下是通过申请法院命令或依法院判决请求公司进行费用补偿,但特殊情况下也可从败诉方对公司的赔偿

---

〔1〕 吴建斌等译:《日本公司法典》,中国法制出版社2006年版,第446页。

〔2〕 参见吴日焕译:《韩国商法》,中国政法大学出版社1999年版,第90—91页;胡晓静《德国股东派生诉讼制度评析》,载《当代法学》2007年第2期。

中直接受偿。美国则属此类。根据《美国标准公司法》第7.46.1的规定,法院可以命令公司支付原告股东因诉讼所产生的合理费用。[1] ALI《公司治理原则》第7.17条则规定,胜诉股东可以依据法院的判决,请求公司进行费用补偿。此外,ALI又在该文件的第7.18(e)条中规定,法院可以根据案件的具体情况,裁定被告将赔偿金的全部或部分按比例付给(利益受损)的股东。[2]根据上述规定,原告股东将有两种方式获得费用补偿。

在规定原告股东可以向公司请求费用补偿的国家,当公司拒绝进行补偿时,最终还是要通过法院来命令或判令公司履行费用补偿义务,这与股东可以直接请求法院命令或判令公司对其进行费用补偿的方式并无二致。所不同的只是各国基于其民事诉讼程序架构上的差异,在原告股东请求费用补偿的具体程序要求上有所差异而已。为了减少不必要的成本支出,我国在规定原告股东获得费用补偿的方式时,可直接明确要求法院在作出股东代表诉讼裁判时,就将公司对原告股东的费用补偿相关事项写入裁判书,如公司拒绝履行其对原告股东的费用补偿义务,原告股东可直接依据法院的生效裁判书申请强制执行。鉴于前两类费用补偿方式以及美国通常情况下的做法并无本质的区别,笔者将把研究重点放在原告股东直接受偿制度上。

2. 我国不应确立原告股东直接受偿制度

原告股东直接受偿制度最初是由美国判例法确立的,后在ALI《公司治理原则》第7.18(e)条中得到了继承和发扬。所谓原告股东直接受偿制度,又称比例性个别赔偿制度,是指在股东代表诉讼中,为了激发股东行使代表诉讼诉权的积极性,在某些特殊情形下,赋予原

[1] 沈四宝编译:《最新美国标准公司法》,法律出版社2006年版,第86页。

[2] [美]美国法律研究院:《公司治理原则:分析与建议》(下),楼建波等译,法律出版社2006年版,第770、796页。

告股东及利益受损的其他股东按照其所持股权份额直接从败诉方对公司的赔偿中接受补偿，而剩余赔偿部分归属于公司的制度。[1]该制度具有如下特点：其一，原告股东只能在胜诉时才可享有直接受偿权；其二，可以直接从败诉方对公司的赔偿中获得补偿的不限于原告股东，还可能包含原告股东以外的利益受损的其他股东；其三，原告股东的补偿范围有时可以不限于正常的诉讼费用补偿；其四，股东的直接受偿不能影响对公司债权人的清偿。

学界对该制度的合理性存在较大的争议。支持原告股东直接受偿制度者的理由主要有：首先，当被告为公司内部人时，如果股东代表诉讼的胜诉利益完全归于公司，由于败诉方往往又持有公司的大部分股权或继续控制公司，这实际上相当于败诉方自己又享受了大部分的胜诉收益，对善意的原告股东来讲是不公平的，也会挫伤其提诉的积极性。[2]其次，股东虽然是为了保护公司的利益而提起代表诉讼，但也具有间接保护自己权益的目标，因在公司实践中，股东提起股东代表诉讼经常会伴随着公司经营状况严重恶化、濒临破产或公司陷入僵局现象，如果依然坚持要求诉讼利益完全归于公司，则会影响股东通过提起代表诉讼来保护自己合法权益的目标的实现，从而影响股东提诉的热情。[3]其三，公司虽然具有独立法人格，具有自己独立的利益，但股东才是公司利益的最终享有者，正如可以在特定情况下通过公司法人格否认制度来刺破罩在公司头上的面纱一样，原告股东跨越公司人格，按其所持股权比例优先受偿也具有坚实的理论支撑。[4]批评该

[1] 卢政峰：《股东诉讼制度研究》，吉林大学2010年博士论文，第101页。

[2] 王秋兰：《对我国股份有限公司股东派生诉讼几个问题的探讨》，载《中央政法干部管理学院学报》2000年第6期。

[3] 卢政峰：《股东诉讼制度研究》，吉林大学2010年博士论文，第102页。

[4] 同上书，第102页。

制度者则认为,原告股东直接受偿制度存在以下缺陷:其一,它只注重保护原告股东的利益,却忽视了对公司债权人利益的保护;其二,该制度只是要求法院按照原告股东的持股比例获得赔偿,实际上仍有一部分赔偿将支付给公司,并不能解决被告因此获利的问题;其三,由于证券市场上的持股情况和股票价格走势瞬息万变,而股东代表诉讼往往又旷日持久,因此,很难找出谁是因被告的违法行为而利益受损的股东。[1]

我国不宜借鉴美国的原告股东直接受偿制度,《公司法司法解释(四)》第35条第1款亦持此观点。理由在于:首先,该制度将会影响公司债权人的利益。虽然ALI《公司治理原则》第7.18(e)条中对原告股东直接受偿制度的适用设置了不得影响对公司债权人的清偿这一限制条件,但现实中公司债权人种类多样,需要公司清偿的债务也各不相同,如何保证法院在作出股东代表诉讼裁判时就弄清公司债权人及公司负债的情况。即使能做到,成本也会相当高昂。如果再有相关人员恶意串通,公司债权人的利益将很难得到有效保护。其次,由于美国拥有相对更为发达的司法制度与长期积累的审理股东代表诉讼案件的丰富实践经验,美国将是否允许原告股东直接受偿以及受偿的份额的决定权赋予审理具体案件的法官,即使该制度在美国能得到很有效地实施,也不能保证在我国现有的司法环境及股东代表诉讼制度发展的实际水平下,该制度也能取得较好的实施效果。况且,即使是在美国,该制度也一直受到学者的批评。[2]最后,支持该制度的理由难以成立。正如前述批评该制度的学者所指出的那样,原告股东直接

〔1〕 王惠光:《公司中代表诉讼制度的缺失与改进之道》,载《商法专论》,台湾月旦出版社股份有限公司1995年版,第156页。转引自:刘金华:《股东代位诉讼制度研究》,中国政法大学2007年博士论文,第96页。

〔2〕 刘金华:《股东代位诉讼制度研究》,中国政法大学2007年博士论文,第96页。

受偿制度并不能解决败诉方可能享受胜诉利益的问题。如果为了让原告股东实现通过提起代表诉讼达到间接保护自己权益的目标，而允许其在一定条件下直接从败诉方受偿，在缺乏较为理想的司法环境与相关配套制度的保障下，将会激励股东提起更多不符合公司利益的代表诉讼，这样反而可能导致更多的公司僵局、公司经营状况严重恶化情形的出现。不仅会对公司效率造成负面影响，最终也将影响更多股东的利益。而所谓公司法人格否认制度，只是在股东因滥用公司人格影响公司债权人利益实现时的一种补救措施，针对的只是优先于股东受偿的公司债权人，而对享有剩余索取权的股东并不适用。故确立原告股东直接受偿制度不仅缺乏法理支撑，而且违反了股东应最后受偿这一公司法上的基本规则。

第二节　接受确定判决既判力约束的义务

当前，世界大多数国家或地区都在其公司立法或实务中规定，股东代表诉讼确定判决之既判力的效力范围不仅及于原、被告双方当事人，也及于公司和其他股东。最高人民法院《关于适用〈中华人民共和国公司法〉若干问题的规定（四）》（2009 年 10 月专家论证会征求意见稿）第 50 条第 2 款也规定："公司以与股东代表诉讼相同事实和理由重新起诉的，人民法院应不予受理"。2016 年最高人民法院《公司法司法解释（四）》对此问题则未涉及。

在不同国家，公司在股东代表诉讼中的诉讼地位并不相同，确定判决既判力的效力扩及公司的法理基础也就不尽相同。在英美法系国家，公司在股东代表诉讼中是必须参加诉讼的形式被告，在法律形式上属于当事人，则将确定判决既判力的效力及于公司就顺理成章，不违反既判力的相对性原理。但在大陆法系，为何法院关于股东代表诉讼之确定判决的既判力可以及于当事人以外的、甚至是根本没有参加诉讼的公司就并非那么理所当然。故此,有必要在大陆法系的背景下探讨这种效力扩张背后的法理逻辑。

一、确定判决既判力的效力范围

既判力的概念源于罗马法,德、日、韩及我国台湾地区的民事诉讼法都加以采用。大陆法系民事诉讼理论中的既判力,又称判决的实质确定力,是指确定判决所表示的判断不论是对当事人还是对法院都具有强制性的通用力,当事人不得主张相反内容,法院不得为内容矛盾的判断。〔1〕英美法系中与既判力比较接近的概念是"Res judicata",常被译为"业已判决的事项"。〔2〕既判力兼具积极作用与消极作用,前者主要是对法院而言的,包括两个方面:一是确定判决终局地确定当事人之间的实体权利或法律关系;二是禁止法院就确定判决的既判事项为相异主张或矛盾判决;后者主要是对当事人而言的,即不得就同一事项再行起诉,民事诉讼中的"一事不再理"原则被认为是既判力消极作用的表现,但不应将之视为存在于既判力以外的另一项独立制度。〔3〕既判力规则为世界大多数国家所采纳,只能通过再审程序方可消灭其效力。确定判决既判力的适用范围通常包括客观范围与主观范围,前者是指确定判决中哪些判断事项具有既判力;后者则是指确定判决既判力所作用的主体范围,即哪些人受到既判力的约束。〔4〕大陆法系国家或地区通常都选择以诉讼标的作为划分既判力客观范围

〔1〕 参见[日]兼子一、竹下守夫:《民事诉讼法》,白绿铉译,法律出版社 1995 年版,第 156 页;江伟:《中国民事诉讼法专论》,中国政法大学出版社 1998 年版,第 153 页。

〔2〕 杰弗里 · C. 哈泽德、米歇尔·塔鲁伊:《美国民事诉讼法导论》,张茂译,中国政法大学出版社 1999 年版,第 198 页。

〔3〕 江伟:《中国民事诉讼法专论》,中国政法大学出版社 1998 年版,第 173、169 页。

〔4〕 江伟:《民事诉讼法学》,复旦大学出版社 2002 年版,第 73—74 页。

的标准，由于股东代表诉讼中涉及的诉讼标的只有一个，从既判力的客观范围来看，要求公司不得就同一诉讼标的再行起诉并不存在理论上的障碍。故本文将研究的重心主要放在既判力的主观范围方面。

在大陆法系国家的既判力理论中，确定判决既判力的主观范围一般只及于诉讼中的当事人，即既判力的效力具有相对性。基本的理由在于：其一，法院作出判决的目的是为了解决当事人之间的民事权利义务争议，基于民事诉讼中的辩论主义，判决是基于当事人之间言词辩论的结果作出的，并且判决的结果又是根据当事人的诉讼行为来确定的，因而当事人应受确定判决既判力的约束乃理所当然。当事人以外的第三人则不具有这样的条件。其二，基于确定判决是在给予当事人充分程序保障的基础上作出的，根据程序保障下的自我责任，确定判决的作出，也就意味着诉权的耗尽。古罗马法学家们最初就是用诉权消耗理论来解释判决既判力的正当性的，即原告提起的案件，一旦以某个诉为根据开始法庭程序或为争点事实，将因争点事实被消耗而不容许当事人再度提起诉讼。〔1〕相应地，将判决既判力扩及未参加诉讼或未得到充分的程序保障的案外第三人就缺乏正当性。

二、既判力主观效力的扩张——以法定的诉讼担当为例

随着现实中的民事纠纷越来越复杂化、多样化，不同纠纷彼此之间也不再泾渭分明，而是相互关联、经常交织在一起，一味坚持既判力主观效力的相对性将不利于纠纷的有效解决，甚至难以避免前后矛盾的判决的出现。基于解决现实中特殊的民事纠纷的需要，确定判决既判力的主观范围也随之得到扩张。先是及于诉讼系属后当事人的继受人（诉讼承担），后又逐渐扩及到法律规定的对他人实体权利义务或

〔1〕 李龙：《论民事判决的既判力》，载《法律科学》1999 年第 4 期。

者财产拥有管理权或处分权的人所进行的相关诉讼中(法定的诉讼担当)。在法定的诉讼担当相关诉讼中,担当人(如财产管理人、破产管理人、遗嘱执行人等)只是形式上的当事人,其与诉讼标的并无直接的利害关系,诉讼的结果也应归于被担当人(争讼的实体法律关系主体),相应地,被担当人似乎就理所当然地应受该案判决既判力的约束。对此,日本和我国台湾地区学者一般都认为,法院对诉讼担当人的诉讼判决对被担当人也有效。[1]日本《民事诉讼法》第115条第1款第2项也明确规定,确定判决及于当事人为他人而成为原告或被告时的该他人。[2]该条规定的根据在于"担当人是代理被担当人来实施诉讼的",也即根源于"担当人对被担当人利益的代理行使"。但被担当人在承受扩张的既判力后,其本身已没有自己固有的防御方法,因为,被担当人就被视同为诉讼的当事人(担当人),而且,诉讼标的本来就属于被担当人的权利义务,鉴于此,可以说既判力效力本来针对的"当事人"对象就是被担当人,只是被扩及到了担当人。[3]

日本学者三月章对此提出了异议,他将法定的诉讼担当分为"利益吸收型"和"对立抗衡型"两种,在前一种情形下,既判力及于被担当人固无问题,但后一种情形下,只有在担当人胜诉时,才可将确定判决的既判力及于被担当人。[4]但是,这种观点存在明显的缺陷。因为在法定诉讼担当时的诉讼标的只有一个,一个诉讼标的上又只能附着一个诉权,如果在担当人败诉时,确定判决的既判力不能及于被担当

---

〔1〕 参见肖建华:《民事诉讼当事人研究》,中国政法大学出版社2002年版,第175页;[日]兼子一、竹下守夫:《民事诉讼法》,白绿铉译,法律出版社1995年版,第162页;陈荣宗、林庆苗:《民事诉讼法》,台湾三民书局1996年版,第673—677页。

〔2〕 白绿铉编译:《日本新民事诉讼法》,中国法制出版社2000年版,第64页。

〔3〕 [日]高桥宏志:《民事诉讼法——制度与理论的深层分析》,林剑锋译,法律出版社2003年版,第575—576页。

〔4〕 [日]高桥宏志:《民事诉讼法——制度与理论的深层分析》,林剑锋译,法律出版社2003年版,第576页。

人，则意味着被担当人还可再次起诉，这不仅违背“一事不再理”原则，影响纠纷解决的效率，还违反了诉权的基本原理，甚至还可能会导致法院作出相互矛盾的判决。[1]故确定判决的既判力效力理应及于被担当人。

三、确定判决既判力效力扩及公司的根据

股东能够代位公司提起代表诉讼的程序法基础在于法定的诉讼担当。[2]原告股东只是在真正享有诉权的公司怠于或拒绝起诉时，基于公司法相关规定的安排，代位公司提起代表诉讼，其本身与诉讼标的并无直接的利害关系，诉讼所得利益也是归于公司的，原告股东其实只是一个“形式上的原告”，是法定诉讼担当下的担当人，而公司才是真正享有利益的被担当人。基于大陆法系既判力理论，法定诉讼担当情形下的确定判决的既判力不仅及于担当人，也及于被担当人，这就是公司应受股东代表诉讼确定判决既判力约束的法理逻辑。至于公司是否参加诉讼，并不影响其应受既判力约束这一制度安排。

至于股东代表诉讼确定判决的既判力效力为何可以及于其他股东，则是基于任意的诉讼担当。其他股东基于公司法的相关规定，也享有与原告股东相同的代表诉讼诉权，原告股东在行使自己的诉权时，实际上也是在代表其他股东行使其所享有的相同的诉权。基于原告股东的这种代表性，判决既判力的效力在及于作为担当人的原告股东的同时，也应及于原告股东所代表的其他股东。这一原理类似于我国民事诉讼法上的代表人诉讼制度的法理基础。但是，由于我国立法上并不承认任意的诉讼担当，在代表人诉讼制度的设置上，代表人诉

---

〔1〕 翁晓斌:《论既判力及执行力向第三人的扩张》，载《浙江社会科学》2003 年第 3 期。

〔2〕 胡宜奎:《股东代表诉讼诉权的法理探讨》，载《审判研究》2011 年第 1 期。

讼的确定判决的既判力只及于那些进行了权利登记的当事人。这不能不说是该制度存在的一个遗憾。对于股东代表诉讼中的那些并未进行明确授权，也未参加诉讼的其他股东，如果依照代表人诉讼制度的安排，将不受判决既判力的约束，这就意味着其可以就同一事项再行起诉，这样的后果不仅违背基本的诉讼原理，其可能带来的现实后果也将是我们无法承受的。不承认任意的诉讼担当，就很难合理解释为何股东代表诉讼确定判决的既判力可以及于其他股东。

四、诉讼和解[1]协议的既判力

日本学界在诉讼和解是否具有既判力问题上存在较大的争议，有否定说、肯定说与限制既判力说。否定说基于诉讼和解是一种私法上的行为，故而应遵从私法上的相关规则，当诉讼和解发生意思表示瑕疵时，应允许当事人无须通过再审的方式来主张其无效或撤销。肯定说认为，只有在诉讼和解过程中的意思表示瑕疵相当于再审事由时，才允许当事人通过再审之诉来要求撤销诉讼和解笔录。限制既判力说则认为，只要诉讼和解没有瑕疵、是有效的，那么将产生既判力。[2]

我国学者认为诉讼和解有无既判力与对其性质的认识密切相关。关于诉讼和解的性质，存在私法行为说、诉讼行为说与混合行为说三种观点。私法行为说认为，诉讼和解只是私法上和解契约的达成发生在诉讼而已，依此观点当然否定诉讼和解能产生既判力（否定说）；而诉讼行为说则认为，诉讼和解是一种独立的、纯粹的诉讼上的合意，强

---

〔1〕 根据我国的民事诉讼理论与立法，诉讼中的和解并不具有诉讼法上的效力，当然也不可能产生既判力。在美、日等国及我国台湾地区民事诉讼中，诉讼和解更接近于我国的法院调解制度。为了方便表述，本章中出现的诉讼和解实际上相当于我国的法院调解。

〔2〕 [日]新堂幸司：《新民事诉讼法》，林剑锋译，法律出版社 2008 年版，第 259—260 页。

调其具有诉讼法的属性，与此观点对应的是肯定诉讼和解具有既判力（肯定说）；混合行为说则认为诉讼和解兼具诉讼法与私法上的属性，企图在确定诉讼和解是否具有既判力方面走中间道路（有限肯定说或折中说）。[1]但日本学者新堂幸司则认为，从性质论自身出发来推论诉讼和解既判力的有无以及对意思表示瑕疵的处理，是一种错误的逻辑。[2]因为，无论从上述的何种学说出发，经过适当的修正都能推导出相同的结论。[3]

虽然诉讼和解是在法院的参与下进行的，但司法实践中法院在不同案件中参与和解的程度并不相同。既然诉讼和解是当事人自主性的纠纷解决方式，那么，依照肯定说，要求其只能在具备再审事由时才可通过再审之诉方式主张撤销或无效，不免过于严苛。[4]而限制既判力说则受到既判力概念不明确之批判。因为，不通过再审就不允许当事人主张当然无效，这正是承认既判力的实际意义之所在，但这种观点一方面允许当事人提出这样的主张，另一方面又承认既判力，无疑是一种悖论。鉴于诉讼和解成立的多形态性，应当否定诉讼和解的既判力，即不应对其设置再审这个关口，而是直接允许当事人主张其无效或撤销，但在评价其私法效果时，应当结合诉讼程序的进行状况、法官及律师的参与程度等进行充分的考察。[5]日本的高桥宏志教授也认为，应当采用既判力否定说。[6]从日本《民事诉讼法》第四编关于再审的规定及其《公司法》关于公司申请再审的相关规定来看，日本立法

---

〔1〕 江伟:《中国民事诉讼法专论》，中国政法大学出版社 1998 年版，第 188 页。

〔2〕 [日]新堂幸司:《新民事诉讼法》，林剑锋译，法律出版社 2008 年版，第 262 页。

〔3〕 [日]高桥宏志:《民事诉讼法——制度与理论的深层分析》，林剑锋译，法律出版社 2003 年版，第 631 页。

〔4〕 同上书，第 639 页。

〔5〕 [日]新堂幸司:《新民事诉讼法》，林剑锋译，法律出版社 2008 年版，第 261 页。

〔6〕 [日]高桥宏志:《民事诉讼法——制度与理论的深层分析》，林剑锋译，法律出版社 2003 年版，第 639 页。

中并不要求当事人必须通过提起再审之诉的方式来主张诉讼和解无效或撤销,即诉讼和解不产生既判力。

本书赞成否定说,这一观点同样适用于股东代表诉讼。股东代表诉讼中达成的诉讼和解,虽然具有法律效力,可以确定各诉讼主体之间的权利义务关系,但却不应产生既判力。如果诉讼和解中存在意思表示瑕疵,公司不须通过申请再审来主张其无效或将其撤销,即股东代表诉讼和解协议对公司不产生既判力。因此,公司也不享有对其申请再审的权利。

第三节　公司的其他义务

一、不起诉理由说明义务

根据《日本公司法》第 847 条的规定,公司在收到提起诉讼的请求之后,如果在前置程序设定的期间内没有起诉,必须根据该请求人的请求尽快以书面形式向其作出说明,此即公司的不起诉理由说明义务。有学者认为,公司不起诉理由说明制度的导入有助于强化股东代表诉讼的机能,一方面明确地赋予了起诉股东有要求公司公开不起诉的理由,并且作出说明的权利;另一方面也能促使公司认真地进行调查,并构筑行之有效的公司内部监督体制以便开展认真的调查。[1]

该观点具有较强的合理性,原因在于:其一,为股东提诉设置前置程序的限制,除了防止股东恶意滥诉外,还有另外的作用。一方面是为公司提供通过亲自起诉去追究相关过错行为人法律责任的机会,毕

〔1〕 周剑龙:《日本公司法制现代化中的股东代表诉讼制度》,载《南京大学学报(哲学·人文科学·社会科学)》2006 年第 3 期。

竟公司才是直接的利害关系人；另一方面，也是为了及早弄清董事、监事等是否实施了侵害公司利益的行为，是否存在起诉的必要，从而减少或避免股东因信息的不对称而提起一些不必要的诉讼。股东在信息不对称的条件下提出起讼申请，公司对不起诉理由的及时说明有助于澄清误解，从而减少或避免一些不必要的股东代表诉讼的提出。公司掌握公司日常经营管理的相关信息，公司相关机构或人员通常更具有专业的经营判断能力，故其更能够从公司发展的全局把握是否应该针对相关人员提起诉讼。不仅如此，公司作出的不起诉理由说明书，还有助于法院对原告股东起诉的相关信息的理解与把握，以及消解不必要的股东代表诉讼。尤其对于没有规定公司享有阻止诉讼权的国家或地区，例如日本，如果再无公司不起诉说明制度，前置程序更无法防止滥诉。从这个角度来讲，规定公司不起诉理由说明义务在日本具有更为重要的意义。

我国当前的公司立法及实务中皆未对公司不起诉理由说明制度的相关问题作出回应，加之现行立法也未规定公司有权阻止股东代表诉讼，结果导致前置程序形同虚设，仅仅是股东起诉前所要走的一个形式。即使公司是真正基于公司利益的考虑，认为提起诉讼不符合公司的利益，也无法影响原告股东提起代表诉讼。由于股东代表诉讼不仅诉讼成本惊人，而且还可能给公司带来诸多明显的或潜在的不利影响。为了弥补前置程序的虚设可能带来的不良影响，我国也应设置公司不起诉理由说明制度，原因在于：其一，要求公司承担不起诉理由说明义务，在其并未受到不当控制的情况下，履行该义务并非难事，也不会给公司增加多少成本；其二，要求公司对其不起诉的理由作出说明，至少可以减少股东提起一些并非出于恶意的，但可能是不必要的甚至是错误的代表诉讼；其三，即使是赋予了公司严格约束条件下的阻止诉讼权，但对于那些股东并非出于恶意滥诉目的，而是基于信息不完全以及理解上的偏差而申请公司起诉的情形，通过公司在前置程序结束前后向请求公司起诉的股东本人说明不起诉的理由，以及时化解误会，直接减少或避免后续股东代表诉讼的提起。这样不仅成本更低，减少因诉讼而给公司带来负面影响的可能性更大，还有助于减少股东与公司之间的不信任，维护公司内部的和谐。

二、特定证明义务

证明责任〔1〕被民事诉讼法学界称为“民事诉讼的脊椎”，是连接实体法与程序法的桥梁，可见其在民事诉讼实践及理论体系中的重要性。同时，它也民事诉讼中最复杂的问题之一，称之为“猜想级”的问题一点也不过分。〔2〕关于证明责任的涵义，我国民诉学界也存在很大的分歧，但近年来“危险负担说”渐成主流。该说认为，证明责任是指法院审理民事案件于诉讼终结时，全部证据仍不能证明当事人主张的事实真伪时，将由主张该事实的当事人承担不利的诉讼后果。依“危险负担说”，证明责任实际上是当事人在待证事实于辩论终结时仍处于真伪不明状态时将承担不利的诉讼后果的一种负担。〔3〕严格来讲，证明责任在性质上只是当事人（仅限于当事人）承担不利后果的一种负担，而非义务。〔4〕本文对此也持赞同态度，将之作为公司的“义务”来考察，只是出于保持文章篇章结构上完整的考虑。

虽然股东代表诉讼的胜诉利益归于公司，但由于其在诉讼中并不

---

〔1〕 国内很多学者也将之称为举证责任，其实两者的涵义及侧重点并不完全相同，笔者认为使用“证明责任”这一概念更加名副其实。

〔2〕［德］罗森贝克：《证明责任论》，庄敬华译，中国法制出版社 2002 年版，（代译序）第 3 页。

〔3〕 江伟：《民事诉讼法学》，复旦大学出版社 2002 年版，第 288 页；张卫平：《诉讼架构与程式》，清华大学出版社 2000 年版，第 251—252 页。

〔4〕 张卫平：《诉讼架构与程式》，清华大学出版社 2000 年版，第 252 页。

具有当事人的地位，甚至可以不参加诉讼，故不会承担严格意义上的证明责任。但如果其在诉讼开始前或在诉讼过程中请求法院不予受理或驳回提诉股东提起的代表诉讼，则其就应对该请求是否符合相关的条件承担证明责任，如果法院无法认定公司的不予受理或驳回起诉的请求是否符合相应的条件，则其请求将被法院驳回，就无法达到其阻止股东代表诉讼的目的。

在相关证明责任的具体分担方面，《美国标准公司法》第 7.44(e)规定的证明责任的分担规则是：如果在作出阻止股东代表诉讼的决策时，董事会成员多数不包含独立董事，应由公司证明第 7.44(a)的要求已经得到满足；反之，则应由原告股东证明第 7.44(a)的要求并未得到满足。[1]而特拉华州最高法院在 1981 年的 Zapata Corp. v. Maldonado 一案中，却对证明责任进行了重新分配，要求终止代表诉讼请求人负责证明诉讼委员会的独立性和主观上的善意、调查的合理性以及支持其决定的理由。[2]否则，该请求将会被法院驳回。我国在修改《公司法》时如果确立公司的阻止诉讼权，也应根据我国公司治理的实际、股东代表诉讼的发展水平以及司法环境的状况，合理分配证明责任。

三、提供证据的义务

从目前各国公司立法及实务来看，股东代表诉讼中的证明责任分担并未因该诉讼不同于一般民事诉讼而有根本性的改变。原告股东承担的证明其所主张的待证要件事实的负担并没有减轻多少，相反，随着许多国家相继引进经营判断规则，其承担的证明责任可能更重。

---

〔1〕 沈四宝编译：《最新美国标准公司法》，法律出版社 2006 年版，第 85 页。

〔2〕 Zapata Corp. v. Maldonado, 430 A.2d 779 (Del. 1981).

基于法院不宜过多介入公司的经营事务及法院通常并不比董事等管理人员更擅长公司经营事务等理念,原告股东不仅要证明被告实施了侵害公司利益的行为及该行为对公司利益所造成的实际损害,而且,通常在被告能够证明其行为满足经营判断规则的基本条件后,原告股东还要证明被告的行为并不能适用经营判断规则。而诉讼所涉及的重要证据资料通常都掌握在公司手中,无论公司是否参加诉讼,原告股东能否从公司处顺利获得其所需要的证据资料,都是原告股东能否完成证明任务,避免承担不利诉讼后果风险的重要条件。因此,基于股东代表诉讼制度的特殊设计及原告股东实际上所处的弱势,公司应承担协助取证的义务,包括应原告股东的请求向其提供以及应法院要求向法庭提交公司掌握的相关证据资料。

从调查收集证据的角度来看,大陆法系法院通常是积极介入,在多方面起重要作用。当事人及其代理律师在很多时候并没有直接调查取证的权利,而要向法院提出申请,由法院进行职权调查或经过法院的批准方可自己实施;但没有当事人的申请,法院主动调查收集证据的情况也并不多见,且要依照严格的程序进行。例如,《德国民事诉讼法》第 421 条规定:“举证人断定证书在对方当事人手中时,应在申请证据时,同时申请命对方当事人提出证书”;第 428 条规定:“举证人主张证书在第三人手中时,在证据申请中,应申请定一期间以便取得证据”;第 429 条规定:“第三人在有与举证人的对方当事人相同的原因时,负有提出证据的义务;但强制第三人提出证书,必须通过诉讼的途径实行。”[1]针对书证的收集,《日本民事诉讼法》第 119—221 条也做了类似的规定。[2]从上述规定我们不难看出,在大陆法系国家,当

---

〔1〕 谢怀栻译:《德意志联邦共和国民事诉讼法》,中国法制出版社 2001 年版,第 103—105 页。

〔2〕 白绿铉编译:《日本新民事诉讼法》,中国法制出版社 2000 年版,第 86—87 页。

事人自己虽然也有权调查取证,但在自己依法不能或无法从对方当事人或第三人处获得所需要的证据时,通常需要借助法院的强制力来实现获取相关证据的目标,但对相关的程序和条件都有严格的规定。而在英美法系,法院的地位则较为消极,基本是由当事人自己进行调查取证,法院不享有调查取证的权利。以美国为例,根据《美国联邦民事诉讼规则》第26、30、31、33条的规定我们不难看出,在美国调查取证权的主体只有当事人及其律师。如当事人强制出示义务,要求当事人有义务向对方当事人出示足够的证据资料,并增加最初出示义务和补充出示义务。这些措施除身体及精神检查外可以由当事人及其律师直接采取,无须法院的许可或命令。[1]

我国民事诉讼在总体思路上也采取了与大陆法系的德、日等国类似的做法,但却有待完善。

第一,当事人证据调查申请制度不完善。最高人民法院2002年《关于民事诉讼证据的若干规定》(以下简称《规定》)第17条第3款仍然把弹性极大的"当事人及其诉讼代理人确因客观原因不能自行收集的其他材料"作为当事人可以申请职权调查的事项。由于"客观原因"弹性极大难以界定,易为法院滥用职权任意拒绝当事人申请调查取证提供方便。比如,当一些物证、书证处于对方当事人或第三人占有或控制之下时,当事人因为只能在经有关持有人同意的情况下才能获得,如果对方当事人或第三人拒绝提供,当事人及其律师就无法获得该证据资料。而"客观原因"是否包括这种情况却并不确定,当事人能否向法院申请调查也不明确。

第二,当事人及其律师调查取证的权利也缺乏相应的程序保障,

---

〔1〕 汤维建、徐灿:《论民事诉讼当事人及其诉讼代理人的取证权利及其保障》,载陈光中主编:《诉讼法学研究》(第3卷),中国检察出版社2002年版,第150页。

突出表现在缺乏一个科学完善的审前准备程序。通观英美法系和大陆法系主要国家的证据制度,几乎都无一例外地设有审前准备程序,这种程序的主要任务之一,就是给双方当事人提供一个交换证据的机会,在这个程序中,各方当事人需要按法律的要求在规定期限内各自向对方当事人提交有关的证据,否则就会失去效力。而我国《民事诉讼法》规定的审前准备程序和最高院的《规定》对举证时限、当事人的证据交换等作出了规定,但由于缺乏配套措施,操作性较差,也只是使这种情况有所改善。

我国民事诉讼调查取证制度存在的问题当然也会反映在股东代表诉讼中。一方面,原告股东及其代理律师依靠自身向公司获取诉讼所需要的相关证据资料存在较大的难度。如果公司拒绝向其提供,依现行的法律规定,原告股东及其代理律师又不得通过强制或变相强制的手段取证,则其能够从公司处获得所需证据资料的机会将微乎其微。另一方面,原告股东固然可以向法院提出调查申请,但如无相应的程序和条件制约,很难保证法院会善用自由裁量权去决定并采取有效的调查取证措施。故此,应通过立法明确规定股东代表诉讼中的公司有义务向原告股东提供其所掌握的、诉讼所需要的相关证据资料,如果公司拒绝向原告股东提供,只要原告股东能够向法院提供初步的证据证明相关证据资料是诉讼所需要的且提供该证据资料不至于危害到公司的重大利益,无论公司是否参加诉讼,法院都应根据原告股东的调查取证申请,强制要求公司向法院提供相关证据资料。

第五章　公司参加下利益平衡机制的构建

现代公司是一个利益的混合体。日本学者大隅健一郎认为："无论是在理念上还是在现实上，股份公司都是股东利益、公司债权人利益、社会公共利益等各种利益的综合物，不仅这些利益本身屡有矛盾对立，而且各利益内部也还包含了利益抗争的可能性。……在这样的矛盾对立中努力寻求真实的形式，乃是股份公司立法的任务。"〔1〕显然，如何保证公司各利益主体之间，尤其是公司内部各相关主体之间的利益平衡是公司治理机制设置中所要解决的核心问题之一。

股东代表诉讼是一种涉及股东与公司经营管理者之间、股东与公司之间以及公司与公司经营管理者之间利益平衡的制度安排。在设计股东代表诉讼制度时，既要考虑如何有效发挥该制度在保护公司及股东利益以及对公司经营管理者进行一定的监督与制约方面的作用，

〔1〕 聂卫东：《公司诸利益主体的利益冲突及合同安排》，载《社会科学》1999 年第 3 期。

又要考虑如何防止因滥诉而给公司、其他股东及公司经营管理者的利益可能造成的损害。这也是构建股东代表诉讼利益平衡机制时所要考虑的核心问题。理想的股东代表诉讼制度,应当能够为“少数股东和管理公司的人士之间的纠纷,提供一个快速、公平且节约成本的争议解决机制,同时还不危及公司成员和经营人员之间的权力平衡。”〔1〕

科斯曾经指出:“根据私人产品和社会产品的差异而进行的分析,把注意力集中在制度的某个方面的缺陷,这倾向于助长这样的信念;任何能消除这种缺陷的措施必然是合意的。它使人们不予考虑系统中与这种纠正性措施有关的其他变化,而这些变化产生的损害可能比最初的缺陷还要严重”〔2〕构建股东代表诉讼利益平衡机制是一个系统工程,须注意该制度的整体性及其修改时的相互协调,以实现各利益相关者各自利益的动态平衡。主要包括四个方面的内容:其一,适度强化公司在股东代表诉讼中的地位与作用;其二,完善股东提诉的激励与约束机制;其三,通过引进经营判断规则,将公司经营管理者对公司所承担的责任限定在合理的范围内;其四,适度扩张法院在股东代表诉讼中的自由裁量权。本章将以公司的诉讼参加为主线,将股东代表诉讼制度放在整个公司治理机制的框架中来阐述公司、原告股东以及被告之间的利益平衡问题,并对法院在其中所应扮演的角色进行探讨。

第一节　公司地位与作用的适度强化

股东代表诉讼制度涉及公司中多方主体之间错综复杂的利益关

---

〔1〕 张明远:《股东派生诉讼法律制度研究》,载杨立新主编:《民商法前沿》(第1、2辑),吉林人民出版社2002年版,第263页。

〔2〕 [美]斯蒂文·G.米德玛:《科斯经济学——法与经济学和新制度经济学》,罗群丽译,上海人民出版社2010年版,第214页。

系，与普通民事诉讼有较大的差异。该制度的发展，伴随着公司、原告股东以及作为公司内部人的被告等各相关主体之间的利益博弈与均衡。从该制度设置的初衷来看，它以保护中小股东的利益为宗旨，强调公司的诉讼参加，看似是一种悖逆，但在股东代表诉讼中各相互关联的利益主体之间，公司实则处于核心地位，是该制度能否有效发挥作用的关键，也是构建股东代表诉讼利益平衡机制的中心环节。然而，我国司法实践中将公司作为无独立请求权第三人，有悖于公司法的伦理，也未能真实反映公司在诉讼中的实际状态，加之相关立法的阙如，不利于对公司利益的保护和股东代表诉讼制度的进一步发展，有必要强化公司在股东代表诉讼中的地位与作用。

一、理论依据

（一）符合公司法的价值目标

1. 公司法的价值目标

作为法经济学鼻祖的科斯在 1960 年发表的《社会成本问题》中指出，应该从效率的角度评价法律，“一旦考虑到进行市场交易的成本，那么显然只有这种重新安排后的产值增长多余它所带来的成本时，权利的重新安排才能进行。……在这种情况下，合法权利的初始界定会对经济制度运行的效率产生影响。”[1]这种表述被后来者整理后，就是我们现在所知道的科斯第二定理。科斯定理是法经济学理论的基础，此后的大多数法经济学著作都是科斯定理的具体运用和拓展。归纳科斯以来整个法经济学理论，其核心在于，所有法律活动，包括一切立法和司法以及整个法律制度事实上是在发挥着分配稀缺资源的作

〔1〕［美］罗纳德·科斯：《企业、市场与法律》，盛洪等译，格致出版社、上海三联书店、上海人民出版社 2009 年版，第 113 页。

用，因此，所有法律活动都要以资源的有效配置和利用——即效率极大化为目的，所有的法律活动都可以用经济的方法来分析和指导。[1]可以说，效率是科斯以后法经济学的基本价值取向。但法经济学中强调的效率和法律上强调的公平并不矛盾。正如大卫·弗里德曼所说："在对法律进行经济学分析的过程中，我们会发现正义与效率之间有着令人惊异的关联。在很多情况下，我们认为公正的原则是与那些根据我们的观察有效率的原则相吻合的。"[2]公平与效率可能有冲突，可真正行之有效的法律制度不仅仅是公平的，也一定是有效率的。

公司法的价值取向应坚持"效率优先，兼顾公平"。一方面，公司法作为调整最重要的社会经济组织——公司的规范，当然以追求经济效率为首要目标，这符合企业的宗旨。公司法主要是规范公司内部的权利结构，即权力资源的配置。不同的法律制度规则在实践中会给公司参与人带来不同的成本和收益。如果把公司法看成是一种影响未来行为的激励系统，通过公司法律规则的制定把权利（权力）赋予能使公司和社会产生最大收益的人，或把损失分配给能以最小的成本承担这种损失风险的人，从而可以提高效率并规范人们的行为。[3]公司法提供的是公司参与方在信息足够充分、协商成本足够低的情况下，必定会采纳的规则，是那些一旦被统一适用，将在总体上增进公司参与各方利益的规则。[4]"那些不利于人们从有利可图的交易中竞争性获利的公司规则，在实践中是不大可能存活下来的；而那些可以填补现

---

〔1〕 钱弘道：《法律经济学的理论基础》，载《法学研究》2002 年第 4 期。

〔2〕 [美]大卫·弗里德曼：《经济学语境下的法律规则》，杨欣欣译，法律出版社 2004 年版，第 20 页。

〔3〕 唐宝银：《公司法的经济分析》，吉林大学 2008 年博士论文，第 37 页。

〔4〕 罗培新：《公司法的法律经济学研究》，北京大学出版社 2008 年版，第 40 页。

存合同漏洞而且没有考虑利益分配的公司规则则会安然无恙。”[1]目前已经形成的共识是，法律应当追求各种不同公平价值目标的观念，在公司法和商法领域缺乏说服力，因为这里的交易是在一臂之距的陌生人之间进行的，他们彼此寻求的目标是其自身利润的最大化。[2]其实，各国都在不断地对其公司法进行修改，如加强对小股东权利的保护等，旨在维持公司法的适应性，目的就是让其公司法能促进公司效率的提高，而不是限制公司的发展。[3]另一方面，公司法对权利配置也应符合基本的公平。公司作为股东投资的工具，为了维护公司效率，必须坚持公司人格独立和股东有限责任，但公司法也不应姑息股东恶意利用公司法人格和股东有限责任损害债权人利益的行为，各国公司法中的公司法人格否认制度就是为了对债权人进行公平保护而设置的。[4]但公司法人格否认的适用是有严格限制的，只是对公司法人格被滥用情况下的一种矫正，而非颠覆。特别是随着公司社会责任理论的发展，公司已不仅仅是作为股东的一种投资工具而存在，还肩负着其他的职责。公司虽然仍是以营利为目的，但公司的营利性行为必须是“社会性的负责行为”，要符合基本的公平要求。

综上，虽然不排除各国立法者会根据该国的经济状况和其他现实条件进行程度上的调整，但公司法的基本价值取向应该是“效率优先，兼顾公平”。

---

〔1〕［美］弗兰克·伊斯特布鲁克等：《公司法的经济结构》，张建伟等译，北京大学出版社2005年版，第32页。

〔2〕罗培新等：《公司法的法律经济学研究》，北京大学出版社2008年版，第42—43页。

〔3〕李振宇，李学迎：《〈公司法〉的经济分析：原则、方法及其理论应用》，载《思想战线》2006年第2期。

〔4〕卢政峰：《股东诉讼制度研究》，吉林大学2010年博士论文，第35页。

2. 强化公司的地位与作用符合公司法“效率优先，兼顾公平”的价值取向

如何维护公司效率与保护股东权利之间的平衡是股东代表诉讼中的一个永恒的主题。基于对公司法的效率价值追求，必须坚持公司人格独立，公司利益受到损害后，应当由公司自己去行使损害赔偿请求权。公司法应为董事、监事及高管人员等公司经营管理者提供一个宽松的环境，免去其后顾之忧，使其能够更为积极主动地在变幻莫测的市场中寻求商机，进行必要的冒险，以提高公司的效率。如果仅仅考虑维护公司效率，那么为了防止因股东滥用代表诉讼诉权，使公司经营管理者动辄得咎而影响公司效率，公司法就不应规定股东代表诉讼诉权，或者对股东提诉施加严苛的限制。但如此一来，势必会纵容董事、监事等经营管理层滥用权利，更加有恃无恐地侵害公司及股东的利益，不仅公司及股东的利益不能得到公平的保护，长远来看，更会对公司效率乃至一个国家的公司制度的竞争力造成根本性的伤害。此时，既无公司及其股东权利的公平保护，公司效率亦将无从谈起。股东代表诉讼制度可为股东提供一个寻求司法救济的途径，既有助于使公司利益受到的损害得到恢复或弥补，从而间接实现对股东权利的保护，又能对公司经营管理者进行必要的制约，以使其谨慎、勤勉地行事，减少其对公司利益进行恶意侵害。而对公司及其股东权益的公平保护，又可激发投资者的投资热情，反过来也将促进公司效率的提高。可见，维护公司效率与公平保护公司及其股东权益之间并非水火不容。

但是，当两者发生冲突时，如何取舍，就涉及公司法的价值取向问题。既然公司法追求的首要目标是效率，正常的反应就是更关注维护公司效率，更倾向于减少或避免因股东滥诉而给公司经营带来的损害。强化公司在股东代表诉讼中的地位与作用，主要就是为了减少或

防止股东滥诉而给公司效率造成损害。在股东代表诉讼制度设计中，维护公司效率应放在适度优先的位置，其次才是公平保护公司及其股东的权益，但两者之间应维持一个基本的、动态的平衡。从股东代表诉讼制度发展演变的过程来看，股东提诉难度的变化，通常都是基于该国经济形势及经济政策调整的现实需要，即当投资者利益保护严重不足，影响投资者的投资热情，进而影响公司效率时，就适度降低股东提起代表诉讼的限制条件；而当股东滥诉现象严重，影响到公司效率，恶化该国或地区的投资环境时，则提高对股东提诉的限制门槛。这一发展规律也印证了公司效率应受到优先保护。

由于股东代表诉讼制度本身所具有的复杂性及运用不当时可能带来的严重负面影响，加之通常需要支付巨额的诉讼成本，通过股东代表诉讼来实现对公司及其股东利益的公平保护通常是作为最后选择的手段，是在不得已的情况下才应使用的。当有其他更为有效、成本更低、副作用更少的救济渠道来达到保护公司及其股东利益的目标时，股东当然不应提起代表诉讼，即使公司董事、高管人员等确实实施了损害公司利益的行为，并对公司利益造成了实际上的损害。即便是在缺乏其他更为有效的权利救济途径的情形下，如果提起代表诉讼明显不符合公司的最佳利益、是得不偿失的时，股东代表诉讼也不应被提起，以便影响公司效率。这既是出于“成本—收益”的考虑，也体现了维护公司效率应适度优先于对公司及其股东利益的公平保护。

相对于原告股东，公司与代表诉讼具有更为直接的利害关系，通常也比原告股东更具有判断公司利益之所在的能力。通过强化公司在股东代表诉讼中的地位及作用，当股东所提诉讼符合公司利益时，使公司可以更有力地去辅助提诉股东，积极追求胜诉结果并获得胜诉利益，从而达到保护公司及其股东利益的目的；当股东恶意提诉或企图通过与被告恶意串通损害公司及其他股东利益时，可以使公司有一定的及时阻止或制约该行为的能力,以减少或防止公司及其他股东利益可能受到的损害,也有助于维护公司的效率;而当股东并非出于恶意而提起或申请公司提起那些可能并不符合公司利益的代表诉讼时,为了优先维护公司效率,节约诉讼成本,公司也可基于自身最佳利益的考虑来判断是否提起或继续该诉讼。所以,强化公司在股东代表诉讼中的地位及作用,不仅有助于减少或防止因股东的滥诉行为而给公司效率可能带来的损害,也有助于促进对公司及其股东利益的公平保护,符合公司法"效率优先、兼顾公平"的价值追求。

(二) 符合股东代表诉讼诉权制度的基本原理

股东代表诉讼诉权并非普通的诉权,而是一种有限制的、在特定情形下方可行使的权利。股东代表诉讼中的直接利害关系人是公司而非提诉股东,这就决定了公司与股东代表诉讼之间是休戚相关的。在股权日趋分散化及股东可以选择用脚投票的现实条件下,随着公司社会责任理论及利益相关者理论的日趋成熟,公司自身的利益与股东(尤其是小股东)的利益之间的分歧将会越来越大,而不是逐渐缩小。股东代表诉讼诉权如被滥用,可能会给公司利益造成极大的危害,如股票价格下跌、产品滞销、商机丧失乃至正常经营秩序难以维持等。相反,提诉股东因之所受到的损失却可能微不足道,甚至可能会通过滥诉行为获得不当利益。所以,相对于提诉股东,公司将更多地承受不当诉讼所带来的不利后果。这就决定了公司应享有足以影响不当或不必要的代表诉讼程序的进行的权利,以便及时阻止或终结无价值甚至是有害于公司利益的诉讼。而在诉讼程序中,诉讼主体所享有的诉讼权利及应承担的诉讼义务是受其在诉讼中所处的地位决定的,故此,应当允许公司在股东代表诉讼中享有重要的地位,以便使其能够有条件在诉讼中发挥其应有的作用,以便更好地维护其利益。

（三）有助于促进股东代表诉讼中相关各方之间的利益平衡

股东代表诉讼不仅涉及提诉股东与公司的利益，还涉及被告及公司其他股东的利益。通过强化公司在股东代表诉讼中的地位及作用，一方面当股东所提诉讼符合公司利益时，公司可以对原告股东进行强有力的辅助，并对其给予合理的诉讼费用方面的补偿，以促进胜诉结果的取得以及对过错行为人责任的追究。另一方面，如果股东出于保护公司利益以外的目的而恶意提诉，或者股东提诉虽非出于恶意，但其所提代表诉讼明显不符合公司最佳利益时，公司可以及时牵制或阻止该诉讼的发生或继续，从而节约诉讼成本，保护公司及其股东的利益免遭不必要的、进一步的损害，同时也可使被告及早摆脱诉讼的困扰，并将其对公司所承担的法律责任限定在合理的范围内，减少其因恶意诉讼或不必要的诉讼所可能带来的损失，以兼顾对被告利益的保护。而当原告股东与被告恶意串通，企图通过诉讼和（调）解来损害公司及其他股东利益时，公司可以通过参加诉讼和（调）解程序，对诉讼和（调）解的程序及结果进行监督和制约。通过强化公司在股东代表诉讼中的地位及作用，使之能够对诉讼的进程及结果都能起到一个调节的作用，将有助于实现诉讼中相关各方之间的利益平衡。

二、强化的限度

强化公司在股东代表诉讼中的地位及作用，应赋予公司选择是否参加诉讼的权利，如果选择参加诉讼，一般应享有共同诉讼参加人的诉讼地位，可以享有超出无独立请求权第三人所能享有的权利，如阻止诉讼权、诉讼和解权、对败诉股东的损害赔偿请求权等；同时，也应承担相应的义务，如对提诉股东的费用补偿义务、不起诉理由说明义务、提供证据的义务等。鉴于前文已有探讨，不再赘述。

但是，由于公司治理实践中“资本多数决异化”及“内部人控制”等现象的大量存在，公司经常无法自由表达其意志，也难以像一个正常的理性经济人那样去保护其合法权益，这也正是股东代表诉讼制度设置的基础，同时也决定了股东代表诉讼本身所具有的复杂性。我国股份公司中的“内部人控制”现象更为突出，在大多数的上市公司中，国有股和法人股持有的股份都在50%—60%以上。而且，相当一部分上市公司的前五大股东之间，还存在密切的关联关系，前五大股东之间相互不独立。[1]在这种持股结构下，整个公司都可能操纵在国有股东或大股东手中，从而形成严重的“内部人控制”现象。

如果赋予公司过多的、不受严格限制的权利，在公司处于意志不自由状态时，难免会被过错行为人操控并用来对抗相关的责任追究，以助其不当逃避对公司所应承担的责任，从而损害公司及其股东的利益。故此，一方面应对公司的上述权利的范围及其行使条件施加严格的限制，例如，不赋予公司提起新的诉讼或接管股东所提代表诉讼的权利、公司单独与被告进行诉讼和解的权利以及选择辅助被告的权利等，不应将其作为股东代表诉讼中实质上的当事人，从而使其享有撤诉、变更诉讼请求等权利，以防止公司因可能受到的不当控制而严重影响正常股东代表诉讼的提起，危及该制度存在的基础。另一方面，对因适度强化公司的地位及作用后所可能给股东提诉带来的不利影响，则需通过股东提诉的激励与约束机制的构建、经营判断规则的合理引入以及法院在股东代表诉讼中自由裁量权的适度扩张等方式加以缓解或解决。笔者将在本章后文中对相关问题进行探讨，在此暂不展开。

---

〔1〕 朱慈蕴：《资本多数决原则与控制股东的诚信义务》，载《法学研究》2004年第4期。

三、股东权利保护的其他相关机制

股东权利的保护需要多种相关机制协同发挥作用。虽然股东代表诉讼制度在保护股东权利方面能够发挥一些其他相关机制难以替代的作用，但其只是保护股东权利的最后的手段，应是在其他救济方式失灵情况下的一种补充性救济机制。强化公司在股东代表诉讼中的地位及作用，可能会造成该制度在保护股东权利方面存在一些不足，但可通过完善股东权利保护的其他相关机制来加以弥补。

（一）股东代表诉讼与股东权利保护的其他相关机制的关系

股东权利保护的其他机制的完善状况及实施效果会影响到中小股东对股东代表诉讼制度的依赖程度。该制度在英、美两国实施的情况就是较好的例证。由于英国的公司立法为股东保护自己的权利规定了多种公司治理措施，如不公平损害救济、股东个人权利的行使、公平和公正地清算公司等自力救济措施以及就董事责任所提供的广泛的公力救济等措施，使得股东不必主要依赖股东代表诉讼制度来保护自己的利益。[1]而在美国，直至20世纪80年代初，股东代表诉讼制度仍被作为管制公司经营、保护股东权利的主要手段；但之后则因其他救济机制的广泛运用，如公司控制权市场的发展，该制度在保护股东权利方面的作用已有弱化的迹象。

不难看出，保护股东权利的其他机制的完善不仅可以弥补股东代表诉讼制度在保护股东权利方面存在的不足，还可起到减少股东代表诉讼的效果，较好地实现了股东代表诉讼制度只是作为保护股东权利的最后手段的目标。

---

〔1〕 李小宁：《公司法视角下的股东代表诉讼——对英国、美国、德国和中国的比较研究》，法律出版社2009年版，第36—37页。

（二）扩大股东直接诉讼的适用范围

虽然股东代表诉讼与直接诉讼在理论上区别明显，在司法实践中的界限却并非泾渭分明，它们可能会同时存在于同一个案件中，如原告股东既指控其表决权被侵犯，又指控与该表决权有关的自我交易行为对公司是不公平的，损害了公司利益的情形。为了给股东行使诉权提供更充分的保障，美、英两国甚至直接在某些特殊情况下取消或淡化了两者的区分，允许股东选择提诉的方式。根据ALI《公司治理原则》第7.01(c)及(d)条的规定，对于公众公司，当两类诉讼同时存在于同一案件中时，股东可以选择同时提起直接诉讼和代表诉讼，股东所提起的直接诉讼不受与代表诉讼相关程序方面规定的限制；而对于闭锁公司，法院则可行使自由裁量权，在一定条件下将以代表诉讼请求提起的诉讼视为直接诉讼。另外，根据特拉华州和纽约州的判例，如果某一行为侵害的主要是公司的利益，但也同时对股东个人利益造成了特别的损害，有关的诉讼仍可被视为是直接诉讼。[1]对于提诉股东来讲，将其所提诉讼视为直接诉讼，既可避免与提起股东代表诉讼相关的诸多程序方面的限制，还可使其能够直接从侵害人处直接受偿，极大地方便了对其利益的保护。而在英国普通法上，股东直接诉讼（少数股东个人诉讼）与代表诉讼交叉的情况主要存在于越权行为和违反特别决议程序的行为这两种情形，对于前者，少数股东可以选择是提起直接诉讼还是代表诉讼，但其寻求补偿的形式须与其所行使的权利相匹配；对于后者，从理论上来讲，股东既可提起直接诉讼，也可提起代表诉讼，但在实践中，股东通常会选择提起直接诉讼（个人诉讼）。

---

〔1〕［美］美国法律研究院：《公司治理原则：分析与建议》（下），楼建波等译，法律出版社2006年版，第529—531页。

鉴于两类诉讼之间的区分标准日渐模糊，而两者交叉的情形却日渐增多，当某一行为既损害了公司的利益，又对股东的个人权利造成一定的侵害的，应允许股东选择以提起直接诉讼的方式来寻求对其权利的保护，以弥补股东代表诉讼制度在股东权利保护方面的不足，方便股东寻求对其受损权利的救济。

第二节　股东提诉的激励与约束机制

"理性的经济人在不同的法律规则下，会对不同行动做出预期，根据预期的收益成本大小而采取不同的行动，并通过实际的结果来调整自己未来的行为。"[1]股东作为理性的经济人，在决定是否提起代表诉讼时当然也会根据现有的约束条件，对其行为进行"成本—收益"分析。如果提起代表诉讼根本无利可图乃至得不偿失，股东将缺乏提诉的激励，股东代表诉讼制度的目标就将落空；反之，如果不对股东滥诉设置相应的约束机制，股东能够从滥诉中获取不当利益，则将激励其采取更多的机会主义行为，诱发道德风险。所以，构建合理的股东提诉的激励与约束机制极为必要。除了通过强化公司在股东代表诉讼中的地位与作用来调节提诉股东胜诉的难度，从而对股东提诉进行一定的激励与约束之外，还应在公司立法中作出一些相关的制度安排。

一、激励机制

（一）降低股东提诉的门槛，引入多重代表诉讼

1. 股东提诉资格的经验考察

两大法系众多国家或地区的公司立法都对原告股东的资格规定

---

〔1〕 唐保银：《中国公司法经济分析》，吉林大学2008年博士论文，第37页。

了一定的限制条件。虽然不同国家或地区在具体做法上存在很大的差异，但总体却是趋于宽松的，这一点在大陆法系国家或地区体现得尤为明显。

美国的公司立法并未对提诉股东的持股比例进行限制，但却规定了“当时持股规则”以及提诉股东必须能够公正且充分地代表公司利益这两个限制条件。根据《美国标准公司法》第7.41条的规定，只有在被控诉的行为发生时为该公司股东或者通过合法的转让从一名当时股东手中受让股票而成为公司的股东，并且在行使公司权利时能够公正、充分地代表公司利益时，该股东才可启动或继续一项代表诉讼。[1]而《美国联邦民事诉讼规则》第23.1条则要求原告股东必须具备能够公正和充分地代表其他处于同样地位的股东或团体成员的利益来实施公司或团体的权利的条件，否则代表诉讼不能继续进行。[2]不难看出，两者关于原告股东的“代表性”方面的要求不尽相同，前者要求原告股东能够公正且充分地代表公司，而后者则要求其能够公正且充分地代表与之具有相同地位的其他股东。从股东代表诉讼是原告股东为了公司的利益而提起的诉讼这一性质来看，前者的规定相对更为合理。

英国立法则要求原告股东必须在获得法院许可后方可继续股东代表诉讼，这无疑增加了原告股东继续代表诉讼的难度，但就原告股东持股数量和时间方面的限制而言，英国法所持的态度却比较宽松，既没有关于原告股东最低持股数量的限制，也没有实行类似美国法的

---

〔1〕 沈四宝编译：《最新美国标准公司法》，法律出版社2006年版，第84页。

〔2〕 白绿铉等译：《美国联邦民事诉讼规则、证据规则》，中国法制出版社2000年版，第45页。

当时持股规则。[1]根据其2006年《公司法》的规定，即便是不持有公司股份的人也可以提起股东代表诉讼。当然，其所提诉讼能否进行下去，则取决于其能否提供证据证明该案的可诉性，否则将得不到法院的许可。[2]而在原告股东的"代表性"方面的限制则类似于《美国联邦民事诉讼规则》第23.1条的规定。由于美国公司法传统上对股东提起代表诉讼持较为宽容的态度，也未像英国公司法那样规定诉讼许可程序，故虽然美国公司立法要求原告股东必须满足"当时持股规则"与具有"代表性"这样的条件，但相较于股东在英国提起代表诉讼的难度，实际上股东在美国提讼的难度要小得多。

相较于美、英两国，大陆法系的德国、中国及我国台湾地区对原告股东的资格限制则相对更为严格，并主要体现在持股比例及持股时间方面的限制。德国公司立法对原告股东的资格限制主要体现在两个方面：一是持股比例或数额的限制。根据德国1998年《股份公司法》第147条的规定，单独或合计拥有公司股本总额5%以上或拥有股本达50万欧元的股东方可行使迫使公司起诉的权利。而在其2005年修改后的《股份公司法》第148条第1款中，则将原告股东的持股比例降为总计持有公司总股本1%或持股达10万欧元。二是持股时间的限制。根据德国2005年《股份公司法》第148条第1款的规定，只有在被诉的不当行为被公开之前就获得股东身份的股东，才有权提起代表诉讼。我国《公司法》第151条则分别针对有限责任公司与股份有限公司的股东提诉资格作出了规定，将股份有限公司中的原告股东的持股比例与持股时间分别限定为1%与180日，而对有限责任公司则

〔1〕 张明远：《股东派生诉讼法律制度研究》，载杨立新主编：《民商法前沿》（第1、2辑），吉林人民出版社2002年版，第244页。

〔2〕 卜庆修：《论英国公司法改革与股东代表诉讼》，文章来源：http://www.civillaw.com.cn/article/default.asp?id=46182。登陆时间：2011-3-5。

无持股比例的要求。相比之下，我国台湾地区无论是在原告股东的持股比例还是持股时间方面的限制都是最为严格的。其 2001 年《公司法》第 214 条将原告股东的最低持股比例限定为 3%，而在之前的公司法修订过程中已将该比例从 10% 降为 5%；在持股时间上，则要求其连续持股满 1 年。值得注意的是，日本公司立法对原告股东资格的限制却比较宽松，根据该国 2005 年《公司法》第 847 条第 1 款的规定，原告股东并无持股比例或数额的限制，只需满足连续持股 6 个月以上这一持股时间上的条件。事实上，该规定已低于美国公司立法上对原告股东资格方面的限制程度，但该国同时也规定了与美国公司法上类似的费用担保制度，以弥补将股东代表诉讼诉权规定为单独股东权所可能带来的滥诉风险。

从上述国家或地区的相关规定来看，对原告股东的资格进行必要的限制是一种比较普遍的做法，这有利于防止股东滥诉；但是，如果为股东提起代表诉讼设置过高的门槛，则将影响股东提诉的积极性。总体来看，美、日是以费用担保制度来取代原告股东持股比例方面的限制，而英国则是以法院的诉讼许可制度来防止因缺少原告股东持股比例及持股时间的限制所可能带来的滥诉，只有中国、德国与我国台湾地区对原告提诉规定了持股比例方面的限制。特别是德国，不仅有关于提诉股东持股比例或持股金额的限制，还有法院许可程序的限制。

2. 我国应取消股份有限公司提诉股东持股比例方面的限制

基于股东代表诉讼制度在保护公司及股东权益以及对公司经营管理者进行监督制约方面所具有的重要功能，加之原告股东通常能够从代表诉讼中获得的利益相当有限，降低股东提诉的门槛，方便其提起代表诉讼乃是发展的趋势。从我国现行公司立法的规定来看，其对原告股东所做的资格限制与大陆法系相关国家或地区的做法相比，虽然并非是最为严格的，但也并不宽松。从司法实践中的情况来看，股东代表诉讼多发生在有限责任公司，而股份有限公司特别是上市公司涉及该类诉讼的很少。虽然原因可能是多方面的，但多少和股份有限公司中的非控制股东持股比例通常较低有关。[1]国内有学者指出，我国现行《公司法》将股份有限公司股东的代表诉讼诉权规定为少数股东权，设定1%的持股比例的限制其实未必能够有效防止滥诉，为了提高股东代表诉讼制度的实用性，应尽量减少对原告股东资格方面的限制，并进而主张可以借鉴美国、日本的做法，引入费用担保制度来取代股东股东持股比例上的限制。[2]

在我国当前公司治理机制远未理顺，股东代表诉讼制度刚起步不久，公司及股东利益缺乏有效的救济渠道的现实条件下，应进一步降低对原告股东资格方面的限制，以对股东提诉进行激励。为了方便股东代表诉讼的提起，有效发挥该制度应有的作用，应取消股份有限公司原告股东资格方面的持股比例限制。原因在于：其一，现行《公司法》一刀切地要求股份有限公司的提诉股东必须满足1%的持股比例条件，在我国当前“一股独大”与“股权分散化”都极为普遍的现实条件下，尤其是在上市公司，小股东要想凑够1%的持股比例并非易事，将严重影响股东提诉的积极性，不利于发挥股东代表诉讼制度的作用；其二，希望通过设定持股比例方面的限制来防止股东滥诉的目标在我国股权分散化与集中化趋势并存的现实条件下很难实现，企图提起不当诉讼的股东可以比较容易地通过规避该规定来达到提诉的目的；其三，至于因取消原告股东持股比例的限制所可能带来的滥诉问题，可以通过强化公司在股东代表诉讼中的地位与作用、适度扩张法院的自由裁量权等配套制度的设置来缓解，如赋予公司阻止诉讼权、

---

〔1〕 王丹：《公司派生诉讼论——理论基础与制度构造》，中国法制出版社2012年版，第319、330页。

〔2〕 蔡元庆：《少数股东权与担保提供制度》，载《河南社会科学》2007年第1期。

对败诉股东课以一定条件下的损害赔偿义务等。

3. 引入多重代表诉讼

在1917年纽约州的Holmes v. Camp案中，法官认为，在子公司的损害会最终及于母公司股东时，按照股东代表诉讼的一般要求，母公司股东将缺乏救济渠道，故应承认母公司股东代表子公司利益提起诉讼，相关代表诉讼即为二重代表诉讼。[1]多重代表诉讼则是指，由母公司股东代位子公司、孙公司等提起的诉讼。2010年特拉华州最高法院通过相关判例第一次对二重代表诉讼进行了比较系统的阐述。[2]日本近年来引入多重代表诉讼的呼声日渐高涨，2012年8月法务省法制审议会公司法制部会完成的《关于修改公司法制的纲要》，其重点之一就是规范母子公司关系的多重代表诉讼。[3]2014年全面修改《公司法》时则明确规定了多重代表诉讼制度。

随着我国母子公司架构的公司形态及企业集团逐渐普遍化，现行股东代表诉讼制度在对子公司监督上的不足逐渐显露。当母公司能够实际控制子公司时，该母公司的董事、经理等内部控制人就可能利用子公司攫取私利，并利用现行股东代表诉讼制度的缺漏，阻隔母公司的股东提起代表诉讼。司法实践中，对于母公司股东针对子公司董事、经理等高管提起的代表诉讼，往往会因原告股东不适格而被法院驳回。[4]

---

〔1〕 王淼、许明月：《美国特拉华州二重代表诉讼的实践及对我国的启示》，载《法学评论》2014年第1期。

〔2〕 同上。

〔3〕 平力群：《日本股东代表诉讼的缺漏及其修改动向》，载《日本问题研究》2014年第3期。

〔4〕 例如，上海市第二中级人民法院（2008）沪二中民五（商）初字第21号“江文宏诉吴金辉、苏州嘉慈服饰有限公司、第三人上海蔻薇尔服饰有限责任公司的控股股东、实际控制人、董事、监事、高级管理人员损害公司利益赔偿纠纷”民事判决书就认为，该案中只有母公司才是适格的原告，母公司的股东无权就公司控制人侵害子公司权益的行为提起代表诉讼。

《公司法司法解释(四)》第35条第2款:“股东因公司全资子公司利益受到损害,依据公司法第151条提起诉讼,请求被告向全资子公司承担民事责任的,应予支持;请求被告向公司承担民事责任的,不予支持。”

(二)降低股东提诉的风险

根据我国当前相关立法的规定,提诉股东将承担相当大的诉讼风险。可以从降低股东代表诉讼的诉讼费、合理界定股东败诉时所承担的损害赔偿责任以及赋予提诉股东费用补偿请求权等三个方面来降低股东提诉的风险,以激励股东提起正常的代表诉讼。鉴于后两个方面在前文已有论述,这里主要对降低股东代表诉讼案件诉讼费用的收取标准问题进行阐释。

国外通常将股东代表诉讼案件作为非财产类案件来收取诉讼费用,如美国、日本。在美国,由于联邦政府对诉讼提供巨额的财政补贴,法院只收取微不足道的案件受理费。美国联邦法院一律是按件收取受理费,从来不考虑“争议金额”或“诉讼标的”。[1]日本2005年《公司法》第847条第6款也明确规定:“第3款或前款责任追究等之诉,就诉讼标的价额的计算,视为有关非财产权请求的诉讼。”[2]日本股东代表诉讼案件的受理费为定额,现在则一律为13,000日元。[3]而韩国则将股东代表诉讼视为无法知道诉价的诉讼,不考虑请求金额,一律将其标的额限定为1000万韩元,并以此为基准计算案件受理

---

〔1〕 廖永安:《民事诉讼理论探索与程序整合》,中国法制出版社2005年版,第194页。

〔2〕 吴建斌等译:《日本公司法典》,中国法制出版社2006年版,第444页。

〔3〕 周剑龙教授在“中国与世界:公司法改革国际峰会”上的发言。文章来源:http://www.chinalawedu.com/news/21604/21630/21652/2006/4/ma10272837181424600211552-0.htm,登陆时间:2010-11-30日。

费等诉讼费用。[1]

我国司法实践中仍将股东代表诉讼作为财产类案件收取诉讼费用。由于股东代表诉讼涉及的诉讼标的额通常非常巨大,结果导致原告股东提诉时要向法院预交巨额的诉讼费用。由于提起代表诉讼的往往是中小股东,根本无力预交巨额的诉讼费用,影响了股东提诉的热情,增加了其提诉的风险与难度。这一点在 2004 年北京红石实业有限责任公司的 3 位股东诉潘石屹一案中更是暴露无遗。国内学者大多建议对股东代表诉讼案件改按非财产案件的标准收取诉讼费用。但在我国,由于国家投入的司法资源严重不足,各级法院或多或少地靠收取诉讼费用来弥补办案经费的不足,加之法院在审理股东代表诉讼案件时往往需要更多的投入,在这样的现实条件下,直接将股东代表诉讼案件作为非财产类案件来收取少量的诉讼费用尚不现实。

在我国司法投入普遍不足的现实条件下,可借鉴韩国立法的做法,对股东代表诉讼案件仍按现行的财产类案件收费标准收取诉讼费用,但应根据我国的实际,为其设定一个收费数额的上限,如规定每个股东代表诉讼案件的受理费最多不得超过 5 万元人民币。这样,既能在一定程度上缓解司法投入的不足问题,又不至于对股东提诉造成过大的负担。

(三) 切实保障原告股东获取相关证据的权利

在股东代表诉讼实践中,原告股东往往是中小股东,其在公司内部通常并无显赫的地位,且多是处在公司权力的边缘。诉讼所需要的核心证据资料往往掌握在公司手中,甚至为被告所控制,无法及时、有效地获得诉讼所需要的证据,影响到股东提诉的积极性。为此,我国

---

〔1〕 [韩]李哲松:《韩国公司法》,吴日焕译,中国政法大学出版社 2000 年版,第 521 页。

相关立法应切实保障原告股东能够及时、有效地获得相关的证据，以增加其胜诉的机会，从而对股东提诉产生一定的激励。例如，规定公司应承担提供相关证据的义务、完善当事人及其代理人调查取证方面的规定等。

二、约束机制

不可否认，股东代表诉讼制度在保护公司及股东的合法权益，监督制约公司经营管理者谨慎、勤勉地履行职务方面具有一定的作用，这也是各国或地区纷纷设立该制度的主要原因。但是，该制度如被滥用，将会对公司及其他相关利益主体，乃至对整个国家或地区的经济带来严重的负面影响，因此，应对股东提讼设立必要的约束机制。至于由此可能会削弱该制度在保护股东权利方面的作用问题，则应放在整个公司治理机制中来看待，需要其他相关机制协同发挥作用。正如 ALI 报告中所说的那样："必须指出的一点是，没有一种机制（市场或法律救济手段）能够在所有情况下都发挥作用。每种机制均有其利弊。故为更好地保护股东权益，各种机制都有存在的必要。"〔1〕

（一）完善股东代表诉讼前置程序

世界各国普遍对股东提诉规定了前置程序，该程序的设置既是基于公司才是相关诉权的真正享有者的考虑，也是为了防止股东滥诉。因此，通过前置程序过滤掉一些不必要的诉讼，以降低诉讼的成本，减少因不当诉讼而对公司及其他股东利益造成损害也就是设置该程序的应有目标。但我国现行《公司法》第 151 条规定的前置程序却无法有效地实现该程序所应担负的这一目标。司法实践中，人民法院对前

〔1〕［美］美国法律研究院：《公司治理原则：分析与建议》（下卷），楼建波等译，法律出版社 2006 年版，第 513 页。

置程序的理解与适用存在一定的偏差，一些法院仅以被告为公司实际控制人为由而免除前置程序的要求。〔1〕为此，应赋予公司阻止诉讼权，以对股东滥诉进行有效的制约，及时阻止一些不必要或不正当的代表诉讼。

（二）对原告股东设置诉讼和解上的限制

允许原告股东与被告进行诉讼和解是大多数国家的做法。我国司法实践中也有允许双方进行诉讼和解结案的案例，《征求意见稿》第34条对之也持肯定的态度。但是，由于原告股东是为了公司的利益而起诉，行使的是原本属于公司的诉权，也涉及其他与之具有相同地位股东的利益，故应对原告股东与被告之间的诉讼和解施加相应限制，以防止其通过诉讼和解获取不当利益，损害公司及其他股东的利益。通过对原告股东与被告之间的诉讼和解进行必要的限制，可以有效地抑制原告股东的机会主义行为，从而防止其滥诉。

（三）确立败诉股东的损害赔偿义务

为了防止股东滥用代表诉讼诉权，并因而损害公司及其他股东的利益，影响公司的效率，有必要要求其在一定条件下就因其滥诉行为而给公司造成的损失对公司承担损害赔偿责任。该责任的存在将会对股东出于公司利益以外的目的而提起代表诉讼的行为产生一定的威慑与抑制作用，减少公司经营管理者所可能面临的不必要的诉讼困扰，以便其能够集中精力积极主动地去从事公司的经营管理事务，提高公司的效率。

---

〔1〕 甘肃省高级人民法院（2014）甘民二终字第149号“周会斌因郑广廉损害公司利益责任纠纷”民事判决书认为：该规定（前置程序）的目的是为促使股东在维护公司利益方面尽量与公司决策机构形成一致的利益认同，避免经营分歧，并非为股东代表诉讼设置必经的前置程序。该案中，由于公司目前处于清算阶段，公司的一切事务由清算小组及清算组长郑广廉（被告）负责，原告股东未经前置程序，可直接提起代表诉讼。

（四）关于费用担保

费用担保制度，是指在股东提起代表诉讼时，法院有权在满足一定条件下根据被告的申请而责令原告股东向被告提供一定金额的担保，以便在原告股东败诉时，被告能从原告所提供的担保中获得费用补偿的制度。该制度最初为美国公司立法所确立，后来逐渐被大陆法系的日本及我国台湾地区所引进。

我国现行《公司法》及最高人民法院司法解释对此虽无明确规定，但在司法实践中，确立股东代表诉讼中的费用担保制度却不乏支持的声音。〔1〕学界也存在两种不同的主张：一种观点认为，为防止股东滥诉，应有条件引进该制度〔2〕；另一种观点则认为，鉴于我国当前股东代表诉讼制度发展的实际，引入费用担保制度应当缓行。〔3〕笔者认为，判断我国应否引入费用担保制度，应首先弄清该制度的核心内涵及功能，并需结合我国的实际。为此，有必要对该制度的发展演变进行梳理。

1. 域外费用担保制度的发展演变

（1）美国公司立法中的费用担保制度及其发展趋势。在美国的公司立法中，最早确立费用担保制度的是1944年的《纽约普通公司法》。根据该法第627条的规定，如果提起代表诉讼的股东所持股份、表决权信托证书或者受益人权益所代表的股份，在公司发行的任何种类的股份总额中所占比例低于5%，或者其市场价值不超过5万美元的，法

---

〔1〕 如最高人民法院《关于适用〈中华人民共和国公司法〉若干问题的规定（四）》（2009年专家论证会征求意见稿）第53条第1款；2006年的《公司法解释（二）（征求意见稿）》第30条。

〔2〕 参见刘金华：《股东代位诉讼研究》，中国政法大学2007年博士论文，第119页；蔡元庆：《少数股东权与担保提供制度》，载《河南社会科学》2007年第1期；卢政峰：《股东诉讼制度研究》，吉林大学2010年博士论文，第105页。

〔3〕 参见章晓洪：《股东派生诉讼研》，西南政法大学2006年博士论文，第107页；吴一平：《股东派生诉讼之比较》，载《甘肃政法学院学报》2007年第5期。

院有权根据公司的请求，责令原告股东提供费用担保。[1]该规定后来被美国其他州的公司立法所借鉴，并成为其股东提起代表诉讼的重要前提条件之一。设立费用担保制度的主要目的原本是为了阻止"滥诉"，即不是为了补救对公司造成的损害，而是针对为了得到对原告股东及其律师有利的诉讼和解而提起的股东代表诉讼。[2]但是，由于该规定将原告股东的持股数量作为法院决定是否要求其提供费用担保的几乎是唯一的标准，并不区分其提诉是出于善意还是恶意，也不要求被告对其提出的担保请求提供合理的理由，且要求原告股东提供担保的数额也较为随意，有时甚至非常巨大。而之后的实施效果却表明，费用担保制度不仅难以有效发挥其防止恶意滥诉的作用，反而严重影响了股东提起正常的代表诉讼，并进而导致从 20 世纪 60 年代后半期始，以《纽约普通公司法》为代表的费用担保立法模式在美国一些州的公司立法中受到挑战。[3]这也反映了美国传统的费用担保制度发生了严重的信任危机。

相比之下，较能代表该制度在美国现代发展状况的立法模式则是加利福尼亚州的公司立法。根据《加利福尼亚州公司法》第 800 条的规定，原告股东的持股数量不再是法院决定是否要求其提供担保的依据，而是采取列举的方式，规定被告（不限于作为形式被告的公司）必须证明原告股东所提代表诉讼属于缺乏使其所在公司或股东受益的合理可能性，或者被告（不包括作为形式被告的公司）根本就没有参与被追究的不法行为这两类情形之一时，法院才可要求原告股东提供担

〔1〕《美国公司法概论》，石少侠编译，延边大学出版社，1994 年版，第 332 页。转引自：刘金华：《股东代位诉讼研究》，中国政法大学 2007 年博士论文，第 115 页。

〔2〕［美］罗伯特·W. 汉米尔顿：《公司法概要》，李存捧译，中国社会科学出版社 1999 年版，第 344 页。

〔3〕陈碧珍：《股东派生诉讼费用担保的美国法发展及借鉴》，文章来源：http://www.civillaw.com.cn/article/default.asp? id = 36260，登陆时间：2011 - 1 - 30 日。

保，且具体的担保数额，可由法院酌情确定，但最高不得超过 5 万美元。[1]相较于纽约州的立法模式，加州公司法的立法模式无论是在防止滥诉的针对性方面，还是在预防因费用担保制度对正常股东代表诉讼的提起所可能产生的不正当抑制作用方面，都更为合理，在当前仍然保留该制度的美国各州公司立法中也属主流。

但不容忽视的是，费用担保制度对股东提起正常的代表诉讼也具有较大的抑制作用。但自 20 世纪 80 年代初以来，在美国的公司立法中已逐渐出现废弃该制度的发展趋势。具体体现在：其一，1984 年修订的《美国标准公司法》已删除了 1969 年的该法中关于费用担保法令方面的规定，而该法在美国公司实践中是具有广泛的影响力的。[2]其二，ALI《公司治理原则》第 7.04(c)条规定："除非普遍适用于民事诉讼的成文法或司法规则另有规定，否则，不得收取保证金、承诺金或其他费用担保。"该规定并未将股东代表诉讼中的费用担保问题与普通民事诉讼中的类似问题加以区分，而《美国联邦民事诉讼程序规则》及大部分司法管辖区都没有要求该类担保。[3]其三，在美国，只有约 1/3 的州的成文法仍然保留了费用担保制度，即使是在这些州，也只有在法院认为原告股东提起的代表诉讼明显没有合理根据或明显没有价值时，才会要求其交存保证金，且通常是以保证书的形式交纳。[4]

(2)日本、我国台湾地区的费用担保制度。《日本商法典》1951 年引入的费用担保制度其实是一个妥协的产物。设立该制度的目的在

---

〔1〕 刘俊海：《股份有限公司股东权的保护》，法律出版社 2004 年版，第 348 页。

〔2〕 沈四宝编译：《最新美国标准公司法》，法律出版社 2006 年版，第 282 页。

〔3〕 [美]美国法律研究院：《公司治理原则：分析与建议》(下)，楼建波等译，法律出版社 2006 年版，第 603、627 页。

〔4〕 [美]罗伯特·W. 汉米尔顿：《公司法概要》，李存捧译，中国社会科学出版社 1999 年版，第 343 页。

于:一是为了保障胜诉董事能够顺利实现对原告股东的损害赔偿请求权;二是为了通过法院要求原告股东提供担保,间接实现防止股东代表诉讼诉权滥用的目标。[1]在这两个目标中,前一目标应是费用担保制度所要实现的主要目标,而防止股东滥诉的目标则要通过担保可能发生的损害赔偿请求权才可以实现,只能适用于代表诉讼本身成为不法行为并因而可能给被告造成损失的情形。[2]日本2005年《公司法》也规定了费用担保制度。根据该法第847条第7款及第8款的规定,被告如能证明原告股东提起责任追究等之诉为"恶意"的行为,法院可依被告的请求,命令该股东提供相应的担保。至于何谓"恶意",立法中却没有进行必要的说明,日本学界及司法实践中对此也存在较大的争议。从近期日本法院的态度来看,通常可从如下两方面来判断原告股东是否存在"恶意":一是股东明知其提诉缺乏合理的依据,却仍提起并继续该代表诉讼;二是原告股东提起或继续诉讼具有加害被告董事以及公司的目的,有通过提起刁难被告的诉讼、获得个人利益的不当企图。[3]

从费用担保制度在日本的实施效果来看,美国该制度在防止股东滥诉方面存在的局限性,在日本也或多或少地存在。并且,由于日本立法对原告股东是否具有"恶意"缺乏统一的规定,导致法院在具体案件中决定是否要求原告股东提供担保方面存在较大的随意性,甚至因过于强调费用担保制度所具有的防止滥诉的功能,出现了较多的要求原告股东提供担保的案例,反而严重影响了股东提起正常代表诉讼的

[1] 蔡元庆:《少数股东权与担保提供制度》,载《河南社会科学》2007年第1期。

[2] 蔡元庆:《董事的经营责任研究》,法律出版社2006年版,第228—229页。

[3] 参见:日本大阪高等法院1997年8月26日判决(绿十字股东代表诉讼的担保提供申请案控诉审),资料版商事法务第162号,第234页。转引自:蔡元庆:《少数股东权与担保提供制度》,载《河南社会科学》2007年第1期。

积极性。近年来,随着日本股东代表诉讼制度本身的不断发展及相关配套制度的不断完善,在日本的司法实践中,已经很少看到法院下达费用担保命令的案件了。[1]

我国台湾地区也确立了费用担保制度,其 2001 年"公司法"第 214 条第2 款规定:"股东提起诉讼时,法院因被告之申请,得命起诉之股东提供相当担保"。根据该规定,只要被告向法院提出担保申请,无须证明提诉股东存在"恶意"的情形下,法院就可要求原告股东提供担保。该规定比日本公司立法对费用担保制度适用范围的限制更为宽松,将导致提诉股东需要提供担保的范围大为增加,因而严重影响了股东代表诉讼制度发挥其应有的作用。我国台湾学者赖源河也认为,虽然台湾地区很早就有股东代表诉讼制度,但是其功能并不是发挥得很好,这与原告股东的负担过重不无关系,其中就包括可以广泛适用的费用担保制度的设置。[2]

综上所述,费用担保制度设立的目标主要有两个:一是为了防止股东滥诉;二是为胜诉被告及公司能够顺利实现对败诉股东的损害赔偿请求权。从该制度实施的实际实施效果来看,预期的目标并未实现。相反,由于其对股东提诉的负面激励效果极为明显,影响股东代表诉讼制度应有作用的发挥,美、日等国已逐渐对该制度的适用加以限制。

2. 我国不宜引入费用担保制度

从上述国家或地区的费用担保制度的发展演变情况不难看出,基于该制度在防止滥诉方面存在的局限性以及可能对股东正常提诉带来严重的负面影响,费用担保制度的发展趋势是在不断地萎缩。我国

---

〔1〕 蔡元庆:《董事的经营责任研究》,法律出版社 2006 年版,第 228—229 页。

〔2〕 赖源河:《两岸三地公司法对话》,文章来源:http://www.ccelaws.com/gaofengduihua/2009-01-02/7500.html,登陆时间:2011-03-05。

台湾地区则因包括费用担保制度在内的相关制度设置给提诉股东施加了过重的负担，导致其股东代表诉讼制度实施的效果并不理想。这无疑给认为我国也应引入费用担保制度的学界及司法实务界敲响了警钟。笔者认为，我国目前不宜引入该制度，但可以通过强化公司在股东代表诉讼中的作用来防止股东滥诉。理由在于：

第一，确立费用担保制度不符合我国设立股东代表诉讼制度的初衷。我国公司立法设立股东代表诉讼制度的初衷是为了加强对公司及其股东利益的保护，并对公司经营管理者进行必要的监督制约，以使其谨慎、勤勉地从事经营管理公司的行为。由于股东提诉是为了公司的利益，自身通常并不能从诉讼中获得较多的利益，并且需要预先支付巨额的诉讼成本，承担巨大的诉讼风险，在股权趋于分散化及可以选择用脚投票的现实条件下，特别是在律师代理制度并不发达的我国，股东是否具有提起正常代表诉讼的激励都可能成为问题。加之当前我国司法实践中对股东代表诉讼采取不合理的诉讼费用收取标准，原告股东预交巨额的诉讼费用往往都非常困难。如果再引入费用担保制度，由于股东代表诉讼通常涉及的金额非常巨大，法院要求股东提供担保实际上所起到的效果就等同于直接驳回股东的提诉，必将对股东代表诉讼制度的运用产生严重的负面影响。从我国台湾地区股东代表诉讼制度发展的实践效果就不难预见这一后果。如此，则违背我国设立股东代表诉讼制度的初衷，在我国公司及股东的权利保护机制远未完善的现实条件下，其带来的危害可能更为严重。

第二，目前的司法现状决定了我国不宜引入类似日本公司立法中所规定的费用担保制度。如前所述，日本法院决定是否要求原告股东提供担保的条件是其提诉是否存在“恶意”，而“恶意”的判断标准却是一个极具主观性的问题，日本法院在对“恶意”的判断上难以避免的随意性，在我国股东代表诉讼实践中当然也难以避免。并且，与日本法院已积累了60余年审理股东代表诉讼案件的丰富实践经验相比，我国的股东代表诉讼制度则则起步不久，法院尚缺乏丰富的审理该类案件的实战经验，对股东代表诉讼实践中的一些疑难问题也更缺乏应对的能力，将极具主观性且与股东代表诉讼制度的实施效果关系重大的“恶意”标准交由法官来自由裁量，就是很难让人放心的一种选择。何况，即使是在日本，近年来法官要求原告股东提供担保的情形已很少出现。

第三，确立费用担保制度与我国民事诉讼相关制度不相容，也缺乏合理性。我国现行《民事诉讼法》所规定的诉讼担保制度主要适用于当事人申请财产保全的情形，目的是为了在其财产保全申请错误并因而给被申请人的利益造成损害的情形下对利益受损的被申请人进行损害赔偿。设置该制度的理由在于，因进行财产保全时诉讼结果尚未确定，相关申请存在错误的可能性，且该错误成本并非被申请人在正常诉讼中所应承担的合理成本。故此，法院通常会要求申请人提供担保，以充分保障被申请人因申请人的错误申请而产生的非正常损害。但是，对一般的诉讼费用并不适用诉讼担保的规定。由于在我国的民事诉讼实践中，通常都是由原告预先缴纳诉讼费，在诉讼费用的承担上，败诉方也通常不需负担对方除诉讼费用之外的其他费用，故无适用费用担保的必要。如果在股东代表诉讼中要求原告股东对其所提诉讼提供担保，则将对现有的诉讼担保、诉讼费用负担等制度造成较大的冲击，可能会引起一系列的连锁反应。

此外，姑且不论我国当前的公司立法尚未规定败诉股东应对公司或被告承担损害赔偿责任，即使是在法律明确规定败诉股东的损害赔偿责任的情况下，也不应在正常的诉讼程序中为提诉股东设置费用担保这一限制，而应在诉讼结果确定后再去追究败诉股东的责任。在诉讼结果确定之前就预先要求原告股东为其所提代表诉讼提供担保，等于是在未经审理的条件下，就预先要求其承担其在特定条件具备时才应承担的责任。故此，将保证公司或被告能够在股东败诉时能够获得损害赔偿作为设立费用担保制度的理由是不充分的，既可能严重影响股东提诉的积极性，对原告股东也不公平。

第四，费用担保制度所要实现的防止滥诉的目标可以通过其他配套制度的完善来实现。相关国家或地区设置费用担保制度的初衷虽不完全相同，但通常都包含防止股东滥诉的考虑。但是，由于该制度本身在防止股东滥诉方面存在较大的局限性，加之其在适用条件及适用范围方面难以具体界定，如设计不当将会严重影响股东代表诉讼制度的实施效果，故此，费用担保制度逐渐被摒弃或限制使用，该制度在美国、日本的命运就是明证，而我国台湾地区则从相反的角度证明了该制度对股东代表诉讼制度所可能带来的危害。虽然防止股东滥诉是股东代表诉讼制度设计中的一个目标，但该目标可以依靠其他相关配套制度的设置来实现。如，通过赋予公司阻止诉讼权来及时过滤那些不必要或不正当的代表诉讼；通过赋予公司诉讼和解权，来防止提诉股东与被告恶意串通，损害公司及其他股东的合法权益；通过赋予公司对败诉股东的损害赔偿请求权，来追究那些提起“恶意”诉讼的股东的责任，以抑制股东滥诉的动机。此外，还可通过引入经营判断规则，来合理减轻被告董事等公司经营管理者的责任范围；通过建立董事责任保险及补偿等制度，来弥补被告因参加不必要或不正当的代表诉讼所产生的损失，以平衡对被告的利益保护。通过相关配套制度的设置与完善，也能实现防止股东滥诉的目标。故此，没有必要再引入既不能有效防止恶意滥诉，又可能会严重阻碍股东正常提诉的费用担保制度。

第三节 经营判断规则与董事责任范围的合理界定

各国或地区关于股东代表诉讼中的被告范围的规定差别较大,概括起来主要有两种类型:一类是以美、日为代表的开放式立法模式,被告的范围相当广泛。其中美国立法未对股东代表诉讼中被告的范围进行限制,只要是实施了侵害公司利益的不当行为的人都可以作为被告,包括董事、控股股东等公司内部人员以及公司外部的第三人。而日本股东代表诉讼中被告的范围起初比较狭窄,但近些年来则呈现扩大的趋势。根据日本原《商法典》第 267 条的规定,股东代表诉讼中被告的范围主要限于公司的董事,而依据该法中的其他相关准用条款,公司的发起人、监事、清算人等也可在一定条件下成为诉讼中的被告,但不包括审计员及公司外部的一般侵权人。而日本 2005 年《公司法》第 847 条所规定的被告范围则包括:发起人、设立时的董事及监事、高级管理人员、公司清算人以及行使表决权接受公司所提供利益的股东等。此外,该法将审计员也纳入了股东代表诉讼被告的范围,从而使其被告的范围有了明显的扩大。另一类则是以英国、我国台湾地区为代表的限制式立法模式。英国立法规定的股东代表诉讼中被告的范围仅限于董事,我国台湾地区 2001 年"公司法"第 214 条也仅规定公司董事可以成为股东代表诉讼中的被告。还有一些国家的做法则介于两者之间。根据我国现行《公司法》第 151 条的规定,股东代表诉讼中被告的范围包括:董事、监事、高级管理人员以及上述人员之外的"他人"。[1]这一规定实际上也是采取类似美、日两国那样的开放式立

〔1〕 从司法实践中的情况来看,被告为公司的法定代表人、董事、经理(往往同时是公司股东)的情况占比最高,控制股东或大股东、公司以外的人成为被告的情况亦较常见。参见王丹:《公司派生诉讼论——理论基础与制度构造》,中国法制出版社 2012 年版,第 317 页。

法模式。鉴于我国股东代表诉讼中被告的范围较为广泛，而不当诉讼给不同身份的被告带来的利益损害也可能有比较大的差异，笔者主要以公司董事为例，来探讨如何保护其与股东代表诉讼相关的利益。

对于董事因不当代表诉讼所遭受的利益损失，美国的公司立法中规定了公司对董事的费用补偿制度及董事责任保险制度[1]，当前，美国几乎所有的州都有关于公司对董事的费用补偿方面的规定。日本也有关于董事责任保险制度方面的规定，以此来缓解董事所承担的责任过大的问题。[2]基于研究的旨趣所在，笔者主要探讨如何合理界定董事在股东代表诉讼中的责任范围及其实现机制等问题。而合理界定董事责任范围的核心是经营判断规则，该规则同时也是确立及完善我国公司的阻止诉讼权制度的重要前提。由于前文已对我国引入经营判断规则的相关问题做了法理上的探讨，这里主要从法经济学的角度，来进一步探讨经营判断规则[3]的内在机理及其背后所隐含的经济逻辑，以便为我国将来引入该规则提供多方面的观察视角。

一、经营判断规则存在的必要性

“从法经济学的角度来看，公司法就是一种影响人们未来行为的激励系统。公司法通过把权利（力）配置给能使公司及社会整体收益最大化的人，或把损失分配给能以最小的成本承担这种损失风险的人，从而达到降低交易成本，提高资源配置效率的目标。可以说，法经

---

〔1〕［美］美国法律研究院：《公司治理原则：分析与建议》（下），楼建波等译，法律出版社 2006 年版，第 847—849 页。

〔2〕蔡元庆：《董事的经营责任研究》，法律出版社 2006 年版，第 263—264 页。

〔3〕笔者以下将主要以极具代表性和影响力的美国经营判断规则为分析对象，以厘清这种制度安排背后的经济逻辑。虽然由于多种因素的影响，各国的经营判断规则会存在一定的差异，但其背后隐含的经济逻辑却是相通的，从这个意义上说，本书的分析又并非仅针对美国。

济学是以效率作为其价值目标的。这与公司法的财富和效率最大化目标堪称完美的契合。”[1]判断一项公司法律制度是否具有存在的必要性，在法经济学看来，关键就是看该制度能否降低交易成本、促进公司法中各法律主体及社会整体的利益最大化，从而增进社会整体福利。经营判断规则是否具有存在的必要性，也应以此标准。

（一）公司董事不应对其只存在轻微过失的不当行为承担责任

公司作为法律意义上的人，当然具有经济人属性，它清楚知道自己在法律关系中所享有的权利和应承担的义务，也会根据现实条件理性地对自己的行为选择作出“成本—收益”分析，然后作出反应。当然，公司的行为选择是通过董事等公司经营管理人员作出的。而董事等除了作为公司意志的实际体现者之外，个人本身同样具有经济人属性，他们在由法律规则体系组成的“隐形价格体系”下的行为反应就会类似于市场中参与者的反应，都会根据既定的“价格体系”理性地作成本—收益分析。[2]股东代表诉讼法律制度中的不同权利义务配置，也将直接影响董事等管理层的现实反应，产生的效果也将不同。

现代企业无时无刻不处在一个竞争的环境中，公司经营环境复杂多变，充满着极大的不确定性，现实中的商机也转瞬即逝。现实中公司经营者的很多经营决策都是依据有限时间内获得的有限的信息来分析处在变动不居的市场因素的基础上，运用其经营管理的专业知识所实施的综合判断。如果法律要求董事等对自己实施的一切给公司造成损失的“误判”行为承担损害赔偿责任，出于趋利避害的本能反应，作为经济人的董事等就自然会想办法力图摆脱或规避法律规定的这种责任。因为，只有那些符合法律主体的理性选择，能使其成本最

---

〔1〕 罗培新等：《公司法的法律经济学研究》，北京大学出版社2008年版，第43页。

〔2〕 魏建：《理性选择理论与法经济学的发展》，载《中国社会科学》2002年第1期。

小而收益最大的法律,才会被人们自觉地遵守。董事等的现实反应很可能就是尽量减少甚至避免进行公司经营中必要的“冒险”行为,诸如进入新市场、开发新产品、研发新技术等这些具有重大潜在利益的创新型或创业型经营行为就很难发生。在竞争激烈的经营环境中,这样的公司能够生存已属不易,何谈做大做强呢? 这种情形下,股东的投资收益又从何而来呢?

另外,基于有限责任制度的保护和广泛存在的分散投资的现实,小股东承受公司经营风险的能力反而会高于董事等管理层。在资讯已经相当发达的资本市场中,公司业绩不佳,资本市场很快就会作出反应,董事等公司管理层将最终承担这些成本。[1]资本市场事后惩罚机制将会发生作用,公司再融资的能力就会受到削弱,投资者可能就会选择“用脚投票”, 这可能会导致董事等管理层在公司控制权市场的竞争中失利。此外,董事等管理层在劳动力市场上还将面临很难将其专门化于公司的人力资本分散投资到其他公司的窘境。当然,这对公司来讲,也是很大的成本付出,它将需要花费成本去聘请其他拥有相关特定知识和技能的管理者,而这往往并不容易做到。相较于可能承担的巨大成本,董事等管理层能从其疏忽大意的行为中获得的收益却相当少。[2]即便需要对公司承担责任,董事等管理层恐怕也没有那个能力。这种情况下,责任规则似乎并不重要。

从上述分析我们不难看出,针对董事等管理层轻微过失的责任规则,既会影响公司的经营效率,也难以发挥惩罚、阻遏董事等管理层的不当行为(本来就缺乏利益动机去有意为之),更无法弥补公司所受到的损失,相反,却可能增加公司的成本付出,所以它是没有效率的。

---

〔1〕 [美]弗兰克·伊斯特布鲁克等:《公司法的经济结构》,张建伟等译,北京大学出版社 2005 年版,第 108 页。

〔2〕 同上书,第 109—110 页。

（二）经营判断规则符合人的有限理性，可以降低交易成本

基于有限理性理论，人的认识能力是有限性的，加之市场经济中的信息的不完全性，所以人们不可能知道全部备选方案，也不可能精准地计算出所有备选方案的实施后果，从而使交易双方增加了相互了解、研究所需支付的成本。正的交易成本的存在构成了市场交换的重要约束条件[1]，这也是人们需要相互协作以及法律和制度约束的原因。在法经济学中，经济人的能力也是有限的，法律制度为人们提供了一个基本的行为规范，给人们一个稳定预期，减少了有限理性下人们因不确定性造成的损失，限制了行为人的机会主义行为。[2]但有限理性同时也决定了立法者制定的法律制度也不可能是完美的，此时人们已无法寻求“最大”或“最优”的目的，只能接受一种相对折中的“满意”的结果。

公司董事、经理等管理层当然也只具有有限理性。由于现实情况的复杂性、信息的不完全性、行为人自身条件的限制以及现实中客观存在的交易成本，不可能要求董事等公司经营管理人员每一笔交易都成功。如果针对董事等的任何“误判”都可以提起股东代表诉讼，董事等管理层必然要花费更多的时间和成本去应对每一项交易，这势必会增加现实中的交易成本。董事等管理层责任越重，公司付出的成本也会相应地越高，比如薪酬的提高、董事责任保险费的缴付、支付重新选择具有相关特定专业知识和技能的管理层的成本等。

此外，股东代表诉讼本身也是有成本的，而且成本相当大。对提诉股东来讲，准备诉讼的投入、诉讼费的缴纳、律师费的支付以及时间、精力的付出，败诉风险的承担等成本付出将相当可观。对于被诉

---

〔1〕 钱弘道：《法律经济学的理论基础》，载《法学研究》2002 年第 4 期。

〔2〕 李振宇、李学迎，《〈公司法〉的经济分析：原则、方法及其理论应用》，载《思想战线》2006 年第 2 期。

董事等管理层来讲，其应对代表诉讼的投入、名誉损失的付出以及职业发展前景受挫等成本付出亦不容忽视。对于公司而言，一些不必要的代表诉讼将会使其付出巨大的成本，严重损害公司的利益。现代资本市场资讯发达，任何风吹草动都可能会对公司股票价格和公司声誉产生较大的影响，不仅会冲击公司的正常经营，还会由此增加很多处理的成本。除此之外，还有司法资源成本的付出。

基于有限理性理论，作为投资者的个体股东同样是只具有有限理性的。基于信息的不对称、特定专业知识及技能的缺乏、个体偏好以及机会主义等因素的影响，股东可能会有意或无意提起一些并不必要的甚至是恶意的代表诉讼。这些诉讼一旦提起，交易成本就会产生，如不能及早终止这些不必要的甚至是恶意的代表诉讼，交易成本势必进一步增加，这其中就包括对有限的司法资源的浪费。

经营判断规则将董事等管理层的责任限定在一个合理的范围内，能够排除或及时终止一些不必要的甚至是恶意的股东代表诉讼，更符合人只具有有限的理性这个现实。这种制度安排，既可降低公司正常经营中的交易成本，又可减少或避免因不必要或恶意的代表诉讼所产生的各种成本，还能节省司法资源，提高有限的司法资源的利用率。这或许符合经济学上的经济人假设的第三个命题，在良好的法律和制度的保证下，经济人自利、理性的行为选择也会无形中增加社会的公共利益。米尔顿·梅尔斯则把这个命题称为“经济人的灵魂”。[1]

因此，经营判断规则的存在是非常必要的，用法经济学语境下的话说，就是经营判断规则这种制度安排是有效率的。

---

〔1〕 钱弘道：《经济分析法学的几个基本概念阐释》，载《同济大学学报（社会科学版）》2005 年第2 期。

二、经营判断规则的运作机制

前文述及,经营判断规则在程序法上是一个证明责任分配方式,其实是一种推定规制;在实体法上它则是法院在特定条件下审理案件的依据。下面将分别从这两方面展开分析:

(一)作为一种推定规则的经营判断规则

根据科斯定理,现实中交易成本是客观存在的。诉讼中当事人对案件事实的证明显然也存在交易成本,即证明成本。基于人的有限理性,法院要达到完全客观、准确地认定诉讼前已经发生的案件事实是不现实的。这就存在认定事实错误的可能,由此将会导致法院的“错误判决”,这中间也存在交易成本,即错误成本。证明成本和错误成本构成了诉讼的社会成本。诉讼的社会成本和诉讼中证明责任的分配之间是否存在着关联?Bruce L. Hay 教授在考察了美国的判例法后,得出的结论是:法院在分配证明责任时,多数时候为追求成本最小化,将对某一事实的证明责任分配给证明成本与判决错误成本之和最小的当事人。[1]这个结论竟然与波斯纳的观点惊人地相似,波斯纳认为:“证明过程的社会目标就在于,促使错误成本以及避免错误的成本金额最小化。”[2]波斯纳所说的“避免错误的成本”应该就是指证明成本。这反映了证明责任分配的背后其实隐含着一个经济逻辑,即证明责任的分配应该使诉讼的社会成本最小化。

推定制度作为一种证明责任的分配规则,当然也应遵循这一经济逻辑。经营判断规则通过推定规则将证明董事等管理层实施的被诉

---

〔1〕 参见:Bruce L. Hay, *Allocating the Burden of Proof*, 72 Ind. L. J. 651(1997). 转引自朱春华:《论推定的效力——一个法经济学的初步分析》,载《法商研究》2007 年第 5 期。

〔2〕 [美]理查德·A. 波斯纳:《证据法的经济分析》,徐昕等译,中国法制出版社 2001 年版,第 44 页。

行为不能适用该规则的证明责任转移给了提诉股东，这种证明责任的分配方式显然并不是着眼于降低证明成本。因为，在司法实践中，提起股东代表诉讼的原告通常是公司的小股东，而能够反映董事等管理层作出决策时的真实情况的信息或材料大多掌握在董事等管理层手中，小股东很难获得有力的证据去推翻经营判断规则的推定。如果是为了降低证明成本，由实施被诉行为的董事等管理层来证明其行为符合经营判断规则显然更为合适。对此，合理的解释就是，这种制度安排是基于提诉股东因这种证明责任分配方式而承担的证明成本与其所要承担的错误成本之和要小，不这样做的情况下公司、董事等管理层及社会整体所要承担的证明成本与错误成本之和，即认为由反对推定的一方（提诉股东）承担损失风险的成本更低。事实也的确如此，小股东基于有限责任和分散投资，加之可以"用脚投票"，其可能承担的损失就相当有限；相反，公司、董事等管理层及社会整体因股东代表诉讼承担的损失风险却是不确定的，有时可能还会相当大。经营判断规则通过推定规则，把损失分配给能以最小的成本承担损失风险的提诉股东的方式，来达到降低交易成本，提高资源配置效率的目标。

（二）作为法院在特定条件下审理案件依据的经营判断规则

传统法学理论关注的重点是对既有损害的事后救济，而法经济学更注重的是事前分析。对此，波斯纳说得更是直截了当，"对法律经济学家而言，过去只是一种'沉没了的'成本，他们将法律看成是一种影响未来行为的激励系统"。[1]将经营判断规则作为法院在特定条件下审理案件的依据，正是为了发挥该规则对股东代表诉讼制度中的各法律主体的激励作用，从而达到降低交易成本，提高资源配置效率的目标。

---

〔1〕［美］理查德·A. 波斯纳：《法律的经济分析》（上），蒋兆康译，中国大百科全书出版社1997版，（译者序）第15页。

就法官而言，首先，没有证据表明法官更适合对董事等管理层的经营判断进行实质性审核，相反，更多的证据都表明他们对此并不擅长。“如果法律机制提供了更好（成本更低）的方法，则法院应当运用它们的比较优势来达此目的。然而，不幸的是，法官在董事会会议室中查明并纠正错误的能力，远远不如他们在查明并纠正产品设计缺陷方面的能力，而且，对于后者，他们也并不擅长。”〔1〕由于法官往往并不具有公司经营所需要的特定的专业知识和技能，当他们对董事等管理层的经营判断进行审核时，是需要获得大量的信息，并从中判断和估计行为人当时的想法的，然而，这是很难做到的。“法院怎么会知道公司某项商业决定的不良后果，是咎于管理层才智投入的不足，还是其他什么影响公司的原因。”〔2〕因为，经营判断失败本身，并不代表当时的决定就是不合理的。其次，能够反映作出该经营判断当时情况的相关信息大都掌握在董事等管理层手中，出于合理的预期，他们显然没有积极主动地将这些资料信息完整地提供给法官的意愿，法官如何才能有效获得这些资料信息呢？不难想象，即使法院能够得到相关的信息资料，成本也将会相当高昂。最后，法官是否有竭尽全力对董事等管理层的相关决定进行实质性审查的激励呢？答案是否定的。原因在于，法官既不会因为其付出更多的额外工作量或更敏锐地评估了市场状况而得到更多的酬劳，也不会因为错误地估量了经营决定而被降薪或免职。〔3〕由此，我们不难看出，由法院来对董事等管理层的经营判断进行实质性的审查，不仅交易成本极高、对法官缺乏激励，而且超出了法院的能力，这样的制度安排显然是没有效率的。反之，如果

---

〔1〕［美］弗兰克·伊斯特布鲁克等：《公司法的经济结构》，张建伟等译，北京大学出版社 2005 年版，第 110 页。

〔2〕同上书，第 111 页。

〔3〕同上书，第 113 页。

法院只需依法律规定，对公司不起诉或终止代表诉讼决定的作出过程或程序进行审查，而不对其进行实质性审查，则可极大地降低交易成本，提高司法资源的使用效率。

当然，这种做法也是有成本的，在过滤掉一些不必要的甚至是恶意的代表诉讼、降低交易成本的同时，也可能会把一些有必要的代表诉讼筛掉，即会产生错误成本。但相较于这种错误成本，如果不这样做可能产生的交易成本要大得多。因为，根据股东代表诉讼制度安排，只要拥有公司总股份中很小的一部分的小股东（如我国公司法也仅要求其拥有公司总股份的 1%）就可提起代表诉讼，而这些小股东在决定提起诉讼时往往很少会考虑其他股东的利益，但正是其他股东及公司承担诉讼的主要成本。所以，有些代表诉讼对提起诉讼的小股东而言是理性的，但却损害了公司及其他股东的整体利益。这种负面激励如果再加上律师的参与，将可能导致代表诉讼的滥用。这样，产生的交易成本就会高得难以控制。因此，将经营判断规则作为法院特定条件下审理案件的依据，就可以减少或及早终结一些不必要的代表诉讼，同时促使准备提诉的股东因合理预期而放弃提起那些不必要的诉讼，从而节省大量的交易成本。相对于可能由此所导致的法院对应立案的诉讼没有立案、不该终止的诉讼而错误地终止所产生的成本来讲，这样做是有效率的。

三、适用的边界

经济人的行为选择往往是基于个人的成本收益分析，这就决定了其行为选择可能会将本应由自己承担的成本转嫁于他人，这种情形在经济学上被称为“外部性”。外部性的普遍存在，就需要有法律的激励，即通过法律规则的强制性安排，让行为主体对自己的行为承担完全责任,从而将个体行为的外部性内部化。[1]经营判断规则的适用边界问题背后,其实也隐含着这一经济逻辑。

(一) 董事等管理层违反忠实义务的行为不应适用经营判断规则

由于董事等管理层的利益与公司及其他股东的利益常有不一致的时候,他们又掌握着公司的经营大权,就难免会发生董事等管理层为了一己私利而把成本转嫁于公司及其他股东的"外部性"现象。例如,自我交易、篡夺公司交易机会、私自收取公司的交易相对人提供的佣金而出卖公司利益等。违反忠实义务的行为客观上往往会给董事等管理层个人带来较大的收益,而给公司造成巨大的损失;主观上大多表现为有意为之或乐观其成的心态,主观恶意较为明显。与违反注意义务的行为不同,因为董事等管理层是通过向公司及其他股东转嫁成本的方式而使自己获取较大的不当利益,这对他们存在明显的激励。违反忠实义务的董事等管理层往往已不太在意是否会在市场上失去重复交易的机会,也不再在乎自己的职业声誉和前景,行为人往往有捞一把就跑的心态,这就使得市场惩罚机制很难再发挥作用。

"在其他市场机制失灵时,责任规则是最行之有效的办法"。[2]如果对董事等管理层违反忠实义务的行为也适用经营判断规则,不可避免地会进一步激励他们实施更多的类似行为,公司及其他股东的利益就更加难以得到保护。而将这类不当行为排除在经营判断规则的适用范围之外,强化其责任,成本并不高。一方面,因为董事等实施违反忠实义务的行为多出于利益驱动,是有意为之,避免这类行为并不需要其付出太多的成本;另一方面,相对于审查董事等管理层是否违反

---

〔1〕 柯华庆:《法律经济学的思维方式》,载黄少安主编:《制度经济学研究》(第9辑),经济科学出版社2005年版,第43页。

〔2〕 [美]弗兰克·伊斯特布鲁克等:《公司法的经济结构》,张建伟等译,北京大学出版社2005年版,第117页。

注意义务的能力来讲，法院在审查其是否违反忠实义务时则具有比较优势。

对董事等管理层违反忠实义务的行为，各国法律往往都规定了非常严格的责任规则。在归责原则上，多采用无过错责任原则；在责任承担方式上，违反忠实义务不仅要承担赔偿公司损失，还应返还因该不当行为而获得的所有利益。[1]这样做的目的，实际上就是为了通过这种严格的责任规则，让董事等管理层要承担自己所实施的行为的全部成本，将个体行为的外部性内部化。

（二）董事等管理层存在重大过失的、违反注意义务的行为也不应受经营判断规则的保护

前文论及，公司法在对公司内部的权力资源进行配置时，应将权力资源配置给那些能够使公司法律主体及社会整体利益最大化的人，或把损失分配给能以最小成本承担这种损失风险的人。如果董事等管理层随意怠于认真行使手中的权力资源，损害公司及其他股东的利益，影响社会整体福利的增加，这样的权力资源配置就没有效率可言。董事等管理层对自己原本可以避免的、但由于缺乏必要的谨慎而犯的错误所产生的错误成本，不应转嫁给别人，而应由自己承担。要求董事等管理层对其存在重大过失的违反注意义务的行为承担责任，可减少或避免因这种不谨慎的权力行使所产生的外部性。此外，董事等管理层作为具有特定专业知识和技能的人，要求其尽到合理的注意义务并不过分，由其来承担减少或避免出现重大过失的成本，相对于要求别的法律主体承担要低得多。为了提高公司法律规则对权力资源配置的效率，应该把这种成本配置给能以最小成本承担这种损失风险的董事等管理层。

---

[1] 蔡元庆：《董事的经营责任研究》，法律出版社2006年版，第333页。

第四节　股东代表诉讼中法官自由裁量权的合理扩张

一、法官自由裁量权的范围

何为法官的自由裁量权？至今，这仍是个仁者见仁、智者见智的问题。对此，沃克认为："所谓自由裁量权，指酌情作出决定的权力，并且这种决定在当时情况下应是正义、公正、正确、公平和合理的，法律常常授予法官以权力或责任，使其在某种情况下可以行使自由裁量权。有时是根据情势所需，有时则仅仅是在规定的限度内行使之。"〔1〕根据沃克对其所下的定义，法官的自由裁量权可以超越具体法律规范的范围。而以色列大法官巴拉克则认为："对我来说，自由裁量权就是当每个备选方案都合法时，赋予人们的在两个或两个以上备选方案中进行选择的权力。"〔2〕不难看出，巴拉克所说的自由裁量权（包括法官所享有的该权力）则被限于"合法"的范围内。国内则有学者认为，法官自由裁量权是指法官或者审判组织根据自己的认识、经验、态度、价值观以及对法律规范的理解而选择司法行为和对案件作出裁判的权力。法官自由裁量权的行使是否必须依照法律的规定并无限定〔3〕，即法官的自由裁量可以超越法律的规定。

对于法官自由裁量权存在的必然性，哈特将其归因于语言的空缺

---

〔1〕［英］戴维·M. 沃克：《牛津法律大辞典》，李双元等译，法律出版社2003年版，第261—262页。

〔2〕［以］巴伦·巴拉克：《司法自由裁量权》，林长远译，载信春鹰主编：《公法》（第3卷），法律出版社2001年版，第454页。

〔3〕江必新：《论司法自由裁量权》，载《法律适用》2006年第11期。

结构和立法者能力的有限性。[1]国内则有学者认为:法官自由裁量权存在的正当性在于克服成文法的局限性、法律适用的不确定性、价值判断的可选择性及法官追求个案的公正性。[2]法官自由裁量权实际上是一把双刃剑。有学者从正面概括了法官自由裁量权所具有的价值,即实现程序正义与实体正义的平衡、一般正义与个别正义的平衡、正义与效率的平衡。[3]但也有学者指出,法官自由裁量权如果缺乏合理的规制,可能会带来如下危害:其一,在法律概念不清楚、不明确、不具体的情况下,法官有可能滥用解释权和判断权,从而作出背离法律的精神和目的的解释和判断;其二,不同法官基于个人不同的判断、认识与经验以及不同的价值观,可能会对同一种事实作出不同的判断与处理;其三,法官可能会出于个人私利或其他不当目的而滥用其自由裁量权。故此,应对法官的自由裁量权进行合理的规制,具体包括:其一,尽量使法律规定更为明确化、具体化;其二,实行规则控制或原则控制;其三,实行程序控制。[4]这其实涉及法官自由裁量权行使范围及方式的界定问题。

国内有学者在对西方法官自由裁量权的发展脉络进行梳理后认为:“纵观人类历史,法官裁量的权力始终摇摆徘徊在相对自由—严格限制—相对自由的轨道之间”。[5]而从法官自由裁量权在现代的发展来看,由于法院审判职能的强化及管理型司法的兴起等原因,法官自由裁量权的范围有进一步扩大的趋势。但在不同类型的诉讼中,法官

---

〔1〕 [英]H. L. A. 哈特:《法理学与法哲学论文集》,支振锋译,法律出版社 2005 年版,第 126 页。

〔2〕 黄宏生:《论法官自由裁量权及其运行原则》,载《福建论坛(人文社会科学版)》2009 年第 11 期。

〔3〕 李岩峰:《法官自由裁量权论》,中国政法大学 2007 年博士论文,第 97—109 页。

〔4〕 江必新:《论司法自由裁量权》,载《法律适用》2006 年第 11 期。

〔5〕 李岩峰:《法官自由裁量权论》,中国政法大学 2007 年博士论文,第 13 页。

自由裁量权的大小可能有所不同，比如，由于刑事诉讼涉及可能要剥夺相关当事人的人身自由乃至生命问题，基于严格的罪刑法定原则的要求，法官所享有的自由裁量权的范围就应小于其在民事诉讼中所应享有的范围。而具体到我国，对于现实中法官自由裁量权是过大还是过小，则存在两种截然不同的判断。一种观点认为，由于来自法院内部与外部的各种权力的约束，我国法官的权力实在太小；而另一种观点则认为，我国法官的权力实际上已经大到了没有边际的程度，已经不是有没有'自由裁量权'的问题，而是'自由裁量权'已经发展到了肆意妄为的程度。〔1〕我国著名的刑诉法学者徐静村教授也认为，由于证据规则不完善、相关监督机制不健全、法官的职业道德素养差等原因，导致在我国司法实践中法官的自由裁量权不是太小，而是太大。〔2〕我国当前存在着严重的司法腐败问题，就与法官的自由裁量权过大不无关系。至于如何合理界定及规范我国法官自由裁量权的范围及其行使的规则问题，由于其并非本文研究的重点，故此不做展开论述。

二、法官自由裁量权扩张的必要性

股东代表诉讼的现实复杂性决定了很难对其相关问题都事先进行具体清晰的界定。为了能让法官更为灵活地应对诉讼中可能出现的复杂问题，两大法系众多国家普遍的做法是赋予法官在股东代表诉讼中享有相对于其在普通民事诉讼中更大的自由裁量权，以此来加强法院在诉讼中的地位与作用，以更好地平衡各相关主体之间的利益。特别是在英、美两国，其民事诉讼原本采取的是当事人主义模式，法官

---

〔1〕 葛洪义：《法官的权力——中国法官权力约束制度研究》，载《中国法学》2003 年第 4 期。

〔2〕 徐静村主编：《中国刑事诉讼法（第 2 修正案）：学者拟制稿及立法理由》，法律出版社 2005 年版，第 343 页。

的地位相当消极，但其法官在股东代表诉讼中所享有的权力却很大，甚至超过很多大陆法系国家。例如，英国2006年《公司法》规定股东提起的代表诉讼，需要经过法院批准方可继续进行；《美国联邦民事诉讼规则》第23.1条关于“未经法院许可，(股东代表)诉讼不应撤销或和解”的规定。这些规定对该国的普通民事诉讼通常是不适用的。而在我国，人们通常会认为，基于“特殊国情”不应赋予法官较大的自由裁量权，立法者应对股东代表诉讼制度作出尽可能具体明确的规定，以减少法官在审理该类案件时的操作空间。“然而，公司法的发展趋势却是不可避免地增加法院的作用，因为黑白分明的法律很难适应纷繁复杂、瞬息万变的商业社会，很难达到公平和正义。”[1]赋予法官在股东代表诉讼中相对于其在普通民事诉讼中更大的自由裁量权是基于：

(一) 股东代表诉讼所涉及的利益关系的复杂性

相对于普通民事诉讼，股东代表诉讼涉及更为复杂的利益关系。不仅涉及原告股东与被告之间、原告股东与公司及公司其他股东之间的利益关系，还涉及被告与公司之间、公司与其他股东之间的利益纠葛，并对公司内部治理机制的架构具有较大的影响。由于公司本身就是一个利益的混合体，公司利益又可能涉及公司股东(包括原告股东及其他股东)、诉讼被告(董事、监事或其他高管人员)，乃至公司职工、公司债权人及其他公司利益主体的利益。相关利益之间既可能存在分歧，也可能存在交叉，这些复杂的利益关系交织在一起，远比在普通民事诉讼中所涉及的利益关系更难以厘清，更难以事先作出具体明确的规定。加之股东代表诉讼程序设计上的复杂性、所要实现的目标

---

〔1〕 李小宁：《简析德国股份公司法关于股东代表诉讼的最新改革》，载《湖南大学学报(社会科学版)》2009年第3期。

的多重性、诉讼相关各方在信息获取能力与其他相关实力方面的不对等性以及该类诉讼对各相关主体(尤其是公司)的利益可能带来的巨大影响,这些因素使得法官在审理股东代表诉讼时,将面临更多、更难处理的复杂问题,需要综合考虑更多的因素。有学者认为,特拉华州之所以能够在美国的州际公司法律竞争中成为最大的赢家,与该州公司法的不确定性以及该州法院对公司纠纷所拥有的临事裁判能力是密切相关的。[1]虽然该州的经验被称为是难以复制的,但仍然会对我国有所启发,即法官需要较大的自由裁量权来处理股东代表诉讼中所涉及的复杂利益关系。因此,合理扩张法官在股东代表诉讼中的自由裁量权,有利于其更为灵活、审慎地平衡诉讼中各相关主体之间的利益,从而有效发挥股东代表诉讼制度应有的作用。

(二) 股东代表诉讼所涉及问题的特殊性

相对于普通民事诉讼(包括股东直接诉讼),股东代表诉讼涉及更多的公司内部关系以及经营判断事务。公司作为现代社会最主要的经济组织,处在瞬息万变、商机稍纵即逝的激烈竞争的市场中,需要根据市场规律与自身情况来对市场及时作出反应。由于市场风险的普遍存在,决定相关经营行为能否成功的因素往往是多方面的,而并非仅取决于相关行为人的意志;但如果相关经营行为失败,并给公司带来损失,则可能引发股东代表诉讼。此时,如何判断原告股东所提代表诉讼是否正当、该诉讼是否有必要继续以及是否应判决被告对公司承担责任等就成为法官必须面对和解决的问题,而这些问题显然不像普通民事诉讼中所涉及的类似问题那样简单。并且,作为通常不懂公司经营事务亦无相关公司经营管理所需技能的法官,也未必具有比公司及其经营管理者更好地对公司经营管理事务的判断能力。这其实

---

〔1〕 罗培新:《公司法的合同解释》,北京大学出版社 2004 年版,第 352—354 页。

也是众多国家先后确立经营判断规则，以缓解法官在对公司经营事务判断能力上的不足，减少因法官对相关经营判断事务作出误判而影响公司效率的几率。由于现实中公司经营判断事务的复杂性，相关国家虽然确立了经营判断规则，但很难对该规则的内涵及外延、其适用的条件及范围等问题作出具体明确的界定，这就给法官在判断被诉行为是否属于经营判断行为时留下了较大的自由裁量空间。此外，法官在对公司提出的阻止代表诉讼申请进行审查时，法官则可以基于维护公司效率、节约交易成本以及保证诉讼相关各方利益的基本平衡等方面的考虑，综合多种因素来灵活判断被诉行为是否适用经营判断规则、诉讼的继续是否符合公司的最佳利益、诉讼费用如何分担，来对股东代表诉讼程序的进程以及诉讼的结果加以调节，以便更好地实现股东代表诉讼制度的目标。因此，合理扩张法官在股东代表诉讼中的自由裁量权，使法官在诉讼中起到一个调节的作用，既有助于更好地实现各相关主体之间利益的平衡，也有利于股东代表诉讼制度本身的发展。

（三）我国股东代表诉讼制度发展的现状

当前，对于是否应扩张法官在股东代表诉讼中的自由裁量权问题，我国实际上面临一个两难困境：一方面，我国股东代表诉讼制度刚刚起步不久，许多相关问题尚缺乏具体明确的规定，导致法官在审理股东代表诉讼案件时往往无所适从。加之我国公司治理机制建设尚不理想，股东权利保护的其他相关机制尚需拓宽与完善，使得股东代表诉讼制度需要承载更多的目标与任务。这就需要赋予法官更多的自由裁量权去灵活应对诉讼实践中出现的疑难问题，更好地平衡各方的利益，并通过法官在具体个案中具有开拓性的劳动来积累审判经验，从而推动股东代表诉讼中相关规则的早日制定或完善。如果将法官在股东代表诉讼中的自由裁量权限定在狭小的范围内，如只能严格依照法律的规定来处理诉讼中的事务，则将既不利于纠纷的有效、合理地解决，也不利于股东代表诉讼制度本身的进一步发展。另一方面，我国当前的司法环境及法官职业道德素养的现状又让人忧心。司法实践中因法官滥用自由裁量权所造成的司法腐败横行也时刻挑动人们敏感的神经，法官是否有能力承载人们对其所寄予的厚望确实不容乐观。这种状况下是否应扩张法官在股东代表诉讼中的自由裁量权也的确是一个棘手的问题。

但是，鉴于我国股东代表诉讼制度现行立法内容的粗疏和其所承载的重要制度目标与任务，即便是在司法的公信力明显不足的现实条件下，适度扩大法官的自由裁量权仍然是必要的。[1]其实，真正需要给予更多关注的应是导致法官自由裁量权被滥用的内外部原因，而非法官的自由裁量权本身。这从当前司法实践中，即便立法并未赋予法官较大的自由裁量权，仍然难以有效防止司法腐败的发生这一现象中就不难看出。正如庞德所说："我们应该相信法官能够诚实公正地行使自由裁量权，否则审判总是拖沓、昂贵。应当永远记住，正义总是存在于个别的案件中。如果司法机关不能高效率、低成本地运作，在交由它处理的具体诉讼中不能有效发挥作用，那么就谈不上任何实践和理论的完美。"[2]至于由此可能带来的法官自由裁量权的滥用问题，则可以通过完善相关的规制措施来加以防范。况且，即便是对法官自由裁量权的范围加以严格限制，如无其他相关配套制度的完善，也未必就能有效缓解司法实践中的司法腐败问题。

---

〔1〕 从实然的角度来看，我国目前法官自由裁量权已经过大，且缺乏制约，但这并非正常的状态。笔者主要是从应然的层面，是相对于法官在普通民事诉讼中所应享有的自由裁量权的范围所进行的探讨。

〔2〕 [美]罗斯科·庞德：《普通法的精神》，唐前宏等译，法律出版社 2001 年版，第 39 页。

当然，扩张法官在股东代表诉讼中的自由裁量权，是为了使其能够更为灵活地综合多种因素去应对复杂的现实需要，并同时为法官提供一个较为宽松地发挥其主观能动性的环境，以使其能够有机会进行更多的、具有开拓性的积极探索，从而促进股东代表诉讼制度的发展与完善。由于该权力如被滥用将会带来巨大的负面作用，故法官自由裁量权在股东代表诉讼中的扩张也是有限度的。

三、法官自由裁量权扩张的限制

（一）法官自由裁量权在股东代表诉讼的程序启动及进行过程中的扩张

首先，法官应享有对除“紧急情况”之外的豁免前置程序事由进行自由裁量的权力。我国现行《公司法》第151条虽然对豁免股东提诉的前置程序作了较为笼统的规定，并未明确界定何为不立即起诉将会使公司利益受到难以弥补的损害的“紧急情况”，而是交由法官进行自由裁量。虽然随着司法实践经验的积累，可以在时机成熟时，对那些典型的“紧急情况”进行具体明确的规定，但赋予法官判断“紧急情况”的自由裁量权仍是不可缺少的。[1]但是，该法对于除了“紧急情况”之外，法官是否还可以基于别的原因而豁免对提诉股东的前置程序限制却缺乏规定，这限制了法官在是否豁免前置程序上的权限，难以适应现实的需要。实际上，“在公司治理结构不完善、原告兼有多重身份、被告同时包括董事和监事，以及公司进入清算阶段等特殊的‘非

---

〔1〕 例如，2015年11月30日江苏省高级人民法院（2015）苏商终字第00511号“张丽娟与董永康、戴迪平损害公司利益责任纠纷”民事判决书认定，戴迪平（被告之一）已持生效的仲裁裁决申请法院强制执行，法院已受理并对公司的资产进行委托评估，如果张丽娟（原告股东）坐视不管无疑将导致公司资产被拍卖而无法回转致公司利益受损的情况出现，此符合“情况紧急、不立即提起诉讼将会使公司利益受到难以弥补的损害”的条件，可以豁免前置程序的限制。

紧急'情况下，法官同样有必要灵活掌握股东代表诉讼的前置程序规则，豁免原告股东履行前置程序的义务，从而达到保护中小股东和公司利益的目的"〔1〕。所以，法官应对除"紧急情况"之外的豁免前置程序的事由享有一定的自由裁量权。〔2〕

其次，法官应享有对公司提出的阻止代表诉讼申请进行实质审查的自由裁量权。为股东提诉设置前置程序限制的主要目的是为了通过该程序过滤一些不正当或不必要的代表诉讼，以节约诉讼的成本，为了有效发挥该程序的这一作用，法律应赋予公司阻止诉讼权。但是，由于公司与被告之间经常会存在着一些可能影响公司自由表达其意志的纠葛，故此，应将是否拒绝启动或终止股东代表诉讼程序的决定权交由法官行使。由于股东代表诉讼所涉及的各相关主体之间的关系及利益的复杂性，加之公司经营判断事务的特殊性，难以事先对法官审核的内容及标准进行明确的界定。法官在对公司阻止代表诉讼的申请进行审查时，不仅要对被诉行为是否符合经营判断规则作出判断，还要考虑代表诉讼的启动及继续是否符合公司的最佳利益，有时甚至要考虑社会公共利益以及国家经济政策的变化等因素，这就需要赋予法官更大的自由裁量权来灵活应对，以更好地根据我国股东代表诉讼制度设置的初衷来平衡各相关主体之间的利益。而我国现行《公司法》对此却缺乏相关的规定。

再次，法官有权对诉讼和解的程序进行干预。美、日等国的公司

---

〔1〕 朱慈蕴：《股东派生诉讼的前置程序研究——"紧急情况"之外是否存在可豁免情形》，载《政法学刊》2010年第3期。

〔2〕 其实，司法实践中，在公司清算阶段，股东向清算委员会或清算组提出起诉申请，而清算委员会或清算组明确拒绝起诉或在法定期限内无法起诉、未起诉的，已被视为已履行了前置程序。参见2015年8月12日最高人民法院(2013)民四终字第46号"香港帕拉沃工业有限公司与北京昆泰房地产开发集团有限公司与公司有关的纠纷"民事裁定书；2014年12月10日江苏省高级人民法院(2014)苏商终字第0352号"扬州同基房地产开发有限公司与江苏星源房地产综合开发有限公司合资、合作开发房地产合同纠纷"民事裁定书。

立法都对法官干预股东代表诉讼和解程序的权力作出了规定。这些规定虽是为了保障诉讼相关各方知晓及参与诉讼和解程序,并对诉讼和解的结果施加影响,以实现各方主体之间的利益平衡,但也包含了法官自由裁量权的行使。法官不仅可以监督诉讼和解各方是否遵守了相关的程序要求,还可对公司或其他股东所提出的异议进行实质性的审核。由于股东代表诉讼所涉内容及相关主体之间关系的复杂性,显然难以事先对相关异议是否成立的判断标准进行具体明确的界定,这就需要赋予法官较大的自由裁量权,以使其能够根据具体案件的实际,综合多种因素来作出合理的判断。

最后,我国不应赋予法官许可诉讼的自由裁量权。为了防止股东滥诉,英、德两国先后规定股东代表诉讼的提起或进行须经法院(官)的许可。根据英国《民事程序规则》第 19.9 条的规定,原告股东必须取得法院允许诉讼继续进行的许可,方能继续进行代表诉讼。加之该条并未对法院决定是否许可诉讼所要考虑的因素加以明确,实际上使法官对该问题享有极大的自由裁量权。[1]德国 2005 年《股份公司法》第 148(4)条则规定,符合持股条件的股东在提起代表诉讼之前,必须先向法院提出申请,法院有权根据具体情况决定是否准许该诉讼。[2]美国虽无法院许可诉讼方面的强制规定,但《美国联邦民事诉讼规则》第 23.1(2)却规定:如果原告很显然不能公正和充分代表其他处于同样地位的股东或团体成员的利益来公正实施公司或团体的权利,则代表诉讼不能继续进行。[3]该规定其实使法院在判

---

〔1〕 李小宁:《公司法视角下的股东代表诉讼——对英国、美国、德国和中国的比较研究》,法律出版社 2009 年版,第 71 页。

〔2〕 李小宁:《简析德国股份公司法关于股东代表诉讼的最新改革》,载《湖南大学学报(社会科学版)》2009 年第 3 期。

〔3〕 白绿铉等译:《美国联邦民诉规则、证据规则》,中国法制出版社 2000 年版,第 45 页。

断原告股东提诉资格时享有较大的自由裁量权，并可进一步影响股东代表诉讼的进行。

我国现行《公司法》第151条第1款对提诉股东作出持股比例及持股时间方面的资格限制，由于持股比例限制不利于激励股东提起正常的代表诉讼，也难以有效发挥防止滥诉的作用，应取消该限制。法官在审查股东所提诉讼是否应该受理或继续进行时，当然有权对提诉股东是否具备持股时间及是否履行了前置程序等法律规定的限制条件予以审查，但不应享有决定是否许可诉讼的自由裁量权。我国当前的司法环境、法官的职业道德素养状况以及股东代表诉讼制度的发展现状决定了我们无法放心地将决定股东代表诉讼程序能否启动这样利益攸关的问题交由法官去自由裁量。

（二）法官对股东代表诉讼结果的自由裁量权

基于股东代表诉讼特殊的制度设计，诉讼结果不仅直接影响原、被告双方的利益，还影响到公司及其他股东的利益。对原告股东而言，由于胜诉利益将归于公司，而其因诉讼所花费的各种费用则是由自己预先支付的，这就涉及作为受益人的公司应对胜诉股东进行合理的诉讼费用补偿问题。由于诉讼结果的不确定性，即使原告股东最终败诉，也并非意味着其所提诉讼就是恶意或不正当的，此时也可能涉及公司对败诉股东的诉讼费用补偿问题；如果败诉股东“提起诉讼的依据显属虚构”，则需对公司乃至被告承担损害赔偿责任。[1]虽然法官在对原告股东的诉讼请求是否成立进行判决是需要严格依据现行立法的规定，但在决定是否要求公司对原告股东进行诉讼费用补偿及赔偿的数额方面或败诉股东是否应对公司承担损害赔偿责任及赔偿

〔1〕 美国、我国台湾地区的公司立法规定了败诉股东对被告的损害赔偿责任，我国现行《公司法》对此则未作规定，理论界对该问题也未形成共识。

责任的范围等方面则有较大的自由裁量权,以此来合理分配诉讼费用,平衡各方之间的利益。但是,基于我国当前的司法环境和法官的职业道德素养现状,法官在决定公司对原告股东的诉讼费用补偿或败诉股东对公司的损害赔偿等问题上的自由裁量权也不宜过大,这就要求在设计相关的判断标准时应选择弹性适中的方案。

结 语

总体来讲，股东代表诉讼制度是一种不错的制度选择，其在保护公司及其股东的权益，监督制约公司董事及高管人员等的经营管理行为，理顺公司治理结构等方面都具有重要的作用。但是，由于其承载的不同功能以及需要实现的多种利益之间难免会发生冲突，该制度的形成与发展过程中又伴随着诸多的争议。如何实现激励股东提诉与防止滥诉、维护公司效率与公平保护公司及其股东的权益等相互关联而又存在潜在冲突的不同目标与价值之间的动态均衡，始终是股东代表诉讼制度要解决的中心问题。而在股东代表诉讼中，公司既是诸多复杂利益纠葛的交汇点，也是决定该制度能否有效发挥作用的关键因素，公司的诉讼参加问题具有牵一发而动全身的效果。故此，厘清公司在股东代表诉讼中的真实存在状态，有助于探究股东代表诉讼制度的整体设计以及相关具体制度安排的合理性与可行性，这也正是本书研究的主旨所在。

本书以我国现行《公司法》及最高人民法院 2016 年《征求意见稿》中关于股东代表诉讼制度的规定为背景，综合运用民事诉讼法学、公司法学、民法学以及法经济学的相关理论与分析工具，结合我国的实际，对股东代表诉讼诉权的性质、公司在股东代表诉讼中的参加、地位、权利、义务以及利益平衡等问题进行了较为系统、深入的探讨，以期能够对我国股东代表诉讼制度的改进有所裨益。此外，对公司的诉讼参加问题的研究，还会涉及原告股东、原告股东之外的其他股东、被告董事及其他高管人员、法院在股东代表诉讼中所承担的角色等问题。但限于研究的主旨及篇幅，本书只对其中部分问题进行了初步的探讨。

由于公司的诉讼参加问题本身的复杂性，加之笔者学术能力有限，难以准确拿捏文中所涉及的各种制度之间的内在关联，一些观点可能并不成熟，期待在将来的研究中加以完善。

参考文献

一、论文类

1. 吴建斌:《股东代表诉讼制度及其在我国的建立和完善》,载《南京大学学报(哲学·人文科学·社会科学)》2000 年第 1 期。

2. 章武生:《我国无独立请求权第三人制度的改革和完善》,载《法学研究》2006 年第 3 期。

3. 左卫民、朱桐辉:《公民诉讼权:宪法与司法保障研究》,载《法学》2001 年第 5 期。

4. 吴建斌:《科斯法律经济学本土化路径重探》,载《中国法学》2009 年第 6 期。

5. 蔡元庆:《董事责任的追究与经营判断的原则》,《现代法学》2002 年第 8 期。

6. 张国平:《股东代表诉讼的规则架构》,载《南京大学法律评论》2010 年秋季卷。

7. 蔡元庆:《股东代表诉讼制度中诉权的滥用及其预防》,载《深圳大学学报(人文社科版)》2003 年第 2 期。

8. 蔡元庆:《股东代表诉讼中董事诉讼费用补偿研究》,载《深圳大学学报(人文社科版)》2006 年第 2 期。

9. 蔡元庆:《少数股东权与担保提供制度》,载《河南社会科学》2007 年第 1 期。

10. 蔡元庆:《经营判断原则在日本的实践及对我国的启示》,载《现代法学》2006 年第 5 期。

11. 钱玉林:《论股东代表诉讼中公司的地位——法制史的观察与当代的实践》,载《清华法学》2011 年第 2 期。

12. 陈小洪:《公司法的经济学分析:理论和若干讨论》,载《经济社会体制比较》2005 年第 3 期。

13. 郭富青:《论股东派生诉讼中权利配置与利益平衡》,载《西部法学评论》2010 年第 5 期。

14. 蔡元庆:《股东代表诉讼中公司的诉讼参加问题研究》,载《华东政法学院学报》2007 年第 2 期。

15. 蔡元庆:《股东代表诉讼中公司的地位和作用——以美国特别诉讼委员会为中心》,载《中外法学》2006 年第 4 期。

16. 蔡元庆:《论公司机关在股东代表诉讼中的权限》,载《法学》2005 年第 10 期。

17. 胡滨、曹顺明:《股东派生诉讼的合理性基础与制度设计》,载《法学研究》2004 年第 4 期。

18. 周剑龙:《日本公司法制现代化中的股东代表诉讼制度》,载《南京大学学报(哲学 · 人文科学 · 社会科学)》2006 年第 3 期。

19. 甘培忠:《有限责任公司小股东利益保护的法学思考——从诉讼视角考察》,载《法商研究》2002 年第 6 期。

20. 张建伟、何苗:《中国股东代位诉讼制度设计法理探讨与经济分析》,载《华东政法学院学报》2005 年第 3 期。

21. 赵万一、赵信会:《我国股东代表诉讼制度建立的法理基础和基本思路》,载《现代法学》2007 年第 3 期。

22. 刘凯湘:《股东代表诉讼的司法适用与立法完善——以〈公司法〉第 152 条的解释为中心》,载《中国法学》2008 年第 4 期。

23. 翁晓斌:《论既判力及执行力向第三人的扩张》,载《浙江社会科学》2003 年第 3 期。

24. 章武生、段厚省:《必要共同诉讼的理论误区与制度重构》,载《法律科学》2007 年第 1 期。

25. 熊跃敏:《诉讼上和解的比较研究》,载《比较法研究》2003 年第 2 期。

26. 曾培芳、盛建明:《英国公司法中的派生诉讼初探》,载《人大复印资料·经济法学·劳动法学》1999 年 9 月。

27. 傅穹、曹理:《股东派生诉讼提起权滥用防止研究——兼评 2005 年〈公司法〉的相关规定》,载《当代法学》2006 年第 2 期。

28. 孙玉凤:《论股东代表诉讼中公司的法律地位》,载《湖北大学学报(社会科学版)》2005 年第 2 期。

29. 李爱欣、朱强:《论股东派生诉讼制度》,载《河北法学》2004 年第 2 期。

30. 段逸超:《股东派生诉讼的法理探析》,载《河北法学》2004 年第 3 期。

31. 石少侠:《论股东诉讼与股权保护》,载《法制与社会发展》2002 年第 1 期。

32. 陈逸敏、朱羿锟:《股东派生诉权保护:东亚经验及其启示》,载《学术交流》2004 年第 12 期。

33. 李宁顺:《股东代表诉讼当事人制度研究》,载《求索》2006 年第 6 期。

34. 郭富青:《从股东绝对主权主义到相对主权主义公司治理的困境及

出路》,载《法律科学》2003 年第 4 期。

35. 肖建华:《诉权与实体权利主体相分离的类型化分析》,载《法学评论》2002 年第 1 期。

36. 李龙:《论民事判决的既判力》,载《法律科学》1999 年第 4 期。

37. 李清池:《美国的公司法研究:传统、革命与展望》,载《中外法学》2008 年第 2 期。

38. 李霖:《英国公司法的新近改革——英国"2006 年公司法"评介》,载《政治与法律》2007 年第 3 期。

39. 曾宏伟:《股东派生诉讼理论与司法实务研究》,载《学术探索》2005 年第 3 期。

40. 刘海蓉:《股东诉讼的程序保障》,载《四川大学学报(哲学社会科学版)》2001 年第 6 期。

41. 王建文:《我国股东代表诉讼制度评判与适用》,载《北方法学》2007 年第 4 期。

42. 许美丽:《股东代位诉讼之和解和撤回》,载《台湾政大法学评论》1997 年 6 月第 61 期。

43. 张亚琼:《论股东代表诉讼中当事人处分权之限制———兼论对和解与撤诉司法审查程序的确立》,载《法治研究》2009 年第 10 期。

44. 孙光焰:《中日股东代表诉讼激励与约束制度安排立法比较》,载《中南民族大学学报(人文社会科学版)》2009 年第 4 期。

45. 容缨:《美国商业判断规则对我国公司法的启示——以经济分析为重点》,载《政法学刊》2006 年第 4 期。

46. 段厚省:《股东代表诉讼中公司与其他股东的地位》,载《法学杂志》1998 年第 3 期。.

47. 江伟、段厚省:《论股东诉权》,载《浙江社会科学》1999 年第 3 期。

48. 聂卫东:《公司诸利益主体的利益冲突及合同安排》,载《社会科学》1999 年第 3 期。

49. [日]小岛武司:《现代型诉讼的意义、性质和特点》,载《西南政法大学学报》1999年第1期。

50. 廖永安、冯杨:《我国民诉法修改的若干问题——兼评〈民事诉讼法专家修改建议稿(第三稿)〉》,载《金陵法律评论》2005年(春季卷)。

51. 吴一平:《股东派生诉讼之比较》,载《甘肃政法学院学报》2007年第5期。

52. 冯玉军《法律的交易成本分析》,载《法制与社会发展》2001年第6期。

53. 魏建:《理性选择理论与法经济学的发展》,载《中国社会科学》2002年第1期。

54. 钱弘道:《法律经济学的理论基础》,载《法学研究》2002年第4期。

55. 李振宇、李学迎:《〈公司法〉的经济分析:原则、方法及其理论应用》,载《思想战线》2006年第2期。

56. 钱弘道:《经济分析法学的几个基本概念阐释》,载《同济大学学报(社会科学版)》2005年第2期。

57. 朱春华:《论推定的效力——一个法经济学的初步分析》,载《法商研究》2007年第5期。

58. 郭玉军、孙敏洁:《美国诉讼和解与中国法院调解之比较研究》,载《法学评论》2006年第2期。

59. 江必新:《论司法自由裁量权》,载《法律适用》2006年第11期。

60. 葛洪义:《法官的权力一中国法官权力约束制度研究》,载《中国法学》2003年第4期。

61. 李小宁:《简析德国股份公司法关于股东代表诉讼的最新改革》,载《湖南大学学报(社会科学版)》2009年第3期。

62. 朱慈蕴:《股东派生诉讼的前置程序研究——"紧急情况"之外是否存在可豁免情形》,载《政法学刊》2010年第3期。

63. 张民安:《派生诉讼研究》,载《法制与社会发展》1998年第6期。

64. 李明辉:《公司治理模式的趋同化与持久性研究》,载《经济评论》2007 年第 4 期。

65. 蔡立东:《公司人格否认制度的衡平性》,载《吉林师范大学学报(人文社会科学版)》2004 年第 1 期。

66. 朱慈蕴:《资本多数决原则与控制股东的诚信义务》,载《法学研究》2004 年第 4 期。

67. 高鸿钧:《比较法研究的反思:当代挑战与范式转换》,载《中国社会科学》2009 年第 6 期。

68. 颜运秋:《公司利益相关者派生诉讼的理论逻辑与制度构建》,载《法商研究》2005 年第 6 期。

69. 肖建华:《寻求独立的诉讼主体地位——当事人概念的再认识》,载《现代法学》2000 年第 2 期。

70. 王甲乙:《当事人适格之扩张与界限》,载台湾《法学丛刊》1995 年第 1 期。

71. 刘迎霜:《公司契约理论对公司法的解读》,载《当代法学》2009 年第 1 期。

72. 张民安:《公司契约理论研究》,载《现代法学》2003 年第 2 期。

73. 罗培新:《公司法的合同路径与公司法规则的正当性》,载《法学研究》2004 年第 2 期。

74. 徐昕:《诉权的经济分析》,载《云南法学》2007 年第 4 期。

75. 冯玉军:《法经济学范式的知识基础研究》,载《中国人民大学学报》2005 年第 4 期。

76. 宣伟华:《股东代表诉讼初探》,载《法学》1999 年第 6 期。

77. 胡晓静:《德国股东派生诉讼制度评析》,载《当代法学》2007 年第 2 期。

78. 任自力:《公司董事的勤勉义务标准研究》,载《中国法学》2008 年第 6 期。

79. 李领臣等:《论股东代表诉讼的和解》,载《云南大学学报(法学版)》2010 年第 2 期。

80. 江平、张洪礼:《市场经济和意思自治》,载《法学研究》1993 年第 3 期。

81. 张卫平:《论民事诉讼法中的异议制度》,载《清华法学》2007 年第 1 期。

82. 张卫平:《民事再审事由研究》,载《法学研究》2000 年第 5 期。

83. 李文涛、龙翼飞 :《无因管理的重新解读——法目的论解释和论证的尝试》,载《法学杂志》 2010 年第 3 期。

84. 王申:《朱传林诉赵建平董事损害公司利益纠纷案法律适用理论研讨会综述》,载《法学》2001 年第 8 期。

85. 钱玉林:《〈公司法〉第 151 条的漏洞及其填补》, 载《现代法学》 2015 年第 3 期。

86. 梁爽:《董事信义义务结构重组及对中国模式的反思——以美、日商业判断规则的运用为借镜》,载《中外法学》2016 年第 1 期。

87. 蒋华胜:《公司的合同解释与公司法的价值分析》,载《广州大学学报(社会科学版)》2016 年第 3 期。

88. 王亮:《股东代表诉讼的权利属性阐明——以前置程序重构为中心》,载《学术探索》2015 年第 12 期。

89. 翁孙哲、万政伟:《股东代表诉讼的司法审查限度:典型案例及适用标准》,载《商业研究》2014 年第 11 期。

90. 曹冬媛:《股东代表诉讼在闭锁公司中的逻辑缺陷和替代路径》,载《求索》2015 年第 9 期。

91. 陈洪、张娇东:《股东代表诉讼制度可诉性补强研究》,载《法律适用》2016 年第 6 期。

92. 文新:《股东代表诉讼中公司诉讼主体地位辨析——围绕最高人民法院关于适用〈中华人民共和国公司法若干问题(四)〉(征求意见稿)相关

规定展开》，载《政治与法律》2015 年第 6 期。

93. 王淼、许明月:《美国特拉华州二重代表诉讼的实践及其对我国的启示》,载《法学评论》2014 年第 1 期。

94. 平力群《日本股东代表诉讼制度的缺漏及其修改动向》,载《日本问题研究》2014 年第 3 期。

95. 张瀚文:《我国股东代表诉讼的法律实证研究》,载《金融法制》2013 年第 7 期。

二、论文集类

1. 刘俊海:《论股东的代表诉讼提起权》,载王保树主编:《商事法论集》(第 1 卷),法律出版社 1997 年版。

2. 高在敏、王延川:《法律经济学分析对公司法研究的误导——兼论公司治理命题的由来》,载赵万一、卢代富主编:《公司法:国际经验与理论架构》,法律出版社 2005 年版。

3. 黄辉:《股东派生诉讼制度研究》,载王保树主编:《商事法论集》(第 7 卷),法律出版社 2002 年版。

4. 沈秋明:《有关股东派生诉讼范围及诉讼当事人确立的探讨》,载顾功耘主编:《中国商法评论》(创刊号),中信出版社 2005 年版。

5. 周剑龙:《日本的股东代表诉讼制度》,载王保树主编:《商事法论集》(第 2 卷),法律出版社 1997 年版。

6. 张明远:《股东代表诉讼法律制度研究》,载杨立新主编:《民商法前沿》(第 1、2 辑),吉林人民出版社 2002 年版。

7. 刘俊海:《股东的代表诉讼提起权比较研究》,载奚晓明主编:《中国民商审判》(第 1 卷),法律出版社 2002 年版。

8. 柯华庆:《法律经济学的思维方式》,载黄少安主编:《制度经济学研究》(第 9 辑),经济科学出版社 2005 年版。

9. 柯菊:《股份有限公司股东之代表诉讼》,载林咏荣主编:《商事法论集》(上),台湾五南图书出版公司 1984 年版。

10. 王林清:《上市公司监事会之殇——11 年目睹之怪状》,载赵旭东、宋晓明主编:《公司法评论》(第 2 辑),人民法院出版社 2005 年版。

三、中文原著类

1. 刘俊海:《股份有限公司股东权的保护》,法律出版社 2004 年版。

2. 李小宁:《公司法视角下的股东代表诉讼》,法律出版社 2009 年版。

3. 蔡元庆:《董事的经营责任研究》,法律出版社 2006 年版。

4. 江伟、邵明、陈刚:《民事诉权论》,法律出版社 2002 年版。

5. 肖建华:《民事诉讼当事人研究》,中国政法大学出版社 2002 年版。

6. 乔欣等:《公司纠纷的司法救济》,法律出版社 2007 年版。

7. 张民安:《公司法上的利益平衡》,北京大学出版社 2003 年版。

8. 王泽鉴:《民法学说与判例研究》(第 2 册),中国政法大学出版社 2005 年修订版。

9. 罗培新等:《公司法的法律经济学研究》,北京大学出版社 2008 年版。

10. 樊云慧:《英国少数股东权诉讼救济制度研究》,中国法制出版社 2005 年版。

11. 朱慈蕴:《公司法人格否认法理研究》,法律出版社 1998 年版。

12. 罗培新:《公司法的合同解释》,北京大学出版社 2004 年版。

13. 钱卫清:《公司诉讼——司法救济方式》,人民法院出版社 2006 年版。

14. 丁丁:《商业判断规则研究》,吉林人民出版社 2004 年版。

15. 廖永安:《民事诉讼理论探索与程序整合》,中国法制出版社 2005 年版。

16. 张开平:《英美公司董事法律制度研究》,法律出版社 1998 年版。

17. 季卫东:《法制秩序的建构》,中国政法大学出版社 1999 年版。

18. 陈荣宗、林庆苗:《民事诉讼法》,台湾三民书局股份有限公司 2004 年版。

19. 张卫平:《诉讼构架与程式》,清华大学出版社 2000 年版。

20. 张民安:《现代英美董事法律地位研究》,法律出版社 2007 年版。

21. 蒋大兴:《公司法的观念与解释》(1 – 3 卷),法律出版社 2009 年版。

22. 甘功仁、史树林:《公司治理法律问题研究》,北京大学出版社 2007 年版。

23. 蔡立东:《公司自治论》,北京大学出版社 2006 年版。

24. 周友苏:《新公司法论》,法律出版社 2006 年版。

25. 江伟等:《中华人民共和国民事诉讼法修改建议稿及立法理由》,法律出版社 2008 年版。

26. 钱弘道:《经济分析法学》,法律出版社 2005 年版。

27. 刘桂清:《公司治理视角中的股东诉讼研究》,中国方正出版社 2005 年版。

28. 白绿铉:《美国民事诉讼法》,经济日报出版社 1998 年版。

29. 朱伟一:《美国公司法判例解析》,中国法制出版社 2000 年版。

30. 江伟等:《民事诉讼法专论》,中国人民大学出版社 1998 年版。

31. 赵旭东:《新旧公司法比较分析》,人民法院出版社 2005 年版。

32. 李锡鹤:《民法哲学论稿》,复旦大学出版社 2000 年版。

33. 沈达明:《比较民事诉讼法初论》,中信出版社 2000 年版。

34. 谢朝斌:《独立董事法律制度研究》,法律出版社 2004 年版。

35. 孙加瑞:《股东期待权诉讼研究》,人民法院出版社 2000 年版。

36. 姜一春:《日本公司法判例研究》,中国检察出版社 2004 年版。

37. 齐奇:《公司法疑难问题解析》,法律出版社 2005 年版。

38. 王利明:《民法》(第 3 版),中国人民大学出版社 2007 年版。

42. 徐国栋:《民法基本原则解释——成文法局限性之克服(增订版)》,

中国政法大学出版社 2001 年版。

43. 甘培忠:《公司控制权的正当行使》,法律出版社 2006 年版。

44. 颜运秋:《公益诉讼法律制度研究》,法律出版社 2008 年版。

45. 顾培东:《社会冲突与诉讼机制》(修正版),法律出版社 2004 年版。

46. 王文宇:《公司法论》,中国政法大学出版社 2004 年版。

47. 刘连煜:《公司法制的新开展》,中国政法大学出版社 2008 年版。

48、冯震宇:《公司证券重要争议问题研究》,北京大学出版社 2008 年版。

49、杨建华:《大陆民事诉讼法比较与评析》,台湾三民书局 1991 年版。

50. 柯芳枝:《公司法论》,中国政法大学出版社 2004 年版。

51. 王丹:《公司派生诉讼论——理论基础与制度构造》,中国法制出版社 2012 年版。

52. 吴建斌:《公司冲突权利配置实证研究》,法律出版社 2014 年版。

四、译著类

1. [美]美国法律研究院:《公司治理原则:分析与建议》(上/下),楼建波等译,法律出版社 2006 年版。

2. 吴建斌、刘惠明、李涛译:《日本公司法》,中国法制出版社 2006 年版。

3. [美]弗兰克・伊斯特布鲁克、丹尼尔・费希尔:《公司法的经济结构》,张建伟、罗培新译,北京大学出版社 2005 年版。

4. [美]罗伯特・W. 汉密尔顿:《公司法概要》,李存捧译,中国社会科学出版社 1999 年版。

5. 沈四宝编译:《最新美国标准公司法》,法律出版社 2006 年版。

6. [韩]李哲松:《韩国公司法》,吴日焕译,中国政法大学出版社 2000 年版。

7. [美]罗伯特・G. 克拉克:《公司法则》,胡平等译,工商出版社 1999 年版。

8. [英]保罗·戴维斯:《英国公司法精要》,樊云慧译,法律出版社 2007 年版。

9. 白绿铉等译:《美国联邦民事诉讼规则、证据规则》,中国法制出版社 2000 年版。

10. [日]兼子一、竹下守夫:《民事诉讼法》,白绿铉译,法律出版社 1995 年版。

11. [美]理查德·A. 波斯纳:《法律的经济分析》(上/下),蒋兆康译,中国大百科全书出版社 1997 年版。

12. [日]新堂幸司:《新民事诉讼法》,林剑锋译,法律出版社 2008 年版。

13. [加]布莱恩·R. 柴芬斯著:《公司法:理论、结构和运作》,林华伟等译,法律出版社 2001 年版。

14. [美]理查德·A. 波斯纳:《证据法的经济分析》,徐昕、徐昀译,中国法制出版社 2001 年版。

15. 吴日焕译:《韩国商法》,中国政法大学出版社 1999 年版。

16. [韩]孙汉琦:《韩国民事诉讼法导论》,陈刚译,中国法制出版社 2010 年版。

17. [美]大卫·D. 弗里德曼:《经济学语境下的法律规则》,杨欣欣译,法律出版社 2004 年版。

18. [日]中村英郎:《新民事诉讼法讲义》,陈刚等译,法律出版社 2001 年版。

19. [美]阿道夫·A. 伯利、加德纳·C. 米恩斯:《现代公司与私有财产》,甘华鸣等译,商务印书馆 2005 年版。

20. [美]罗伯特·孟克斯、尼尔·米诺:《监督监督人:21 世纪的公司治理》,杨介棒译,中国人民大学出版社 2006 年版。

21. [日]高桥宏志:《重点讲义民事诉讼法》,张卫平等译,法律出版社 2007 年版。

22. ［美］罗纳德·哈里·科斯：《企业、市场与法律》，盛洪等译，格致出版社、上海三联书店、上海人民出版社 2009 年版。

23. ［日］高桥宏志：《民事诉讼法制度与理论的深层分析》，林剑锋译，法律出版社 2003 年版。

24. A. J. 博伊尔：《少数派股东救济措施》，段威等译，北京大学出版社 2006 年版。

25. ［美］保罗·W. 麦卡沃伊、艾拉·M. 米尔斯坦：《公司治理的循环性危机》，赵玲译，北京大学出版社 2006 年版。

26. 虞政平编译：《美国公司法规精选》，商务印书馆 2004 年版。

27. ［美］杰弗里·N. 戈登、马克·J. 罗：《公司治理：趋同与存续》，赵玲等译，北京大学出版社 2006 年版。

28. ［德］托马斯·莱塞尔：《德国资合公司法》（第 3 版），高旭军等译，法律出版社 2005 年版。

29. 白绿铉编译：《日本新民事诉讼法》，中国法制出版社 2000 年版。

30. ［美］罗宾·保罗·马洛伊：《法律和市场经济——法律经济学价值的重新阐释》，钱弘道等译，法律出版社 2006 年版。

31. ［美］莱纳·克拉克曼等：《公司法剖析：比较与功能的视角》，刘俊海等译，北京大学出版社 2007 年版。

32. ［德］莱奥·罗森贝克：《证明责任论》（第 4 版），庄敬华译，中国法制出版社 2002 年版。

33. ［美］盖瑞·J. 米勒：《管理困境——科层的政治经济学》，王勇等译，上海三联书店、上海人民出版社 2002 年版。

34. ［美］斯蒂文·萨维尔：《法律的经济分析》，柯华庆译，中国政法大学出版社 2009 年版。

35. ［美］本杰明·内森·卡多佐：《法律的生长》，刘培峰等译，贵州人民出版社 2003 年版。

36. 谢怀栻译：《德意志联邦共和国民事诉讼法》，中国法制出版社 2001

年版。

37. [美]罗斯科·庞德:《普通法的精神》,唐前宏等译,法律出版社2001年版。

38. [美]本杰明·卡多佐:《司法过程的性质》,苏力译,商务印书馆2000年版。

39. [美]约翰·罗尔斯:《正义论》,何怀宏等译,中国社会科学出版社1998年版。

40. 科斯、诺斯等:《制度、契约与组织》,刘刚等译,经济科学出版社2003年版。

41. [日]中村宗雄、中村英郎:《诉讼法学方法论》,陈刚、段文波译,中国法制出版社2009年版。

42. [日]谷口安平:《程序正义与诉讼》,王亚新、刘荣军译,中国政法大学出版社2002年版。

43. [美]R. 科斯、A. 阿尔钦、D. 诺斯等:《财产权利与制度变迁——产权学派与新制度学派译文集》,陈郁编译,上海三联书店、上海人民出版社1994年版。

44. [美]罗伯特·考特、托马斯·尤伦:《法和经济学》,张军等译,上海三联书店、上海人民出版社1994年版。

45. [英]H. L. A. 哈特:《法理学与法哲学论文集》,支振锋译,法律出版社2005年版。

46. [日]神田秀树:《公司法的理念》,朱大明译,法律出版社2013年版。

47. 王延川、刘卫锋编译:《最新韩国公司法及施行令》,法律出版社2014年版。

48. [日]田中成明:《现代社会与审判——民事诉讼的地位和作用》,北京大学出版社2016年版。

49. 王全兴译:《新订日本公司法典》,北京大学出版社2016年版。

50. [美]奥立弗·哈特:《现代合约理论》,中国社会科学出版社 2011 年版。

五、学位论文类:全部来源于中国知网

1. 唐保银:《中国公司法经济分析》,吉林大学 2008 年博士论文。

2. 杨勤法:《公司治理的司法介入》,华东政法大学 2007 年博士论文。

3. 章晓洪:《股东派生诉讼研究》,西南政法大学 2006 年博士论文。

4. 蒋建湘:《公司诉讼研究》,中南大学 2007 年博士论文。

5. 孙加瑞:《公司股东权诉讼研究》中国社科院研究生院 2000 年博士学位论文。

6. 刘金华:《股东代位诉讼研究》,中国政法大学 2007 年博士论文。

7. 卢政峰:《股东诉讼制度研究》,吉林大学 2010 年博士论文。

8. 李奕:《法官自由裁量权论》,吉林大学 2005 年博士学位论文。

9. 李岩峰:《法官自由裁量权论》,中国政法大学 2007 年博士论文。

10. 侯东德:《股东权的契约解释》,西南政法大学 2008 年博士学位论文。

11. 李超玲:《公司法人特性与公司治理困境解决机制研究》,中南大学 2008 年博士论文。

12. 曹顺明:《股份有限公司董事损害赔偿责任研究》,中国社科院 2002 年博士论文。

13. 周海博:《股权转让论——以有限责任公司为视角》,吉林大学 2009 年博士学位论文。

14. 宋智慧:《资本多数决——异化及回归》,吉林大学 2008 年博士论文,。

15. 相庆梅:《民事诉权论》,中国政法大学 2006 年博士论文。

16. 张忠野:《公司治理的法理学研究》,吉林大学 2004 年博士论文。

17. 曹征:《论中国上市公司治理中的违法违规问题——基于法律环境

的视角》,南开大学2009年博士论文。

18. 陈宏辉:《企业的利益相关者理论与实证研究》,浙江大学2003年博士论文。

19. 梁德东:《论公司在股东派生诉讼中的法律地位》,吉林大学2008年硕士学位论文。

20. 王丹伟:《公司利益平衡中的派生诉讼》,四川大学2005年硕士学位论文。

六、网络资料类

1. 卜庆修:《论英国公司法改革与股东代表诉讼》,文章来源:http://www.civillaw.com.cn/article/default.asp? id=46182。登陆时间:2011-3-5。

2. 陈碧珍:《股东派生诉讼费用担保的美国法发展及借鉴》,文章来源:http://www.civillaw.com.cn/article/default.asp? id=36260,登陆时间:2011-1-30。

3. 赖源河:《两岸三地公司法对话》,文章来源:http://www.ccelaws.com/gaofengduihua/2009-01-02/7500.html,登陆时间:2011-3-5。

七、外文文献类

1. Robert W. Hamilton, *The Law of Corporations*, 法律出版社1999年版(美国法精要·影印本)。

2. R. Posner, *Economic Analysis of Law* (3[d] edition), Little, Brown and Company, 1986.

3. Hurry G. Henn & John. R. Alexander, *Law of Corporation*, West Publishing Company, 1983.

4. L. B. C. Gower, *Principle of Modern Company Law*, Sweet & Maxwell Ltd., 1992.

5. A. J. Boyle, *Minority Shareholders' Remedies*, New York, Cambridge

University Press, 2002.

6. Paul L. Davis, *Directors' Fiduciary Duties and Individual Shareholders*, *in Commercial Aspects of Trusts and Fiduciary Obligations*, Ewan Mckendricked., 1992.

7. Jill E. Fisch, Teaching Corporate Governance though Shareholder Litigation, *Georgia Law Review*, Winter, 2000.

8. K. W. Wedderbun, Shareholders' Rights and the Rule in Foss v. Harbottle, *Cambridge Law Journal*, 1957.

9. Block & Prussin, Termination of Derivative Suits Against Directors on Business Judgment Grounds: From Zapata to Aronson, 39 *Bus. Law*, (1984).

10. Murdock, Corporate Governance—the Role of Special Litigation Committee, 68 *Wash. L. Rev.* 79, 88 (1993).

11. Robert C. Clark, *Corporation Law*, Little, Brown and Company, 1986.

12. Roberta Romano, *Foundations of Corporate Law*, 法律出版社 2005 年版(美国法精要·影印本)。

13. Lawrence E. Mitchell, Fairness and Trust in Corporate Law Fairness and Trust in Corporate Law, 43*Duke Law Journal*, 1993, pp. 425 –491.

14. Zapata Corp. v. Maldonado, 430 A. 2d 779 (Del. 1981).

15. Harold Demsetz, "A Commentary on Liability Rules and the Derivative Suit in Corporate Law", 71 *Cornell Law Review* 352 (1986).

16. Melvin A. Eisenberg, The Conception that the Corporation is a Nexus of Contracts, and the Dual Nature of the Firm, 24 *Journal of Corporation Law*819, 819.

17. Edwin M. Epstein, The Corporate Social Policy Process: Beyond Business Ethics, Corporate Social Responsibility and Corporate Social Responsiveness, *California Management Review* (Vol, XXIX, No. 3, 1987), p. 104.

18. A. J. Boyle, *Minority Shareholders'Remedies*, New York, Cambridge University Press,2002.

19. Frank H. Easterbrook & Daniel R. Fischel, "*The Economic Structure of Corporate Law*", Cambridge, Mass.: Harvard University Press,1991.

后　记

本书是在我的博士论文的基础上修改扩充而成。2007 年负笈南京大学，人到中年，再做莘莘学子，开启新的学业之路，不能不说沾溉母校之恩泽。将“股东代表诉讼中的公司参加问题研究”作为博士论文选题主要是基于我特殊的学术背景。我多年来的教学研究领域主要是民事诉讼法学，攻读博士期间的研究方向则是公司法学，选择一个两个学科交叉的问题作为博士论文选题似乎是个不错的选择，股东代表诉讼制度就这样进入了我的视野。但该制度涉及的问题非常广泛且极为复杂，对其进行面面俱到的研究即为我力所不逮，即使能写出来也难免流于泛泛之论。几经周折，最后决定主要从公司的角度来对股东代表诉讼制度进行研究。确立选题，搜集资料，伏案笔耕，爬梳钩沉，历时数载，终于有了我的博士论文及在其基础上几经修改而形成的本书稿。

这菲薄成果的取得离不开众多师友的支持与帮助。导师吴建斌先生儒雅沉稳，治学严谨，有幸结为师生缘分，在为人、为学上都要谨掬一瓣心香。在论文写作过程中，吴老师从确定选题到具体写作，无不时时留意，记挂在心，并适时为我提供相关的资料。吴老师学养深厚，对公司法的研究颇为精深，总能给学生提供一些独到的见解。学生愚钝，虽未能习得导师学问之精髓，但已受益匪浅，自当终身铭感。

在论文开题和预答辩过程中，张淳教授、张仁善教授、肖冰教授、杨春福教授、王太高教授、周安平教授、狄小华教授对论文的选题及初稿提出过尖锐而中肯的意见，对论文的写作与改进起了重要的作用。论文答辩时，王全兴教授、邵建东教授、施建辉教授、张淳教授、肖冰教授针对论文结构和部分具体观点提出了一些有益的建议，对论文的进一步修改与完善亦有较大的帮助。在此向他们致以诚挚的谢意！感谢南京财经大学法学院的领导和同事们，他们为我在工作之余完成学业提供了多方面的便利与支持。感谢一起学习共同进步的同学们，攻读博士期间得到了他们在信息和资料方面的帮助，并从与他们的交流中受益良多。

本书的出版，得到了江苏省社会科学基金后期资助项目和南京财经大学学术著作出版资助项目的资助，在此一并致以谢意！书稿中的部分内容曾发表在《政治与法律》、《法学论坛》等期刊上，感谢相关期刊工作人员提出的宝贵修改意见。由于工作和日常生活琐事缠身，书稿的修改曾一拖再拖，感谢知识产权出版社李燕芬女士的多次督促。

最后要感谢我的家人。父母年迈，逢年过节少有陪伴，他们从未有过责怨；岳母多年来一直帮我们操持家务，默默奉献；妻子不仅在工作之余承担了大部分家务，还不断地给我鞭策与鼓励，并为我做了很多文字上的处理工作；天真无邪的幼子在创作之暇带给我欢乐与慰藉，也让我对未能经常陪伴他成长心生愧疚。

胡宜奎

2017年2月于南京